Erben

Beck-Rechtsberater im dtv

ORIGINALAUSGABE
dtv Verlagsgesellschaft mbH & Co KG
Tumblingerstraße 21, 80337 München

Redaktionelle Verantwortung: Verlag C.H. Beck, oHG
Wilhelmstraße , 80801 München
Satz: mediaTEXT Jena GmbH, Jena
Druck: Westermann, Zwickau
Gestaltung: Sabina Sieghart, München
ISBN 978-3-423-51251-0 (dtv)
ISBN 978-3-406-76474-5 (C.H. Beck)
ISBN 978-3-406-76475-2 (eBook)

www.dtv.de
www.beck.de

Dr. Claus-Henrik Horn

Erben

Ratgeber für Erbinnen und Erben zur Abwicklung des Erbes, in der Erbengemeinschaft und beim Pflichtteil

4. Auflage

Beck-Rechtsberater im dtv

Inhalt

Der Autor

DR. CLAUS-HENRIK HORN ist Rechtsanwalt und Fachanwalt für Erbrecht in Düsseldorf. Er ist spezialisiert auf die Abwicklung erbrechtlicher Fälle und übernimmt Nachfolgegestaltungen, konzipiert mithin Testamente und begleitet bei Schenkungen. Dabei setzt er sich engagiert für die Interessen seiner Mandantinnen und Mandanten ein.

Neben seiner anwaltlichen Tätigkeit ist Dr. Horn im Erbrecht vielfältig unterwegs. Er ist Autor von Fachbüchern insbesondere im Bereich des Pflichtteilsrechts, der Testamentsauslegung und des nachlassgerichtlichen Verfahrens. Als Herausgeber von 5 Werken koordiniert er über 50 Autorinnen und Autoren, die aus Anwaltschaft, Richterschaft und Notariat stammen. Aktuelle Themen greift er in seinen Fachbeiträgen in den wichtigsten Fachzeitschriften wie ZEV, ErbR, ZErb und NJW auf, wobei er diese gerne interdisziplinär mit Richtern, Professoren und Anwälten aus anderen Fachdisziplinen veröffentlicht. Fortbildungen hält er vor Anwälten, Notaren und Richtern. Zu den großen Kongressen wird er zu aktuellen Einzelthemen als Referent eingeladen.

Berufsrechtlich engagiert sich Dr. Horn bei der Bundesrechtsanwaltskammer im Ausschuss für Familien- und Erbrecht. Er ist Vizepräsident der Rechtsanwaltskammer Düsseldorf und dort auch Vorsitzender des Vorprüfungsausschusses für die Fachanwaltschaft Erbrecht.

Dr. Horn dankt besonders seiner engagierten Assistentin Regina Möller für ihre Unterstützung bei den Formalia des Manuskripts.

Überblick und wichtige Begriffe

Die Regeln zu Erben und Vererben hat der Gesetzgeber festgelegt. Im Erbrecht, normiert im 5. Buch des Bürgerlichen Gesetzbuchs, werden viele Fachtermina verwandt. Die wichtigsten Begriffe werden in diesem Kapitel dargestellt, das gleichzeitig eine Einführung in das Erbrecht darstellt.

Die wichtigste Feststellung bei jedem Erbfall besteht in der Ermittlung des Erben, dem RECHTSNACHFOLGER des Verstorbenen. Der Verstorbene lebt – rechtlich gesehen – in seinem Erben weiter. In der Sekunde des Todes erwirbt der Erbe das Vermögen des Verstorbenen, also sämtliche Rechte und VERMÖGENSGEGENSTÄNDE, aber auch die SCHULDEN und Verbindlichkeiten des Verstorbenen. Dieser „automatische" Übergang sämtlicher Rechte und Pflichten wird als Vonselbsterwerb oder auch als Universalsukzession bezeichnet. Das Vermögen des Verstorbenen wird nach dessen Tod als NACHLASS und auch als Erbschaft bezeichnet.

RECHTSNACHFOLGER können sowohl eine Person („Alleinerbe") als auch mehrere Personen („Miterben") sein. Eine ERBENGEMEINSCHAFT, deren Mitglieder die Miterben sind, lässt sich mit einer unfreiwillig eingegangenen BGB-Gesellschaft vergleichen (› Seite 181 ff.). Den Miterben steht nur ihr jeweiliger Anteil an der Erbengemeinschaft zu, den sie auch verkaufen, verschenken und vererben können. Sie sind hingegen nicht berechtigt, über einzelne Vermögensgegenstände aus dem Nachlass zu verfügen, also beispielsweise das Auto des Verstorbenen zu verkaufen oder das Guthaben eines Bankkontos des Verstorbenen an sich selbst zu überweisen. Wie bei einer BGB-Gesellschaft müssen sich die Miterben über sämtliche Maßnahmen der Verwaltung und über die Verteilung der Vermögensgegenstände bei der Auflösung einigen. Eine Erbengemeinschaft ist von Natur aus besonders konfliktträchtig, da die einzelnen Miterben oftmals sehr unterschiedliche Sichtweisen haben und manchmal auch nur aus Prinzip agieren. Die Erben haben die Erbengemeinschaft auseinanderzusetzen, also nachdem sie die Verbindlichkeiten beglichen haben, die verbleibenden Vermögensgegenstände unter sich aufzuteilen.

Im Gegensatz zum Erben steht dem VERMÄCHTNISNEHMER lediglich ein schuldrechtlicher Anspruch gegenüber dem oder den Erben hinsichtlich des genau im Testament oder Erbvertrag bestimmten Gegenstandes zu(› Seite 146 ff.). Nach dem Erbfall kann sich der Vermächtnisnehmer entscheiden, ob er diesen Vermächtnisanspruch (teilweise) geltend macht oder nicht. Erst dann beansprucht er von dem Erben oder der Erbengemeinschaft diesen Gegenstand, vielleicht auch nur teilweise; er muss in jedem Fall von selbst aktiv werden. Grundsätzlich ist mit der Geltendmachung eines solchen Vermächtnisanspruches nicht die Übernahme von allgemeinen Schulden des Verstorbenen verbunden. Lediglich bei Vermächtnisgegenständen, für die speziell vielleicht ein Kredit aufgenommen wurde, muss der Vermächtnisnehmer in der Regel die Schulden mit übernehmen (beispielsweise bei einem vermachten Auto das das Auto finanzierende Darlehen). Nicht-Juristen verwenden die Begriffe wie Erben, Vermächtnis, Vererben oder Vermachen häufig nicht im Rechtssinne. Dann muss der tatsächliche Wille des Verstorbenen durch eine häufig schwierige Auslegung erforscht werden. Der Wortlaut kann zwar, muss aber keinesfalls maßgeblich sein.

Ein Vermächtnis ist nicht nur von der Erbeinsetzung abzugrenzen, sondern auch von der TEILUNGSANORDNUNG, die der Verstorbene ebenfalls in seinem Testament angeordnet hat (› Seite 153 ff.). Damit weist er einzelne Vermögensgegenstände einzelnen Miterben zu, die sich den Wert des zugewiesenen Gegenstandes auf ihren Erbteil anrechnen lassen müssen. Der Verstorbene kann einzelnen Miterben auch bestimmte Teile seines Vermögens durch Vorausvermächtnisse zugewiesen haben. Die begünstigten Miterben können diesen Gegenstand dann schon vor der Auseinandersetzung der Erbengemeinschaft beanspruchen.

Sofern der Verstorbene durch Testament oder Erbvertrag keine Erben eingesetzt hat, gilt die GESETZLICHE ERBFOLGE(› Seite 14 ff.). Einige Paragrafen im Erbrecht bestimmen dann, wer zu welcher Quote Rechtsnachfolger des Verstorbenen geworden ist. Der Verstorbene kann eine vom Gesetz abweichende Erbfolge durch letztwillige Verfügung (= Verfügung von Todes wegen) angeordnet haben. Dieser Begriff wird in zwei unterschiedlichen Konstellationen verwendet:

- EINZELTESTAMENT, das GEMEINSCHAFTLICHE TESTAMENT (umgangssprachlich „Ehegattentestament“) sowie der Erbvertrag werden als letztwillige Verfügungen bezeichnet. Diese drei Arten stellen das „Gerüst“ dar. Der Erbvertrag ist vor dem Notar mit mindestens einer weiteren Person zu schließen. Testamente können handschriftlich oder vor einem Notar errichtet werden.
- Ebenfalls werden als letztwillige Verfügung DIE EINZELNEN ANORDNUNGEN innerhalb dieses „Gerüstes“ bezeichnet, also die Inhalte. Neben der Erbeinsetzung kann ein Testierender beispielsweise Vermächtnisse aussetzen, die Testamentsvollstreckung anordnen, Teilungsanordnungen treffen oder den Erben mit Auflagen beschweren.

Wer nicht Erbe und damit Rechtsnachfolger des Verstorbenen werden möchte, ist berechtigt, die Erbschaft innerhalb einer kurzen Frist AUSZUSCHLAGEN(› Seite 82 ff.). Dies hat er vor dem Nachlassgericht zu erklären. Bleibt er untätig, geht das Gesetz davon aus, dass er die Erbschaft angenommen hat. Hat er sich bei der konkludenten Annahme der Erbschaft geirrt, kann er diese anfechten, was dann die Ausschlagung bedeutet.

Um sich dann als Erben legitimieren zu können, können sie beim Nachlassgericht oder beim Notar einen ERBSCHEIN beantragen (› Seite 89 ff.). Vertragspartner des Verstorbenen wie beispielsweise Banken oder Versicherungen können zu ihrer Sicherheit von den Erben einen Erbschein verlangen, wenn der Erbe etwas von ihnen möchte – sogar schon bei gewünschten Auskünften. Auch die Grundbuchämter verlangen zur Berichtigung des Grundbuches einen Erbschein, wenn sich die Eigentumsverhältnisse eines Grundstücks oder einer Immobilie durch den Erbfall zugunsten des oder der Erben geändert haben. Das Grundbuch muss dann berichtigt werden.

Das bei den örtlichen Amtsgerichten angesiedelte NACHLASSGERICHT ist die ZENTRALE ANLAUFSTELLE für die bei einem Nachlassverfahren Beteiligten. So müssen Testamente dort abgegeben werden, damit diese „eröffnet" werden können. Sofern die Erben unbekannt sind, richtet das Nachlassgericht eine NACHLASSPFLEGSCHAFT ein (› Seite 98 ff.). Die Nachlasspfleger, oftmals Rechtsanwälte, nehmen dann die einzelnen Nachlassgegenstände in Besitz, sichern diese und versuchen die Erben zu ermitteln. Möchte ein Beteiligter ein Testament ANFECHTEN, dann muss er dies in der Regel gegenüber dem Nachlassgericht erklären (› Seite 55 ff.). So kann der Verstorbene sich geirrt haben, ihm kann gedroht worden sein oder er hat einen (späteren) Pflichtteilsberechtigten übergangen als er das Testament oder den Erbvertrag errichtet hat.

Durch Testament oder Erbvertrag kann ein TESTAMENTSVOLLSTRECKER eingesetzt sein(› Seite 172 ff.). Er hat die Annahme seines Amtes dem Nachlassgericht gegenüber anzuzeigen. Nach Übernahme dieses Amtes hat der Testamentsvollstrecker den Nachlass zu verwalten, die Nachlassverbindlichkeiten zu begleichen, die Anordnungen des Verstorbenen aus dem Testament oder Erbvertrag umzusetzen und letztlich die verbleibenden Nachlassgegenstände unter den Erben aufzuteilen. Als Dauer- oder Verwaltungstestamentsvollstreckung kann sich diese Tätigkeit auch über viele Jahrzehnte erstrecken. Die Erben können bei Anordnung einer Testamentsvollstreckung nicht selber über die einzelnen Gegenstände verfügen. Dem Testamentsvollstrecker obliegt zwar, die Erben durch ein Verzeichnis über sämtliche Nachlassgegenstände und -verbindlichkeiten zu informieren. Ansonsten ist die rechtliche Position der Erben zum Testamentsvollstrecker sehr schwach.

Ein besonderes Gestaltungsmittel des deutschen Erbrechts stellt die VOR- UND NACHERBSCHAFT dar(› Seite 160 ff.). Der Verstorbene hat bestimmt, dass direkt nach seinem Tod der Vorerbe – ähnlich wie ein Nießbrauchsberechtigter – den Nachlass nutzen darf. Ihm stehen dann lediglich die Erträge wie Miete, Zinsen oder die Nutzung einer Wohnung zu. Erst nachdem der sogenannte Nacherbfall eingetreten ist, geht der Nachlass auf den Nacherben über. Dieser wird oftmals durch den Tod des Vorerben ausgelöst. Möglich ist aber auch die Anknüpfung an Ereignisse, beispielsweise das Erreichen eines gewissen Alters des Nacherben oder das erfolgreiche Bestehen der Meisterprüfung. Ist der Vorerbe durch Testament befreit, so kann er auch die Substanz für sich verbrauchen; er darf nur nicht Vermögensgegenstände aus der Vorerbschaft verschenken oder anderweitig durch sein eigenes Testament vererben.

Das PFLICHTTEILSRECHT sichert Kindern, Ehegatten und gegebenenfalls Eltern des Verstorbenen eine gewisse Mindestteilhabe am Nachlass(› Seite 210 ff.). Den Enterbten steht ein Geldzahlungsanspruch gegen den oder die Erben zu, und zwar in Höhe der hälftigen gesetzlichen Erbquote von dem Wert des Nachlasses. Der Verstorbene kann diesen Pflichtteilsanspruch nicht verhindern. Einen Pflichtteilsanspruch „erbt" man nicht, wie durchaus in der Bevölkerung zu hören ist. Zur Durchsetzung ihres Geldzahlungsanspruches steht den Enterbten ein Auskunftsrecht gegenüber den Erben zu. Dieser hat ein Nachlassverzeichnis zu erstellen und dem Enterbten Schenkungen des Verstorbenen an sich und Dritte mitzuteilen. Auch am Wert dieser Schenkungen partizipiert der in Missgunst gefallene nahe Angehörige des Verstorbenen in Höhe seiner Pflichtteilsquote (Pflichtteilsergänzungsanspruch).

Es ist oftmals schwierig, den WERT DES NACHLASSES zwecks Berechnung des Pflichtteilsanspruchs zu schätzen. So werden in vielen Fällen nicht die einzelnen Gegenstände verkauft. Deswegen ist der Verkehrswert zu ermitteln. Es ist der Wert, den ein Dritter für diesen Gegenstand bezahlen würde, also der fiktive Verkaufspreis. Man kann auch vom Flohmarkt-Wert sprechen. Spezielle Gutachter ermitteln solche Verkehrswerte. Da den Gutachtern jeweils ein Ermessen zusteht, kann unter den Beteiligten ein Streit über die Frage entstehen, auf welchen Betrag sich der „richtige" Verkehrswert bemisst. Auch wenn die Miterben eine Erbengemeinschaft auseinandersetzen, müssen solche Wertgutachten oftmals eingeholt werden. Dies macht eine Verteilung der einzelnen Gegenstände zumeist erst möglich.

Verwendung von Rechtsbegriffen
Bürger verwenden durchaus Begriffe mit einer anderen Bedeutung als der Gesetzgeber. Das klassische Beispiel ist das Begriffspaar Erben und Vermachen. Die Aufgabe von Anwälten, Notaren und Richtern besteht allerdings darin, auszulegen, was in dem konkreten Kontext mit dem Begriff gemeint ist. Dieser Ratgeber soll juristischen Laien in möglichst verständlicher Sprache die Rechtslage nach dem Erbfall in vielen Konstellationen näherbringen. Haben sie bereits eine Anwältin oder einen Anwalt beauftragt, können sie mit diesen verständiger diskutieren – auch wenn es die Aufgabe von Anwälten ist, die Fachsprache für jeden verständlich zu „übersetzen".

Erbfolge nach dem Gesetz

Hat der Verstorbene kein Testament und keinen Erbvertrag aufgesetzt, gilt die gesetzliche Erbfolge. So werden die nächsten Angehörigen des Verstorbenen die Erben. Der Gesetzgeber hat genau bestimmt, wer mit welcher Quote am Nachlass beteiligt wird. Für die Erbquote von Ehegatten ist auch entscheidend, ob sie durch notariellen Ehevertrag einen anderen Güterstand als die Zugewinngemeinschaft vereinbart haben.

2. Erbfolge nach dem Gesetz

Kein Erbfall ohne zumindest einen Erben:

- Der ALLEINERBE beerbt den Verstorbenen zu 100 %. Mit dem Tod gehen die Nachlassgegenstände und -verbindlichkeiten direkt auf ihn über und vermischen sich mit seinem bisherigen Vermögen, sein Eigenvermögen. Man spricht wegen dieses Automatismus vom Vonselbsterwerb – der Erbe tritt automatisch, also von selbst, in die Rechtsstellung des Verstorbenen ein.
- Der MITERBE ist mit einem vom Gesetz oder vom Verstorbenen festgesetzten Teil am Nachlass beteiligt, beispielsweise zu ¹⁄₁₀ (10 %) oder zu ⅓ (33,3 %). Man spricht von der Erbquote. Sämtliche Miterben bilden eine Erbengemeinschaft, in deren Vermögen sämtliche Nachlassgegenstände und -verbindlichkeiten fallen. Diese Erbengemeinschaft stellt ein Sondervermögen der Erben dar, an dem sie in Höhe ihrer Erbquote quasi einen Anteil halten. Dieses Sondervermögen ist vom Eigenvermögen der Erben getrennt, dem bisherigen Vermögen eines jeden einzelnen Miterben.

BERATERTIPP FÜR EINE INDIVIDUELLE ERBFOLGE
Häufig entspricht die gesetzliche Erbfolge nicht dem letzten Willen einer Person; er kann dann seine Erbfolge durch TESTAMENT oder ERBVERTRAG gestalten („gestaltete“ oder „gewillkürte Erbfolge“). Die Erbeinsetzung ist die wichtigste Gestaltungsbefugnis (§ 1937 BGB).

Wenn der Verstorbene verheiratet war, richten sich diese Erbquoten auch danach, ob er einen notariellen Ehevertrag abgeschlossen hatte. Die Güterstände der Zugewinngemeinschaft, von der der Gesetzgeber stets ausgeht, der Gütertrennung und der Gütergemeinschaft beeinflussen also die gesetzliche Erbfolge.

Erben kann nur derjenige, der zur Zeit des Erbfalls lebt oder zumindest bereits gezeugt war (§ 1923 BGB). Deswegen kann nach dem Erbfall ein ungewisser Schwebezustand bestehen. Das Kind muss nämlich zumindest kurz „außerhalb des Mutterleibes“ gelebt haben. Auf den Todeszeitpunkt potenzieller Erben kommt es hingegen exakt an; Erben müssen den Verstorbenen stets zumindest für einige Sekunden überlebt haben. In der Praxis werden dabei die Fälle des GLEICHZEITIGEN VERSTERBENS VON EHEGATTEN viel diskutiert: Nur wenn sich beispielsweise bei einem Unfall nicht feststellen lässt, in welcher Reihenfolge die Erbfälle eingetreten sind, nimmt man das gleichzeitige Versterben an (§ 11 Verschollenheitsgesetz).

Beispiel zum gleichzeitigen Versterben von Ehegatten:
Wenn ein Ehepaar etwa bei einem Unfall tödlich verunglückt und ungewiss ist, ob einer den anderen überlebt hat, erben die Kinder direkt von beiden Elternteilen. Ein Ehegatte beerbt mithin nicht erst den anderen und wird erst dann von den Kindern beerbt.

I. Gesetzliche Erbfolge unter Verwandten

Die gesetzlichen Regeln für die Erbenbestimmung unterscheiden zwischen dem überlebenden Ehegatten und den Verwandten, zu denen Personen zählen, die

- entweder voneinander wie Elternteil, Kind, Enkel und Urenkel abstammen („IN GERADER LINIE"); oder
- von derselben dritten Person abstammen, wie Geschwister von ihrer Mutter oder Enkel von ihrem Großvater („IN DER SEITENLINIE" – § 1589 BGB).

Neben der Blutsverwandtschaft können auch später fremde Menschen dadurch Verwandte im Sinne des Erbrechts werden, wenn eine Person eine andere Person adoptiert. Übrigens: Das Kind einer Leihmutter, die das Ei einer fremden Frau ausgetragen hat, gilt als nur mit der Leihmutter erbrechtlich verwandt. Das Kind erbt gesetzlich nur nach der Leihmutter und nicht nach der Mutter, deren Gene es hat.

Von Gesetzes wegen sind die nächsten Verwandten des Verstorbenen erbberechtigt; sie schließen entferntere Verwandte von der Erbfolge aus (§ 1930 BGB). Dazu unterteilt das Gesetz sämtliche Verwandte in Gruppen, die Ordnungen. Zu jeder einzelnen Ordnung zählen alle von demselben Vorfahren abstammenden Verwandten einschließlich des Vorfahren selbst. Es gehören also zur

- 1. ORDNUNG die Abkömmlinge des Verstorbenen (§ 1924 Absatz 1 BGB): Kinder, Enkel, Urenkel und deren Abkömmlinge;
- 2. ORDNUNG die Eltern des Verstorbenen und deren Abkömmlinge (§ 1925 Absatz 1 BGB): Geschwister, Nichten/Neffen und deren Abkömmlinge;
- 3. ORDNUNG die Großeltern des Verstorbenen und deren Abkömmlinge (§ 1926 Absatz 1 BGB): Tanten/Onkel, Cousinen/Cousins und deren Abkömmlinge;
- 4. ORDNUNG die Urgroßeltern des Verstorbenen und deren Abkömmlinge (§ 1928 Absatz 1 BGB): Großtante/-onkel und deren Abkömmlinge;
- 5. UND FERNEREN ORDNUNG die entfernten Verwandten und deren Abkömmlinge (§ 1929 Absatz 1 BGB).

Ordnungen mit einer niedrigeren Zahl schließen von der Erbfolge höhere Ordnungen aus, da die Verwandten in den höheren Ordnungen mit dem Verstorbenen entfernter verwandt sind als die in den niedrigeren Ordnungen. Gibt es keine Verwandten der 1. Ordnung, beerben den Verstorbenen die Verwandten der 2. Ordnung. Wenn auch keine Verwandten der 2. Ordnung vorhanden sind, freuen sich die Angehörigen der 3. Ordnung.

Beispiel zur gesetzlichen Erbfolge unter Verwandten:
Das Kind (1. Ordnung) des Verstorbenen schließt dessen Eltern und Geschwister (jeweils 2. Ordnung) von der Erbfolge aus. Das Kind ist ein näherer Verwandter des Verstorbenen als dessen Eltern oder dessen Geschwister.

Das Gesetz hat eine Reihenfolge festgelegt, nach der die Verwandten derselben Ordnung erben. Solange ein Vorfahre, also der Älteste in einer Ordnung, lebt, erben seine Kinder und seine Enkel nicht. Ein Elternteil schließt sein Kind und das Kind den Enkel von der Erbfolge aus. Erst wenn ein älterer Verwandter – vielleicht durch Tod – ausfällt, sind dessen Abkömmlinge erbberechtigt. Ein lebender älterer Verwandter wird daher als Repräsentant bezeichnet; er repräsentiert seinen Stamm. Seine Abkömmlinge treten nach dessen Tod in seine Position ein; ihnen steht ein Eintrittsrecht zu.

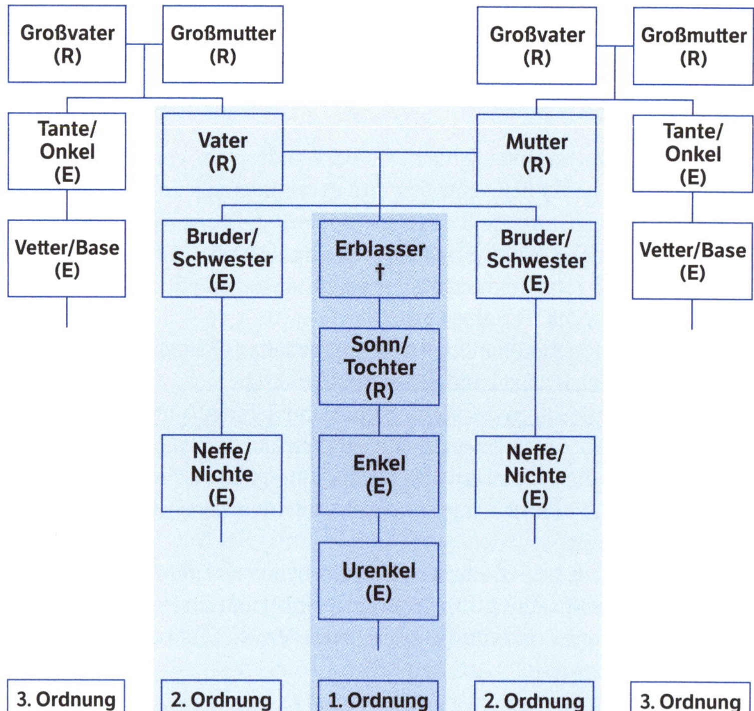

Die Grafik zeigt die gesetzliche Erbfolge der 1. bis 3. Ordnung. „R“ bedeutet Repräsentant und „E“ Eintrittsrecht, das bei Wegfall eines Repräsentanten ausgeübt werden kann.

1. Gesetzliche Erbfolge von Kindern und Enkeln (1. Ordnung)
Gesetzliche Erben der 1. Ordnung sind die Abkömmlinge des Verstorbenen, zu denen seine Kinder, Enkel und Urenkel zählen. Mehrere Kinder erben zu gleichen Teilen (§ 1924 BGB). Jeder Abkömmling bildet einen Stamm. Bei zwei Kindern teilen sich also zwei Stämme die Erbschaft zu jeweils ½. Wenn ein Kind vorverstorben ist, teilen sich dessen Kinder den Anteil des Stammes von – aus ihrer Sicht gesehen - ihrem Elternteil.

Beispiel zur gesetzlichen Erbfolge von Kindern und Enkeln:
Von dem verwitweten Verstorbenen stammen eine Tochter und ein Sohn ab. Die Tochter hat wiederum eine Tochter und der Sohn hat zwei Söhne. Im Zeitpunkt des Erbfalls ist der Sohn vorverstorben. Die Tochter beerbt ihren Vater zu ½ (Stamm 1). Da der Sohn (Stamm 2) vorverstorben ist, teilen sich seinen Anteil seine beiden Söhne, die zu jeweils ¼ zu Erben nach dem Verstorbenen berufen sind. Eine Erbengemeinschaft entsteht.

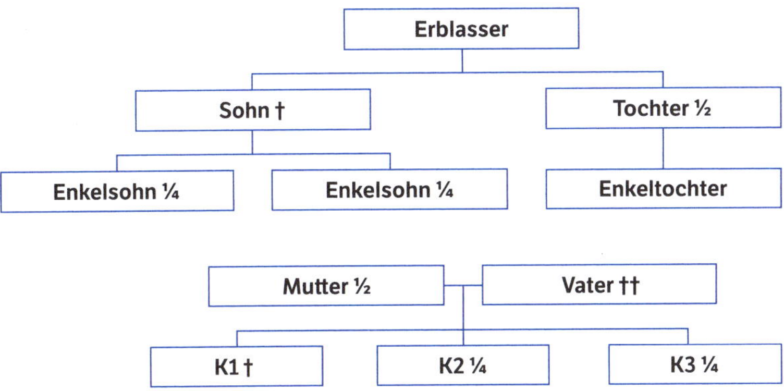

Die Grafik veranschaulicht die gesetzliche Erbfolge von Kindern und Enkeln.

2. Besonderheiten bei adoptierten Kindern
Ein im Zeitpunkt seiner Adoption MINDERJÄHRIGES KIND wird erbrechtlich genauso behandelt, also ob es ein leibliches Kind des Verstorbenen ist (§ 1754 BGB). Das adoptierte Kind gehört dann der 1. Ordnung an, so dass es nach seinen Adoptiveltern, gegebenenfalls nach den neuen Großeltern und nach den weiteren neuen Verwandten erbberechtigt ist. Wenn das Adoptivkind – entgegen der Lebenserfahrung – vor seinem neuen Elternteil verstirbt, erbt das Adoptivelternteil. Besonderheiten sind zu beachten, wenn die Adoptiveltern zuvor mit dem Kind verwandt waren (Stiefkind-, Halbwaisen- und Verwandten-Adoption). Durch die Adoption erlischt das Verwandtschaftsverhältnis zu den leiblichen Verwandten des adoptierten Kindes völlig (§ 1755 BGB). Das leibliche Kind ist dann nach seinen natürlichen Eltern nicht mehr erbberechtigt.

Rechtslage bei Adoptionen vor dem 1. Januar 1977: Was heute als normal erscheint, gilt erst für Adoptionen seit dem 1. Januar 1977. Für vor diesem Stichtag adoptierte Kinder gelten Übergangsregeln (Art. 12 Adoptionsgesetz). Danach gilt das alte Recht für Erbfälle vor diesem Stichtag, wenn der Verstorbene ebenfalls vor diesem Stichtag ein minderjähriges Kind adoptiert hat. Nach altem Recht konnte sogar das gesetzliche Erbrecht im Adoptionsvertrag ausgeschlossen werden (§ 1767 Absatz 1 BGB alte Fassung). Bei Erbfällen nach diesem Stichtag bestimmt das Alter des vormals minderjährig Adoptierten im Zeitpunkt des 1. Januar 1977 über die Rechtsfolgen: Wenn das Kind dann bereits volljährig war, gilt das heutige Recht der Volljährigen-Adoption. Ausnahme: Das Erbrecht des Kindes war durch den Adoptionsvertrag ausgeschlossen, dann bleibt es dabei. Wenn das Kind dann noch minderjährig war, gilt das heutige Recht der Minderjährigen-Adoption. Ausnahme: Bis zum 31. Dezember 1977 konnte gegenüber dem Amtsgericht Berlin-Schöneberg eine spezielle Erklärung abgegeben werden. So konnte ein im Adoptionsvertrag vorgesehener Ausschluss des gesetzlichen Erbrechts gerettet werden. Diese Erklärung muss auf der Geburtsurkunde im Standesamt des Geburtsortes vermerkt sein.

Wenn ein Kind bei seiner Adoption VOLLJÄHRIG ist, erbt es nach dem neuen Adoptivelternteil. Der Adoptierte hat das Glück, zusätzlich gesetzlicher Erbe seiner leiblichen Eltern zu bleiben. Er ist gesetzlicher Erbe nach bis zu vier Elternteilen (zwei leibliche Elternteile und zwei Adoptivelternteile). Im Gegensatz zur Minderjährigen-Adoption erlöschen seine verwandtschaftlichen Beziehungen zu seinen Blutsverwandten nämlich nicht (§ 1770 Absatz 2 BGB). Gegenüber den Verwandten des Adoptivelternteils erwirbt das adoptierte Kind hingegen keine gesetzlichen Erbrechte. Bis zum Jahr 1976 war eine Adoption eines Volljährigen nur ganz ausnahmsweise möglich. Heute muss diese „sittlich gerechtfertigt“ sein, so dass als familienbezogener Grund das Eltern-Kind-Verhältnis im Vordergrund steht.

DEFINITION: ERBSCHAFTSTEUER
Jedem Kind steht nach jedem Elternteil bei der Erbschaftsteuer ein Freibetrag von 400.000 EUR zu, der sich nach 10 Jahren erneuert. Besteht keine Verwandtschaft, auch nicht durch eine Adoption, beläuft sich der Freibetrag nur auf 20.000 EUR. Darüber hinausgehende Beträge müssen mit dem individuellen Steuersatz versteuert werden.

ADOPTIONEN ZWECKS STEUERERSPARNIS sind unzulässig, wie etwa das OLG München entschieden hat (Beschluss vom 19. Dezember 2008 – Az. 31 Wx 49/08): Die bereits wegen Steuerhinterziehung verurteilte Tante wollte ihren volljährigen Neffen adoptieren. Nachdem sie in der ersten gerichtlichen Anhörung nur ein „kleines Vermögen“ angab, musste sie später ein stattliches Vermögen mit mehreren Grundstücken einräumen. Das Gericht lehnte die Adoption ab, da es Zweifel an der sittlichen Rechtfertigung hatte. Steuerliche Gründe als Hauptmotiv einer Adoption seien unzulässig. Adoptionen können sich steuerlich lohnen, da entfernte oder Nicht-Verwandte durch die Erbschaftsteuer stärker belastet werden als Kinder.

3. Besonderheiten bei nichtehelichen Kindern bei der gesetzlichen Erbfolge nach ihren Vätern

Auch wenn immer noch von unehelichen Kindern gesprochen wird: Vollkommen zu Recht hat der Gesetzgeber diesen sich durchaus diskriminierend anhörenden Begriff abgeschafft. Kinder, die außerhalb einer gemeinsamen Ehe seiner beiden Eltern geboren werden, heißen nichteheliche Kinder.

Das nichteheliche Kind einer Mutter war schon immer nach seiner Mutter erbberechtigt, wie ein in einer Ehe gezeugtes und geborenes Kind. Erst seit dem 1. April 1998 ist das nichteheliche Kind auch nach seinem Vater gesetzlich erbberechtigt. Dazu muss die VATERSCHAFT entweder durch Anerkennung oder durch Gerichtsurteil FESTGESTELLT worden sein, was auch noch nach dem Erbfall mit Rückwirkung auf den Zeitpunkt der Geburt möglich ist (§ 1600d BGB).

RECHTSLAGE FÜR VOR DEM 1. JULI 1949 GEBORENE: Lange hatten vor dem 1. Juli 1949 außerhalb einer Ehe Geborene kein Erb- und Pflichtteilsrecht nach dem Vater, außer sie haben eine Gleichstellungsvereinbarung getroffen. Bis zum 30. Juni 1970 war das nichteheliche Kind, damals noch als uneheliches Kind bezeichnet, mit seinem leiblichen Vater im rechtlichen Sinne nicht verwandt. Das hat sich für Erbfälle nach dem 28. Mai 2009 geändert: Nach dem Zweiten Gesetz zur erbrechtlichen Gleichstellung nichtehelicher Kinder vom 12. April 2011 sind seitdem auch vor dem 1. Juli 1949 Geborene gleichgestellt und genießen ein Erb- und Pflichtteilsrecht nach dem Vater. Auslöser für diese Gesetzesänderung war eine Entscheidung des EGMR, das in einem solchen Fall eine Verletzung des Diskriminierungsverbots nach Art. 14 Europäische Menschenrechtskonvention feststellte.

RECHTSLAGE FÜR ERBFÄLLE ZWISCHEN 1970 UND 1998: Für Erbfälle zwischen dem 1. Juli 1970 und dem 31. März 1998 sind weiterhin die alten gesetzlichen Regelungen anzuwenden (§§ 1934a–1934e BGB alte Fassung): Wenn von dem Vater keine weiteren Kinder abstammen und der Verstorbene keine Ehefrau hinterlässt, ist das nichteheliche Kind gesetzlicher Alleinerbe. Wenn von dem Vater neben dem nichtehelichen Kind auch noch eheliche Kinder abstammen, konnte das nichteheliche Kind lediglich einen Geldbetrag vom Nachlass erhalten, der wertmäßig dem gesetzlichen Erbteil eines ehelichen Kindes entsprach (sogenannter Erbersatzanspruch nach § 1934a BGB alte Fassung). Mit dieser Unterscheidung wollte der Gesetzgeber verhindern, dass nichteheliche Kinder und eheliche Kinder gemeinsam eine Erbengemeinschaft bilden. Dieser Erbersatzanspruch ist mit einem Pflichtteilsanspruch zu vergleichen. Damals konnte ein nicht-

BERATERTIPP ZUR RECHTSLAGE FÜR EHEMALIGE BÜRGER DER DDR:
Lebte der Verstorbene vor dem 3. Oktober 1990 in der DDR, gelten Besonderheiten.

eheliches Kind im Alter zwischen 21 und 26 Jahren von seinem Vater einen vorzeitigen Erbausgleich in Geld verlangen. Der Ausgleichsbetrag berechnete sich grundsätzlich auf das 3-Fache des Unterhaltes, den der Vater dem Kind im Durchschnitt der letzten 5 Jahre in Geld zu leisten hatte. Mit einer solchen Vereinbarung sind die erbrechtlichen Beziehungen – bis heute – zwischen dem nichtehelichen Kind und dem Vater erloschen.

4. Wann erben Eltern oder Geschwister? (2. Ordnung)
Soweit keine Verwandten aus der 1. Ordnung im Zeitpunkt des Erbfalls leben, sind die Verwandten der 2. Ordnung gesetzlich erbberechtigt. Leben die Eltern beim Erbfall des Verstorbenen, beerben sie als Verwandte der 2. Ordnung ihr Kind jeweils zu gleichen Teilen (§ 1925 Absatz 2 BGB). Ist ein Elternteil vorverstorben oder anderweitig erbrechtlich weggefallen und hat neben dem verstorbenen Kind kein weiteres Kind hinterlassen, erbt der überlebende Elternteil allein. Wenn die Eltern aber weitere Kinder hatten, treten diese jeweils an die Stelle des verstorbenen Elternteils.

Die Verteilung erfolgt nach dem Linien-System. Mutter und Vater des Verstorbenen bilden jeweils eine Linie, die jeweils ½ erbt. Wenn etwa die Mutter vorverstorben ist, teilt sich der ½-Anteil dieser Linie auf deren Kinder. Zwei Kinder erben dann zu ¼. Wenn der Vater noch lebt, stehen ihm die anderen ½ zu. Wenn er auch vorverstorben ist, erhalten beide Kinder von Mutter und Vater jeweils ¼, also beide insgesamt ½.

Beispiel zur gesetzlichen Erbfolge:
Von den Ehegatten stammen die Kinder K1, K2 und K3. Die unverheirateten K2 und K3 haben eigene Kinder. Der Vater ist im Zeitpunkt des Todes von K1 bereits vorverstorben. K1 war nicht verheiratet und hatte keine eigenen Kinder. Lösung: Zunächst beerben Mutter und Vater K1 jeweils hälftig. Da der Vater aber vorverstorben ist, geht sein hälftiger Anteil auf K2 und K3 über. Diese erhalten jeweils ¼. Die Kinder von K2 und K3 kommen erbrechtlich nicht zum Zuge, da ihr Elternteil noch lebt.

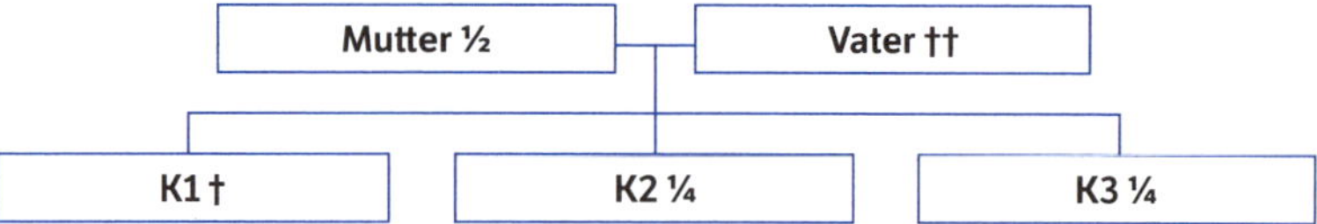

Die Grafik zeigt die gesetzliche Erbfolge von Eltern und Geschwistern nach dem Linien-System.

5. Wann erben Großeltern und deren Abkömmlinge? (3. Ordnung)
Sofern weder Verwandte der 1. noch der 2. Ordnung im Zeitpunkt des Erbfalls vorhanden sind, erben die Verwandten der 3. Ordnung gesetzlich (§ 1926 BGB). Danach sind die Großeltern (ein eher theoretischer Fall) oder bei deren Vorversterben deren Abkömmlinge die Erben, angefangen bei Tanten und Onkel des Verstorbenen.

BERATERTIPP FÜR DAS ERBRECHT VON HALBGESCHWISTERN:
Dadurch erben Halbgeschwister anders als Geschwister, die die gleichen Eltern haben. Diese erben von der väterlichen und der mütterlichen Linie, also von zwei Linien. Halbgeschwister nehmen aber nur an der Linie teil, die auf den mit dem Verstorbenen gemeinsamen Elternteil entfällt.

6. Wenn es keine Verwandten der 1., 2. und 3. Ordnung gibt – die Erbfolge der weiter entfernten Verwandten
In der 4. Ordnung kommen – eher theoretisch – die Urgroßeltern gesetzlich als Erben zum Zuge. Sie würden allein und auch nach gleichen Teilen erben (§ 1928 Absatz 2 BGB). Wenn ein Urgroßelternteil vorverstorben ist, erben aber nicht mehr dessen Abkömmlinge – so wäre es nach dem bisher dargestellten System gewesen. Vielmehr erhöhen sich die Erbquoten der dann lebenden Urgroßeltern anteilig. Wenn nur noch ein Urgroßelternteil lebt, würde dieser gesetzlicher Alleinerbe. In der Praxis ist es sehr unwahrscheinlich, dass auch nur ein Urgroßelternteil im Zeitpunkt des Erbfalls des Urenkels noch lebt. Dann erben diejenigen, die mit dem Verstorbenen am nächsten verwandt sind, zu gleichen Teilen. Der Grad der Verwandtschaft bestimmt sich nach der Anzahl der Geburten, die zwischen dem Verstorbenen und dem Verwandten bestehen (§ 1589 BGB).

7. Gesetzliches Erbrecht des Bundeslandes oder des Bundes bei Nichtvorhandensein von anderen Erben
Wenn im Zeitpunkt des Erbfalls weder ein Verwandter, ein Ehegatte noch ein registrierter Lebenspartner des Verstorbenen vorhanden ist und auch kein Testament oder Erbvertrag vorliegt, erbt das Bundesland, in dem der Verstorbene seinen letzten Wohnsitz oder notfalls seinen gewöhnlichen Aufenthalt hatte (§ 1936 BGB). Übrigens: Bundesländer und der Bund können die Erbschaft nicht ausschlagen, haften im Gegenzug für Nachlassschulden nur beschränkt (§ 780 Absatz 2 ZPO).

Beispiel zum Fiskuserbrecht:
Ohne groß Ermittlungen vorgenommen zu haben, stellte ein Amtsgericht wegen angeblich nicht vorhandener gesetzlicher Erben fest, dass das Land Niedersachsen erbt. Das war vorschnell, hat das OLG Celle am 20. April 2021 geurteilt (Az. 6 W 60/21). Das Amtsgericht muss jetzt von Amts wegen ermitteln.

II. Gesetzliche Erbfolge bei Ehegatten

BERATERTIPP ZUR MODIFIZIERTEN ZUGEWINNGEMEINSCHAFT: Beliebt ist die modifizierte Zugewinngemeinschaft in der Form, dass der Zugewinnausgleichsanspruch nur im Fall der Scheidung ausgeschlossen ist. Wird die Ehe durch den Tod eines Ehegatten beendet, hat dieser dennoch einen höheren Erbanspruch und kann – je nach Einzelfall – niedrigere Erbschaftsteuern bezahlen.

Ehegatten und eingetragene Lebenspartner zählen nicht zu den Verwandten. Ihr gesetzliches Erbrecht hängt zum einen von Verwandten des Verstorbenen und zum anderen vom Güterstand ihrer Ehe oder eben der Lebenspartnerschaft ab. Ohne Abschluss eines notariellen Ehevertrages sind Ehegatten im gesetzlichen Güterstand der ZUGEWINNGEMEINSCHAFT verheiratet. Durch einen Ehevertrag, der vor einem Notar abzuschließen ist, können sie davon abweichend die Gütertrennung oder die Gütergemeinschaft vereinbaren – oder die vom Gesetz vorgesehene Ausgestaltung der Zugewinngemeinschaft modifizieren („modifizierte Zugewinngemeinschaft").

1. Nur im Erbfall wirksam Verheiratete erben

Ehegatten sind untereinander nur bei einer wirksamen Ehe erb- und pflichtteilsberechtigt. Eine wirksame Ehe besteht nicht bei

- einer Ehe, die nicht vor einem Standesbeamten geschlossen wurde (Nichtehe, vgl. § 1310 Absatz 1 BGB),
- einer rechtskräftig aufgehobenen Ehe nach §§ 1313 ff. BGB oder
- einer rechtskräftig GESCHIEDENEN EHE nach § 1564 BGB.

2. Konsequenzen eines Scheidungsverfahrens

Vor einer rechtskräftigen Scheidung durch das Familiengericht ist das gesetzliche Erbrecht der Ehegatten untereinander nur dann ausgeschlossen (§ 1933 BGB),

- wenn der Verstorbene die Scheidung beantragt hat. Der Scheidungsantrag muss dem anderen Ehegatten noch vor dem Erbfall durch das Gericht zugestellt worden sein („Rechtshängigkeit"); oder
- wenn der Verstorbene der Scheidung zugestimmt hat, und zwar zu Protokoll der Geschäftsstelle des Gerichts, in der mündlichen Gerichtsverhandlung oder per Schriftsatz seines Anwaltes.
- Darüber hinaus hätte der Scheidungsantrag erfolgreich sein müssen, also die gesetzlichen Voraussetzungen hätten vorliegen müssen. So hätte etwa das TRENNUNGSJAHR abgelaufen sein oder ein Härtefall bestehen müssen (§§ 1565 ff. BGB). In diesen Fällen ist der überlebende Ehegatte nicht nur nicht mehr erbberechtigt, sondern kann auch nicht mehr seinen Pflichtteil verlangen. Zudem sind in diesem Fall auch die testamentarischen oder erbvertraglichen Anordnungen

zugunsten des längerlebenden Ehegatten unwirksam (§ 2077 Absatz 1 BGB; § 2279 Absatz 1 BGB). Ein Ehegattentestament kann so auch vollständig unwirksam werden, also auch insoweit andere Personen begünstigt sind (§ 2268 Absatz 1 BGB in Verbindung mit § 2077 Absatz 1 Satz 2 BGB).

§ 1933 BGB: Ausschluss des Ehegattenerbrechts
Das Erbrecht des überlebenden Ehegatten sowie das Recht auf den Voraus ist ausgeschlossen, wenn zur Zeit des Todes des Erblassers die Voraussetzungen für die Scheidung der Ehe gegeben waren und der Erblasser die Scheidung beantragt oder ihr zugestimmt hatte. Das Gleiche gilt, wenn der Erblasser berechtigt war, die Aufhebung der Ehe zu beantragen und den Antrag gestellt hatte. In diesen Fällen ist der Ehegatte nach Maßgabe der §§ 1569 bis 1586b unterhaltsberechtigt.

Wenn hingegen die Ehegatten bei der Errichtung des Testamentes oder Erbvertrages wollten, dass sämtliche darin enthaltenen Anordnungen unabhängig von einer späteren Scheidung weiterhin bestehen sollen, kann sogar eine rechtskräftige Scheidung darauf keine Auswirkung haben. Diese Frage nach dem Willen der Eheleute zu beantworten ist sehr schwierig und oftmals unter potenziell Begünstigten auch streitig.

Beratertipp für getrennt lebende Ehegatten:
Ehegatten, die getrennt leben, sind dennoch erb- und pflichtteilsberechtigt. Auch die testamentarische Erbeinsetzung bleibt weiter bestehen. Im Idealfall können die noch verheirateten Ehegatten einen notariell zu beurkundenden Pflichtteils- oder Erbverzichtsvertrag abschließen. Ob sich der „ärmere“ Ehegatte darauf einlässt, ist eher unwahrscheinlich. Zu empfehlen ist, dass Ehegatten ihre Einzeltestamente widerrufen und den anderen Ehegatten zumindest mit einem neuen Testament enterben. Wenn die Ehegatten ein Ehegattentestament errichtet haben, ist der einseitige Widerruf nur durch eine notariell beurkundete Erklärung und Zustellung bei dem anderen Ehegatten möglich (§§ 2271, 2296 BGB). Einvernehmlich können die Ehegatten ihr Ehegattentestament auch ohne eine solche notarielle Erklärung widerrufen. Sofern die Ehegatten einen Erbvertrag errichtet haben, sollte ein im Idealfall vorbehaltenes Rücktrittsrecht ausgeübt werden.

3. Die zwei Erbteile von überlebenden Ehegatten

Der gesamte Erbanspruch, also die gesamte Erbquote, des längerlebenden Ehegatten setzt sich aus zwei Teilen zusammen:

- Der erste Teil, der sogenannte ERBRECHTLICHE TEIL, bestimmt sich nach den Verwandten des Verstorbenen, die beim Erbfall leben. Neben Kindern oder etwaigen Enkeln des Verstorbenen, also Verwandten der 1. Ordnung, erbt der längerlebende Ehegatte zu ¼ (§ 1931 BGB). Wenn nur Verwandte der 2. Ordnung, also Eltern oder Geschwister des Verstorbenen die danach nächsten Erben sind, verdoppelt sich der erbrechtliche Erbanspruch des überlebenden Ehegatten auf ½.
- Der zweite Teil ist vom GÜTERSTAND abhängig. Sofern die Ehegatten keinen notariellen Ehevertrag abgeschlossen haben, sind sie im gesetzlichen Güterstand der Zugewinngemeinschaft verheiratet, andernfalls in der Gütertrennung oder der Gütergemeinschaft.

HÖHE DES EHEGATTENERBTEILS					
Güterstand	**neben 1 Kind**	**neben 2 Kindern**	**bei mehr als 2 Kindern**	**keine Kinder, aber Erben 2. Ordnung oder Großeltern vorhanden***	**keine Erben 1. und 2. Ordnung vorhanden; Großeltern vorverstorben**
Zugewinngemeinschaft	½	½	½	¾	1/1
Gütertrennung	½	⅓	¼	½	1/1
Gütergemeinschaft	¼	¼	¼	½	1/1

Der Erbteil des Ehegatten – abhängig vom Güterstand und der Zahl der Kinder und weiteren Verwandten des Verstorbenen. Ist ein Kind vorverstorben und hinterlässt eigene Kinder, so treten diese an die Stelle des Kindes des Erblassers, ihres Elternteils (Stämme).

* Sonderfall ein vorverstorbener Großelternteil: § 1931 Absatz 1 Satz 2 BGB

4. Erbanspruch bei der Zugewinngemeinschaft

Die Zugewinngemeinschaft wirkt sich erst bei Beendigung der Ehe aus – unabhängig ob durch Scheidung oder durch Tod. Davor hat jeder Ehegatte sein eigenes Vermögen, das durch die Eheschließung nicht vermischt wurde. Erst bei der Beendigung der Ehe findet ein Ausgleich statt (ZUGEWINNAUSGLEICH): Der während der Ehe erzielte Vermögenszuwachs eines jeden einzelnen Ehegatten wird geteilt. Im Fall der Scheidung muss dieser Vermögenszuwachs genau ermittelt und berechnet werden (Beispielsrechnung › Seite 216). In vielen Fällen ist dies ein beschwerliches Unterfangen, das viele Scheidungsverfahren in die Länge zieht. Eine Vereinfachung der Berechnung sieht das Gesetz für die Beendigung der Ehe durch Tod vor. Zur Abgeltung erhält der überlebende Ehegatte – neben seinem erbrechtlichen Teil – pauschal zusätzlich ¼ vom Erbe (§ 1931 Absatz 3 BGB in Verbindung mit § 1371 Absatz 1 BGB), den sog. von § 1371 BGB erhöhten gesetzlichen Ehegattenerbteil. Bei Vorhandensein von Kindern beerbt er seinen vorverstorbenen Ehegatten zu ½, wenn keine Kinder vorhanden sind zu ¾.

DEFINITION: ZUGEWINNGEMEINSCHAFT
Haben Ehegatten keinen notariellen Ehevertrag abgeschlossen, leben sie in einer Zugewinngemeinschaft. Das bedeutet, dass trotz der Heirat jedem jeweils sein eigenes Vermögen gehört. Ein Vermögensausgleich findet erst bei Beendigung der Ehe statt, entweder durch Tod oder Scheidung.

Statt dieser vereinfachten Lösung mit dem pauschalisierten Viertel kann der längerlebende Ehegatte wie im Scheidungsfall seinen tatsächlichen, genau berechneten Zugewinnausgleichsanspruch beanspruchen (§ 1371 Absatz 2 BGB). Dazu muss er die Erbschaft ausschlagen (TAKTISCHE AUSSCHLAGUNG). Wie wenn er enterbt wäre, erhält er dann den tatsächlichen Zugewinnausgleich. Daneben kann der überlebende Ehegatte noch den sogenannten kleinen PFLICHTTEIL verlangen, der sich auf die Hälfte des im ersten Schritt ermittelten Teils berechnet. Sind Kinder vorhanden, kann der Ehegatte somit zusätzlich einen Geldzahlungsanspruch in Höhe von ⅛ des Wertes des Nachlasses beanspruchen. Berechnungsgrundlage ist der Nachlasswert nach Abzug des Zugewinnausgleichsanspruchs. Diese sogenannte GÜTERRECHTLICHE LÖSUNG rechnet sich aber nur dann für den überlebenden Ehegatten,

- wenn Kinder oder Enkel leben und
- der Anteil des Zugewinns des verstorbenen Ehegatten an dessen Gesamtnachlass mindestens 85,71 % beträgt (mindestens 85,71 % seines Vermögens zu seinem Todestag muss der Verstorbene also seit seiner Eheschließung hinzuerworben haben; nur 13,29 % dürfen ihm schon bei seiner Heirat gehört haben).

DEFINITION: PFLICHTTEILSRECHT
Enterbten Kindern, Ehegatten und gegebenenfalls Elternteilen stehen am Nachlass eines Verstorbenen Pflichtteilsansprüche zu. Sie können aber nur Geld vom Erben verlangen, und zwar auf Basis der hälftigen gesetzlichen Erbquote.

DEFINITION: AUSSCHLAGUNG
Ist jemand durch Gesetz, Testament oder Erbvertrag als Erbe vorgesehen und möchte nicht erben, kann er sich innerhalb einer kurzen Frist durch die Ausschlagungserklärung von dem Erbe lossagen. Die Ausschlagungserklärung ist gegenüber dem Nachlassgericht abzugeben. Oftmals werden überschuldete Nachlässe ausgeschlagen.

BERATERTIPP ZU ERBSCHAFTEN BEI EINEM ZUGEWINNAUSGLEICH:
Die Sorge vieler Eltern ist unberechtigt, dass ein Schwiegerkind im Falle der Scheidung von dem eigenen Kind an dessen geschenktem oder geerbtem Vermögen partizipiert. So werden Schenkungen und Erbschaften während der Ehe dem Anfangsvermögen zugerechnet. Im Rahmen des Zugewinnausgleichs erhalten dann die Schwiegerkinder nur auf Basis erheblicher Wertsteigerungen ihren Anteil, nicht auf Basis der Substanz als solche.

Der verstorbene Ehegatte müsste also sein Vermögen während der Ehe ganz erheblich vergrößert haben. Dies kann bei Unternehmern der Fall sein, die sich innerhalb einer langen Ehe ein großes und florierendes Unternehmen aufgebaut haben.

5. Erbanspruch bei der Gütertrennung

Den Güterstand der Gütertrennung können Ehegatten im Zusammenhang mit der Eheschließung oder auch später während der Ehe durch notariellen Ehevertrag vereinbaren. Die Vermögen der Ehegatten bleiben auch bei Beendigung der Ehe vollständig voneinander getrennt und werden nicht wie bei der Zugewinngemeinschaft ausgeglichen.

Bei der Gütertrennung wird der Erbteil aus dem ersten, dem erbrechtlichen Teil erweitert. Es ergeben sich FLEXIBLE ERBTEILE, die in Abhängigkeit zu der Zahl der miterbenden Kinder stehen. Dies beruht auf der Überlegung, dass der überlebende Ehegatte mindestens einen Erbteil erhalten soll, der so hoch ist wie der Erbteil eines jeden erbenden Kindes. Bei nur einem Kind erhält der überlebende Ehegatte die Hälfte des Nachlasses (§ 1931 Absatz 4 BGB). Bei zwei Kindern bekommt er ⅓ – wie die Kinder jeweils auch. Bei drei oder mehr erbberechtigten Kindern verbleibt dem längerlebenden Ehegatten das Viertel aus dem ersten Teil. Neben Verwandten der 2. Ordnung, also Eltern und Geschwister, erbt der überlebende Ehegatte die Hälfte des Vermögens seines vorverstorbenen Ehegatten. Der längerlebende Ehegatte wird Alleinerbe, wenn keine Verwandten der 1. und der 2. Ordnung vorhanden sind.

6. Erbanspruch bei der Gütergemeinschaft

Wie die Gütertrennung so kann die Gütergemeinschaft nur durch einen notariellen Ehevertrag vereinbart werden (§§ 1415 ff. BGB). Verbreitet war die Gütergemeinschaft durchaus im landwirtschaftlichen Bereich. Gründe hierfür sind oftmals rein romantischer Natur. So möchten manche Ehegatten, dass beiden alles gemeinsam gehört. In der Praxis kommt dieser Güterstand nur noch ganz selten vor. Durch die Gütergemeinschaft wird aus den beiden zuvor einzelnen Vermögensmassen der Ehegatten GEMEINSCHAFTLICHES VERMÖGEN (Gesamtgut), das die Ehegatten gemeinsam verwalten. Bei einer Scheidung wird der in der gemeinsamen Zeit erwirtschaftete Überschuss zu gleichen Teilen aufgeteilt. Jeder Ehegatte kann dabei zumindest den Wert verlangen, den er in die Ehe eingebracht hat.

Durch die Gütergemeinschaft wird der Erbteil von ¼ aus dem ersten erbrechtlichen Teil nicht erhöht. Zum Nachlass des vorverstorbenen Ehegatten gehört sein hälftiger Anteil am gemeinsamen Vermögen (das

Gesamtgut). Die Gütergemeinschaft endet und es erfolgt darüber die Auseinandersetzung. Bis zur Auseinandersetzung steht das Gesamtgut als eine Art Gesamthandsgemeinschaft dem längerlebenden Ehegatten und den weiteren Erben des Verstorbenen zu. Wenn allerdings die Ehegatten durch Ehevertrag die FORTGESETZTE GÜTERGEMEINSCHAFT vereinbart haben, wird der Anteil des verstorbenen Ehegatten am Gesamtgut nicht vererbt. Die Gesamthand zwischen dem überlebenden Ehegatten und den gemeinschaftlichen erbberechtigten Kindern besteht fort. Nur wenn Kinder aus erster Ehe des Verstorbenen vorhanden sind, gelten die Regeln der „normalen" Gütergemeinschaft.

7. Ehegatte erhält zusätzlich Hausrat, Hochzeitsgeschenke und Unterhalt für 30 Tage

Neben der zuvor dargestellten Erbquote kann der längerlebende Ehegatte noch den gemeinsamen Hausrat sowie die Hochzeitsgeschenke verlangen und muss den Wert dieser Gegenstände nicht auf seinen Erbteil anrechnen lassen (§ 1932 BGB). Zudem erhält er aus dem Nachlass für die ersten 30 Tage nach dem Erbfall UNTERHALT UND UNTERKUNFT in der bisherigen Wohnung („Dreißigste", § 1932 BGB).

§ 1932 BGB: Voraus des Ehegatten

(1) Ist der überlebende Ehegatte neben Verwandten der zweiten Ordnung oder neben Großeltern gesetzlicher Erbe, so gebühren ihm außer dem Erbteil die zum ehelichen Haushalt gehörenden Gegenstände, soweit sie nicht Zubehör eines Grundstücks sind, und die Hochzeitsgeschenke als Voraus. Ist der überlebende Ehegatte neben Verwandten der ersten Ordnung gesetzlicher Erbe, so gebühren ihm diese Gegenstände, soweit er sie zur Führung eines angemessenen Haushalts benötigt.

(2) Auf den Voraus sind die für Vermächtnisse geltenden Vorschriften anzuwenden.

8. Erbfolge bei eingetragenen Lebenspartnerschaften

Im Erb- und Pflichtteilsrecht werden die gleichgeschlechtlichen Partner einer eingetragenen Lebenspartnerschaft den Ehegatten nahezu gleichgestellt (§ 10 Lebenspartnerschaftsgesetz). Lebenspartner können die Ausgleichsgemeinschaft wählen, die der Zugewinngemeinschaft entspricht. Nach dem Gesetz zur Einführung des Rechts auf Eheschließung für Personen gleichen Geschlechts können seit 1. Oktober 2017 Lebenspartner auf Antrag ihre Lebenspartnerschaft in eine Ehe umwandeln (§ 20a Lebenspartnerschaftsgesetz). Seitdem ist die Begründung neuer Lebenspartnerschaften nicht mehr möglich.

Beratertipp für nichteheliche Lebensgefährten:
Wenn Mann und Frau in nichtehelicher Lebensgemeinschaft zusammenleben, steht ihnen gegenseitig kein gesetzliches Erb- oder Pflichtteilsrecht zu. Jeweils der andere Lebensgefährte sollte durch ein Testament abgesichert sein. In vielen Fällen kann es zweckmäßig sein, wenn die Lebensgefährten sich eine vertragliche Grundlage geben. Das kann sich insbesondere in den in der Praxis häufig vorkommenden Fällen anbieten, in denen ein Lebensgefährte Alleineigentümer eines Hauses ist, dessen erforderliche Renovierungskosten der andere Lebensgefährte übernimmt.

9. Exkurs: Die Rechte des geschiedenen Ehegatten

DEFINITION: PFLICHTTEILSRECHT
Enterbten Kindern, Ehegatten und gegebenenfalls Elternteilen stehen am Nachlass eines Verstorbenen Pflichtteilsansprüche zu. Sie können aber nur Geld vom Erben verlangen, und zwar auf Basis der hälftigen gesetzlichen Erbquote.

Nach einer rechtskräftigen Scheidung ist der überlebende Ehegatte weder erb- noch PFLICHTTEILSBERECHTIGT. Ihm kann jedoch ein Unterhaltsanspruch gegenüber seinem Ehegatten zustehen (§§ 1570 ff. BGB). Diese Verpflichtung geht mit dem Tod des Verpflichteten auf seine Erben als Nachlassverbindlichkeit über (§§ 1569–1586b, 1933 Satz 3 BGB). Die Erben müssen also den Unterhaltsverpflichtungen ihres verstorbenen Vaters und auch ihrer Mutter nachkommen. Der Anspruch des überlebenden geschiedenen Ehegatten ist aber von der Höhe auf den Betrag begrenzt, den bei fiktivem Fortbestand der Ehe der überlebende Ehegatte von dem anderen als Pflichtteil hätte beanspruchen können (§ 1586b Absatz 1 Satz 3 BGB). Regelmäßig kann der überlebende Ehegatte so einen Unterhaltsanspruch nur bis zu einem Gesamtbetrag von ⅛ des Wertes des Nachlasses durchsetzen (bei Kindern). Dem Ex-Ehegatten steht keine „Einmalabfindung“ zu, sondern nur die auf den Höchstbetrag gedeckelte monatliche Zahlung.

Kein Nachlass ohne Erbe
Der Gesetzgeber hat ein System ausgetüftelt, wer nach welchen Regeln mit welcher Quote erbt. Es gibt niemals einen Verstorbenen ohne Erben. Notfalls sind es ein Bundesland oder der Staat. Besondere Regeln gelten für einen längerlebenden Ehegatten, der nicht mit seinem verstorbenen Ehegatten einen Ehevertrag abgeschlossen hat: Seine gesetzliche Erbquote erhöht sich um 25 % zur pauschalen Abgeltung seines Zugewinnausgleichsanspruchs.

Erbfolge nach einem Testament oder Erbvertrag

Durch ein Testament oder einen Erbvertrag kann verhindert werden, dass die gesetzliche Erbfolge eintritt. Oftmals ist es etwa bei Ehegatten unerwünscht, dass die Kinder nach Versterben des ersten Ehegatten schon erben. Damit solche letztwilligen Verfügungen wirksam sind, sind die strengen Formvorschriften des Gesetzes zu beachten. Sind Testamente unklar, können sie auszulegen oder gar anzufechten sein.

3. Erbfolge nach einem Testament oder Erbvertrag

I. Selbst gestaltete Erbeinsetzung

Nach dem deutschen Erbrecht muss sich keiner mit der gesetzlichen Erbfolge zufriedengeben. Er kann seine Erbfolge selber festlegen. Man spricht von der gestalteten oder gewillkürten Erbfolge. An erster Stelle ist zu überlegen, wer Erbe werden soll. Der oder die Erben erhalten als Rechtsnachfolger im Zeitpunkt des Todes sämtliche Vermögensgegenstände des Verstorbenen, haften aber auch für die Verbindlichkeiten des Verstorbenen („Vonselbsterwerb"). Ein Testierender kann entweder nur eine Person zu seinem Erben oder auch mehrere Personen zu unterschiedlichen Teilen einsetzen. Erbe A kann beispielsweise 1/10 und Erbe B 9/10 erhalten. Mehrere Erben werden als Miterben bezeichnet; sie bilden eine Erbengemeinschaft (› Seite 184 ff.). Zu Erben können sowohl natürliche als auch juristische Personen eingesetzt werden, also auch Stiftungen, Vereine, Personen- und Kapitalgesellschaften.

Formulierungsvorschläge für Erbeinsetzungen
Hiermit setze ich ... zu meinem Alleinerben ein. Fällt er gleich aus welchem Grund weg, erbt ... ersatzweise.

Hiermit setze ich ... und ... zu meinen Erben zu gleichen Teilen sein. Fällt einer der Miterben gleich aus welchem Grund weg, erben ersatzweise dessen Kinder. Nochmals ersatzweise wächst sein Erbteil dem anderen Erben an, so dass dieser Alleinerbe ist.

Der Testierende muss nicht unbedingt seinen Erben bestimmen; möglich ist auch innerhalb eines Negativtestamentes, dass ein potenzieller gesetzlicher Erbe von der gesetzlichen Erbfolge ausgeschlossen wird (§ 1938 BGB). Nach dem Erbfall wird die Erbfolge nach den gesetzlichen Regeln so ermittelt, als ob der Ausgeschlossene beim Erbfall nicht gelebt hätte. Wenn es sich bei dem Enterbten um ein Kind, den Ehegatten oder unter Umständen einen Elternteil handelt, steht diesem sein Pflichtteilsanspruch zu (› Seite 210 ff.).

Formulierungsvorschlag für ein Negativtestament
Durch dieses Testament enterbe ich meinen Sohn Andreas.

Ein Testierender kann auch bestimmen, dass eine oder mehrere Personen zunächst das Erbe erhalten und dann später an einen oder an mehrere andere Erben herauszugeben haben (VOR- UND NACHERB-

SCHAFT, § 2100 BGB). Die zeitlich ersten Erben sind dann nur Vorerben. Sofern der Testierende nichts anderes angeordnet hat, dürfen sie lediglich die Erträge wie Miete, Zinsen oder Dividenden aus dem Nachlass für sich verbrauchen oder etwa ein zum Nachlass zugehöriges Haus bewohnen; die Substanz dürfen sie hingegen nicht antasten. Die Vorerben erhalten eine ähnliche Stellung wie ein Nießbrauchsberechtigter, außer sie sind durch das Testament von einzelnen oder sämtlichen Beschränkungen befreit. Bei Eintritt eines bestimmten Ereignisses geht die Erbschaft auf den Nacherben über. Dieser Nacherbfall tritt im Regelfall beim Tod des Vorerben ein, was aus dem Testament hervorgehen muss. Der Nacherbfall kann aber auch bei Erreichen eines bestimmten Alters oder bei dem erfolgreichen Abschluss einer Ausbildung bei den Nacherben eintreten, so, wie der Verstorbene es testamentarisch oder erbvertraglich angeordnet hat.

Formulierungsvorschlag für die Vor- und Nacherbeinsetzung
Ich berufe ... zu meinem alleinigen Vorerben. Zu Nacherben berufe ich ... und ... zu gleichen Teilen. Ersatznacherben sind die Abkömmlinge des weggefallenen Miterben, mehrere unter sich nach den Regeln der gesetzlichen Erbfolge. Sind keine Abkömmlinge als Ersatzerben vorhanden, so wächst der Erbteil den übrigen Erben nach dem Verhältnis ihrer Erbteile an.

Der Nacherbfall tritt mit dem Tod des Vorerben ein.

Die Nacherben sind gleichzeitig Ersatzerben.

Nun zur befreiten Vorerbschaft: Der Vorerbe kann durch Testament oder Erbvertrag „befreit“ werden. Möglich ist, von allen gesetzlichen Beschränkungen, soweit es § 2136 BGB zulässt, zu befreien. Alternativ kann der Umfang der Befreiung genau festgelegt werden, und zwar von folgenden Einschränkungen:

- von den Anforderungen an den Maßstab für die Verwaltung und Rechnungslegung und der Verpflichtung zum Wertersatz bei Raub- und Übermaßfrüchten (§§ 2130–2131, 2133 BGB);
- von dem Verbot der eigennützigen Verwendung, was heißt, dass nach Befreiung der Vorerbe auch die geerbte Substanz für sich verbrauchen darf, etwa ein Kontenguthaben (§ 2134 BGB);
- vom Verfügungsverbot über Grundstücke (§ 2113 Absatz 1 BGB);
- von den Beschränkungen hinsichtlich Hypothekenforderungen und Grundschulden (§ 2114 BGB);

- von der Hinterlegung von Wertpapieren und den Anforderungen der Anlage von Geld (§§ 2116–2119 BGB);
- von der Aufstellung eines Wirtschaftsplans (§ 2132 BGB) und
- von den Kontroll- und Sicherungsrechten (§§ 2127–2130 BGB).

Formulierungsvorschlag für die vollständig befreite Vor- und Nacherbeinsetzung
Ich berufe ... zu meinem alleinigen Vorerben. Mein Vorerbe ist jedoch von allen Beschränkungen befreit, soweit möglich. Zu Nacherben berufe ich ... und ... zu gleichen Teilen. Ersatznacherben sind die Abkömmlinge des weggefallenen Miterben, mehrere unter sich nach den Regeln der gesetzlichen Erbfolge. Sind keine Abkömmlinge als Ersatzerben vorhanden, so wächst der Erbteil den übrigen Erben nach dem Verhältnis ihrer Erbteile an.

Der Nacherbfall tritt mit dem Tod des Vorerben ein.

Die Nacherben sind gleichzeitig Ersatzerben.

Nicht befreien kann der Testierende von dem Verbot unentgeltlicher Verfügungen (§ 2113 Absatz 2 BGB), von dem Surrogationsprinzip (§ 2111 BGB), von den Beschränkungen der Eigengläubiger des Vorerben bei Zwangsverfügungen (§ 2115 BGB), von der Verpflichtung zur Inventarisierung (§ 2121 BGB), von der Verpflichtung, den Zustand der Erbschaft durch einen Sachverständigen feststellen zu lassen (§ 2122 S. 2 BGB) und von der Verpflichtung, Schadensersatz zu leisten (§ 2138 Absatz 2 BGB).

1. Unwirksamkeit und Nichtigkeit eines Testaments
Nur nach den Regeln des Gesetzes wirksame Testamente und wirksame Erbverträge sind nach dem Tod entscheidend. Hierbei hilft die CHECKLISTE, deren Einzelheiten nachfolgend erläutert werden:

- Ist das Testament formgültig errichtet, also handschriftlich oder beim Notar (› Seite 39)?
- Verstößt das Testament oder der Erbvertrag gegen Bindungen aus früheren Ehegattentestamenten oder Erbverträgen des Verstorbenen (› Seite 42 f., 47)?
- Handelt es sich nur um einen ENTWURF eines Testamentes? Fehlt der Testierwille?

Beispiel zum „Zettel-Testament“:
Die Verstorbene war im Alter von 102 Jahren gestorben. Ein Enkel hielt einen 8 x 10 cm großen, von der Verstorbenen geschriebenen Zettel für

ein wirksames Testament, durch das er begünstigt sei. Das OLG Hamm bewertete diesen Zettel aber höchstens als Entwurf; der Testierwille fehle (Beschluss vom 27. November 2015 – Az. 10 W 153/15). Es handele sich schon nicht um eine übliche Schreibunterlage in DIN A 4 oder DIN A 5, sondern um ein ausgeschnittenes Stück Papier.

- Das Testament hat ein Kind unter 16 Jahren (einschließlich) errichtet. KINDER können erst ab dem Alter von 17 Jahren ein wirksames Testament errichten (§ 2229 Absatz 1 BGB).
- Der Testierende war beim Aufsetzen des Testamentes TESTIERUNFÄHIG. Das ist derjenige, der wegen einer krankhaften Störung der Geistestätigkeit, wegen Geistesschwäche oder Bewusstseinsstörung nicht in der Lage ist, die Bedeutung seiner Erklärung einzusehen und nach dieser Einsicht zu handeln (§ 2229 Absatz 4 BGB). Die Geschäftsfähigkeit ist bei Abschluss eines Erbvertrages erforderlich, nicht hingegen bei der Errichtung eines Testamentes. Auch BETREUTE oder BEHINDERTE können ein wirksames Testament errichten, wenn sie ausreichend einsichtig, also testier- oder gar geschäftsfähig sind. Wenn ein Angehöriger behauptet, dass der Verstorbene im Zeitpunkt der Errichtung seines Testaments nicht testierfähig war, wird das Nachlassgericht über diese Frage ein Gutachten von einem Facharzt für Psychiatrie oder mit entsprechender Kompetenz einholen. Im Zweifelsfall wird der Verstorbene als testierfähig angesehen.

Beratertipp für die Testamentserrichtung bei möglicher Testierunfähigkeit:
Es mehren sich die Mandate, in denen sich nach dem Erbfall Beteiligte darauf berufen, dass der Verstorbene nicht mehr testierfähig war (faktisch das Gleiche wie geschäftsfähig). Dieser Frage gehen die Gerichte in sehr umfangreichen Verfahren nach, in welchen den Beteiligten meist nahezu sämtliche Patientenakten bekannt werden. Deren Inhalt ist oftmals sehr persönlich. Grundsätzlich gilt die ärztliche Verschwiegenheit auch über den Tod hinaus; ein Arzt darf also auch dem Erben keine Auskünfte erteilen. In Fällen der zweifelhaften Testierfähigkeit wird aber vermutet, dass der Verstorbene in eine derartige Bekanntwerdung seiner Krankendaten eingewilligt hätte.
Was heißt das für die Testamentserrichtung? Wenn sich schon vor dem Erbfall ein Erbstreit abzeichnet, ist den Testierenden in einigen Fällen zu empfehlen, sich von einem in diesem Bereich kompetenten Arzt untersuchen und sich die Testierfähigkeit bescheinigen zu lassen. Dieses Attest sollte dann derjenige erhalten, der durch das neue Testament begünstigt wird. Wendet ein Benachteiligter nach dem Erbfall Testierunfähigkeit ein, kann das Attest vorgelegt werden.

- Wenn ein Ehegatte den anderen Ehegatten als Erbe oder Vermächtnisnehmer eingesetzt hat und beide sich haben voneinander SCHEIDEN lassen, sind diese Begünstigungen in den meisten Fällen unwirksam (§ 2077 Absatz 1 BGB). Eine Scheidung kann sich auch auf weitere testamentarische oder erbvertragliche Anordnungen auswirken und diese sogar entfallen lassen, auch wenn dadurch Dritte, wie die Kinder, begünstigt werden.

§ 2077 BGB Unwirksamkeit letztwilliger Verfügungen bei Auflösung der Ehe oder Verlobung

(1) Eine letztwillige Verfügung, durch die der Erblasser seinen Ehegatten bedacht hat, ist unwirksam, wenn die Ehe vor dem Tode des Erblassers aufgelöst worden ist. Der Auflösung der Ehe steht es gleich, wenn zur Zeit des Todes des Erblassers die Voraussetzungen für die Scheidung der Ehe gegeben waren und der Erblasser die Scheidung beantragt oder ihr zugestimmt hatte. Das Gleiche gilt, wenn der Erblasser zur Zeit seines Todes berechtigt war, die Aufhebung der Ehe zu beantragen und den Antrag gestellt hatte.

(2) Eine letztwillige Verfügung, durch die der Erblasser seinen Verlobten bedacht hat, ist unwirksam, wenn das Verlöbnis vor dem Tode des Erblassers aufgelöst worden ist.

(3) Die Verfügung ist nicht unwirksam, wenn anzunehmen ist, dass der Erblasser sie auch für einen solchen Fall getroffen haben würde.

- Der Verstorbene hat sein Testament durch einen Vertreter errichten oder schreiben lassen (§ 2064 BGB), was es nichtig macht.
- Ein Testament ist nichtig, wenn der Testierende es selber MASCHINENSCHRIFTLICH verfasst und nur unterzeichnet hat.
- Ein Testament oder Erbvertrag ist soweit nichtig, wie es SITTENWIDRIGE ANORDNUNGEN enthält (§ 138 BGB). Das ist dann der Fall, wenn eine Anordnung nach ihrem Gesamtcharakter dem Anstandsgefühl eines billig und gerecht Denkenden widerspricht. Nichtig können testamentarische oder erbvertragliche Zuwendungen sein, die von dem Wechsel einer Konfession, der Heirat mit oder Scheidung von einer bestimmten Person abhängen. Früher nahmen die Gerichte die Sittenwidrigkeit bei testamentarischen Begünstigungen einer Geliebten des Verstorbenen an. Eine solche Rechtsfolge ist nach Inkrafttreten des Prostituiertengesetzes undenkbar. Heutzutage kann ein GELIEBTENTESTAMENT nur noch dann sittenwidrig sein, wenn dadurch „die geschlechtliche Hingabe belohnt oder gefördert“ wird. Hierzu der Beschluss vom 22. August 2008 des OLG Düsseldorf (Az. 3 Wx 100/08): Ein Ehemann nahm sich eine Prostituierte zur Geliebten und setzte diese zu seiner Alleinerbin ein. Gemeinsam mit seiner

Ehefrau gehörte ihm das Familienheim. Die Prostituierte erbte den Anteil des Mannes, so dass jetzt den Rivalinnen gemeinsam das von der Ehefrau bewohnte Familienheim gehört. Beide dürfen das Haus gemeinsam bewohnen und müssen sich gemeinschaftlich über sämtliche Fragen das Haus betreffend einigen, wie die Durchführung von Renovierungen, Tragung der laufenden Kosten oder die Nutzung. Das wollte die Ehegattin nicht akzeptieren. Sie versuchte, das Testament wegen Unsittlichkeit außer Kraft zu setzen. Sie befürchtete, dass sie sich mit der Geliebten als neuer Miteigentümerin über die Auseinandersetzung bezüglich des Hauses nicht würde einigen können. Aber ohne Erfolg: Das Geliebtentestament war nicht sittenwidrig.

Beispiel zur Erbeinsetzung einer Betreuerin:
Eine vom Gericht eingesetzte Betreuerin hat einen einsamen Herrn veranlasst, sie zu seiner Erbin durch ein notarielles Testament einzusetzen. Aufgrund besonderer Umstände stellte das OLG Celle in seinem Beschluss vom 12. Januar 2021 die Sittenwidrigkeit des Testamentes fest (Az. 6 U 22/20). Stattdessen erbt nun das Land Niedersachsen.

- BEHINDERTENTESTAMENTE sind grundsätzlich nicht sittenwidrig. Diese sichern durch komplexe Anordnungen, dass der Sozialhilfeträger nicht an das Erbe des zu begünstigenden Behinderten kommt, auch wenn dieser die Betreuungs- und Pflegekosten zu übernehmen hat. Dies erfolgt entweder durch die Begünstigung des behinderten Kindes als Vorerbe oder als Vorvermächtnisnehmer. Durch eine Testamentsvollstreckung wird sichergestellt, dass das behinderte Kind Leistungen aus der Erbschaft erhält, die nicht die Leistungen des Sozialhilfeträgers schmälern. So kann das behinderte Kind zusätzlich etwa Gegenstände für Hobbies, Ausflüge, Kleidung oder eine besondere medizinische Versorgung erhalten.
- Testamentarische oder erbvertragliche Anordnungen von BEWOHNERN VON PFLEGEHEIMEN zugunsten des Leiters oder von Beschäftigten des Pflegeheimes sind dann unwirksam, wenn die Begünstigten davon zu Lebzeiten des Verstorbenen erfahren (§ 14 Absatz 5 Heimgesetz, zu beachten sind etwaige landesgesetzliche Heimgesetze, die Vorrang haben). Dieses Verbot soll den Bewohnern den Heimfrieden wahren, sie vor finanzieller Ausbeutung oder Benachteiligung schützen und ihre Testierfreiheit sichern. Auch Zuwendungen an einen Betreuer oder Pflegepersonal eines ambulanten Dienstes verstoßen grundsätzlich nicht gegen die guten Sitten.

BERATERTIPP ZUR TEILNICHTIGKEIT:
Wenn nur ein Teil im Testament oder auch Erbvertrag nichtig ist, bleiben die weiteren darin enthaltenen Anordnungen in der Regel wirksam (§§ 2085, 2279 Absatz 1 BGB). Das ist aber dann nicht der Fall, wenn der Verstorbene seine übrigen Anordnungen nicht ohne die nichtige Anordnung getroffen hätte.

Im Zusammenhang mit der Frage, inwieweit ein Testament oder Erbvertrag für den Erbfall beachtlich ist, sind zudem nachfolge Aspekte zu beachten:

- Ein zeitlich früheres Testament wird durch ein späteres Testament aufgehoben, wenn es dem älteren widerspricht (§ 2258 BGB). Sofern Testamente sich nicht widersprechen, können diese sich auch ergänzen. Wenn der Verstorbene sein Testament durchgerissen oder durchgestrichen hat, so wird vermutet, dass der Verstorbene dieses aufheben wollte (§ 2255 BGB). Bei einem Erbvertrag gilt Entsprechendes, ein späterer Erbvertrag kann ein früheres Testament aufheben und umgekehrt.
- Ein notarielles Testament wird unwirksam, wenn es aus der AMTLICHEN VERWAHRUNG bei Gericht zurückgenommen wird (§ 2256 BGB). Ein handschriftliches Testament bleibt aber trotzdem wirksam (§ 2256 Absatz 3 BGB). Die Rücknahme kann nur der Testierende persönlich verlangen. Dabei muss er testierfähig sein.
- Grundsätzlich ist erforderlich, dass ein Testament im Erbfall im ORIGINAL vorliegt. Manchmal ist dieses Original jedoch unauffindbar. Das Testament kann für die Erbfolge dennoch maßgeblich sein, wenn die formgerechte Errichtung und der Inhalt anderweitig nachgewiesen werden kann. So kann die Kopie eines Testamentes in Verbindung mit Zeugenaussagen ausreichend sein. In der Rechtsprechung ist anerkannt, dass bei kopierten Testamenten strenge Anforderungen zu stellen sind, damit diese anerkannt werden. Nach dem Beschluss des OLG Brandenburg vom 5. September 2019 kommt der allgemeine Grundsatz zum Tragen, dass es die Wirksamkeit eines Testamentes nicht berührt, wenn die Urkunde ohne Wollen und Zutun eines Testierenden vernichtet worden oder verloren gegangen ist (Az. 3 W 79/18). In einem derartigen Fall können Errichtung und Inhalt des Testamentes mit allen zulässigen Beweismitteln, auch durch Vorlage einer Kopie, bewiesen werden, wobei an den Nachweis allerdings strenge Anforderungen zu stellen sind. Wer sich dann auf einen Widerruf stützt, muss die Widerrufsabsicht beweisen, so das OLG Düsseldorf am 12. März 2021 (Az. I-3 Wx 151/20).
- Der Verstorbene darf die Entscheidung keinem anderen überlassen, ob sein Testament gelten soll oder nicht (§ 2065 Absatz 1 BGB).
- Auch darf er keinem anderen die Entscheidung überlassen, wer sein Erbe oder Vermächtnisnehmer wird (§ 2065 Absatz 2 BGB). Nur wenn der Verstorbene einen Dritten zur Bestimmung seines Erben berufen hat, der aus einem genau definierten Personenkreis nach sachlichen Auswahlkriterien den Erben zu bestimmen hat, wird dies als wirksame Erbeinsetzung anerkannt. Dem Dritten darf aber kein eigenes Ermessen zustehen.

DEFINITION: AMTLICHE VERWAHRUNG
Jedermann kann sein Testament bei dem Nachlassgericht hinterlegen. Dann wird es nach dem Erbfall durch das Nachlassgericht automatisch eröffnet und gesetzlichen Erben sowie den testamentarisch Begünstigten in Kopie zugesendet. Der Testierende kann sein Testament später wieder von dem Gericht zurückfordern.

2. Einzeltestament
Die einfachste Form ist das einseitige und EIGENHÄNDIGE TESTAMENT, das durch eine gänzlich eigenhändige und unterschriebene Erklärung errichtet wird (§ 2247 BGB). Datum und Ort sollen, müssen aber nicht angegeben werden. Die Unterschrift soll aus Vor- und Nachnamen bestehen. Es reicht aber, wenn der Testierende zu identifizieren ist. Das kann auch durch die Unterschrift mit „Mutti", mit dem Spitznamen oder mit dem Künstlernamen erfolgen. Dazu kann aber nicht geraten werden! Der Testierende kann sein eigenhändiges Testament entweder selbst oder bei Dritten aufbewahren oder es beim Nachlassgericht zur Verwahrung hinterlegen. So ist sichergestellt, dass das Testament nach seinem Tod auch tatsächlich beachtet wird. Das Nachlassgericht erhält für die Hinterlegung eine einmalige Festgebühr von 75 EUR.

Beispiel zu mehrseitigem Testament
Das OLG Nürnberg hat darauf hingewiesen, dass ein Testament wirksam sein kann, wenn es aus mehreren Seiten besteht, die zu verschiedenen Zeitpunkten entstanden sind (Urteil vom 4. August 2020 – Az. 3 U 2727/19). Aus Beratersicht kann das nicht empfohlen werden.

Statt sein Testament handschriftlich zu verfassen, kann ein Testierender es auch bei einem Notar beurkunden lassen (wird als notarielles und auch als öffentliches Testament bezeichnet, § 2232 BGB). Unter einem maschinenschriftlichen Text BEURKUNDET DER NOTAR die Unterschrift des Testierenden. Alternativ kann der Verstorbene dem Notar eine Erklärung übergeben, die auch maschinenschriftlich oder von Dritten verfasst sein kann. Das ist aber eher unüblich. Der Notar hat das Testament beim Nachlassgericht zu hinterlegen.

Der Notar erhält für seine Beurkundung und das Nachlassgericht für die Hinterlegung GEBÜHREN (Gebühr von 1/1 nach dem GNotKG; › Seite 272; zudem das Gericht für die Hinterlegung eine Festgebühr von 75 EUR). Liegt im Erbfall ein notarielles Testament für die Erbenlegitimierung vor, ersparen sich die Erben in vielen Fällen einen Erbschein. Dieser kostet eine Gebühr von 2/1 nach dem GNotKG (› Seite 272; Gebühr für eidesstattliche Versicherung und für die Erteilung des Erbscheins).

Ein Testierender kann sein Einzeltestament durch ein Widerrufstestament oder durch ein dem ersten Testament widersprechendes Testament WIDERRUFEN. Das ist dann der Fall, wenn das spätere Testament abweichende Anordnungen enthält. Auch das ist möglich: Durch Widerruf des Widerrufstestamentes wird das erste Testament im Zweifel wieder gültig (§ 2257 BGB).

Formulierungsvorschlag eines Widerrufstestamentes:
Mein am 20. März 2015 errichtetes Testament widerrufe ich hiermit vollständig.

Alternativ kann der Testierende sein Testament auch dadurch widerrufen, dass er es durchstreicht, verbrennt, zerreißt oder ähnlich. Das ist die sicherste Möglichkeit, dass das Testament später nicht doch umgesetzt wird. Wenn andernfalls später nach dem Erbfall eine Vielzahl von Testamenten und Erbverträgen vom Nachlassgericht eröffnet werden müssen, ist oft unklar, welche einzelnen Anordnungen wirksam sind und welche nicht.

Beispiel zum Widerruf bei mehreren Originalen:
Hat der Erblasser zwei gleichlautende Originale seines Testamentes abgefasst und vernichtet ein Original, bedeutet das nicht den Widerruf nach § 2055 BGB, da noch das andere Original vorhanden ist, so das OLG München in seinem Beschluss vom 5. Mai 2020 (Az. 31 Wx 246/19).

Das Gesetz sieht die Möglichkeit von AUSSERORDENTLICHEN TESTAMENTEN vor, die in der Praxis kaum vorkommen.

- Jemand kann vor dem Bürgermeister ein Testament errichten, wenn er sich in Lebensgefahr befindet und wohl nicht mehr rechtzeitig einen Notar erreicht (§ 2249 BGB).
- Bei akuter Lebensgefahr des Verstorbenen kann das sogenannte Drei-Zeugen-Testament errichtet werden (§ 2250 BGB).
- Seereisende können ein sogenanntes Seetestament errichten (§ 2251 BGB).

Grundsätzlich ist die Errichtung eines handschriftlichen Testamentes zu empfehlen. Dies spart die Notargebühren. Auch wenn spätere Änderungen notariell beurkundet werden sollen, werden neue Notargebühren fällig. Empfehlenswert ist indes, wenn ein qualifizierter Jurist einen Entwurf unter Verwendung der vom Gesetz vorgesehenen Fachbegriffe ausgearbeitet und formuliert hat. Der Testierende braucht es dann nur abschreiben. Ein von einem Notar beurkundetes Testament oder Erbvertrag kann sich aber nach dem Erbfall kostensparend auswirken, da oftmals kein Erbschein zur Erbenlegitimation erforderlich wird. Ein handschriftliches Testament sollte unbedingt bei dem Nachlassgericht in die amtliche Verwahrung gegeben werden. Das ist zwar gesetzlich nicht vorgeschrieben, sichert aber, dass das Testament tatsächlich eröffnet wird und nicht verschwindet. Das kostet nur eine geringe Gerichtsgebühr

BERATERTIPP FÜR TESTIERENDE MIT DEMENZ IM ANFANGSSTADIUM:
Bestehen Anhaltspunkte dafür, dass ein Testierender testierunfähig sein könnte, sollte er sich von einem Facharzt für Psychiatrie untersuchen lassen. Im Idealfall kann dieser Arzt dann durch Attest bestätigen, dass der Testierende testierfähig war. Sollte nach dem Erbfall ein Beteiligter die Testierfähigkeit anzweifeln, kann dem dieses Attest und die Dokumentation des Arztes entgegengehalten werden.

(› Seite 272). Unabhängig davon kann es jederzeit widerrufen und/oder aus der amtlichen Verwahrung genommen werden.

3. Ehegattentestament

Ehegatten und gleichgeschlechtliche eingetragene Lebenspartner können ein gemeinschaftliches Testament errichten, das umgangssprachlich als Ehegattentestament bezeichnet wird (§ 2265 BGB; § 10 Absatz 4 LPartG). Wie beim einseitigen Testament kann es eigenhändig oder durch notarielle Beurkundung errichtet werden. Entweder ein Ehegatte schreibt und unterschreibt das Testament und der andere Ehegatte unterschreibt lediglich oder beide Ehegatten schreiben abwechselnd den Text und unterschreiben schließlich. Ein Ehegattentestament kann sowohl einseitige testamentarische Anordnungen nur eines der Ehegatten als auch wechselbezügliche Verfügungen enthalten. Die einseitigen Anordnungen kann der betreffende Ehegatte jederzeit, also auch nach dem Tod seines Ehegatten, widerrufen. Das ist bei den wechselbezüglichen Verfügungen nicht der Fall (§ 2271 BGB).

Formunwirksamkeit eines vermeintlichen Ehegattentestaments:
Enthält ein Testament nur testamentarische Anordnungen eines Ehegatten, aber schreibt auch der andere Ehegatte einzelne Passagen mit seiner Handschrift, ist das Testament nach dem OLG Düsseldorf vom 9. April 2021 formunwirksam (Az. 3 Wx 219/20).

§ 2271 BGB: Widerruf wechselbezüglicher Verfügungen

(1) Der Widerruf einer Verfügung, die mit einer Verfügung des anderen Ehegatten in dem in § 2270 bezeichneten Verhältnis steht, erfolgt bei Lebzeiten der Ehegatten nach den für den Rücktritt von einem Erbvertrag geltenden Vorschrift des § 2296. Durch eine neue Verfügung von Todes wegen kann ein Ehegatte bei Lebzeiten des anderen seine Verfügung nicht einseitig aufheben.

(2) Das Recht zum Widerruf erlischt mit dem Tode des anderen Ehegatten; der Überlebende kann jedoch seine Verfügung aufheben, wenn er das ihm Zugewendete ausschlägt. Auch nach der Annahme der Zuwendung ist der Überlebende zur Aufhebung nach Maßgabe des § 2294 und des § 2336 berechtigt.

(3) Ist ein pflichtteilsberechtigter Abkömmling der Ehegatten oder eines der Ehegatten bedacht, so findet die Vorschrift des § 2289 Abs. 2 entsprechende Anwendung.

Durch WECHSELBEZÜGLICHE VERFÜGUNGEN, auch als wechselbezügliche Anordnungen bezeichnet, können Ehegatten ihre Anordnungen voneinander abhängig machen (§ 2077 BGB).

§ 2077 BGB: Unwirksamkeit letztwilliger Verfügungen bei Auflösung der Ehe oder Verlobung

(1) *Eine letztwillige Verfügung, durch die der Erblasser seinen Ehegatten bedacht hat, ist unwirksam, wenn die Ehe vor dem Tode des Erblassers aufgelöst worden ist. Der Auflösung der Ehe steht es gleich, wenn zur Zeit des Todes des Erblassers die Voraussetzungen für die Scheidung der Ehe gegeben waren und der Erblasser die Scheidung beantragt oder ihr zugestimmt hatte. Das Gleiche gilt, wenn der Erblasser zur Zeit seines Todes berechtigt war, die Aufhebung der Ehe zu beantragen, und den Antrag gestellt hatte.*

(2) *Eine letztwillige Verfügung, durch die der Erblasser seinen Verlobten bedacht hat, ist unwirksam, wenn das Verlöbnis vor dem Tode des Erblassers aufgelöst worden ist.*

(3) *Die Verfügung ist nicht unwirksam, wenn anzunehmen ist, dass der Erblasser sie auch für einen solchen Fall getroffen haben würde.*

Die Wechselbezüglichkeit können Ehegatten nur treffen für

- Erbeinsetzungen,
- Vermächtnisse,
- Auflagen und
- Rechtswahl zugunsten des deutschen Erbrechts.

Wenn diese wechselbezüglich sind, können sie nicht nur von einem der beiden Ehegatten alleine frei geändert werden. Eine Erbeinsetzung, ein Vermächtnis oder auch eine Auflage sind aber nicht in jedem Fall wechselbezüglich. Das ist nur dann der Fall, wenn der eine Ehegatte ohne die Anordnung des anderen Ehegatten nicht seine Erbeinsetzung, sein Vermächtnis oder auch seine Auflage angeordnet hätte (§ 2270 BGB). Mit anderen Worten: Wechselbezüglich sind diejenigen Anordnungen der Ehegatten, die mit Rücksicht auf die anderen getroffen sind und die miteinander stehen und fallen sollen. Einer der Ehegatten müsste zur Annahme der Wechselbezüglichkeit eine testamentarische Anordnung vorgenommen haben, die ohne die testamentarische Anordnung des anderen nicht gewollt sein würde.

DEFINITION: AUFLAGE
Testamentarisch kann durch eine sogenannte Auflage nach § 1940 BGB angeordnet werden, was ein Begünstigter tun oder unterlassen soll. So kann ein Bedachter etwa zur Grabpflege verpflichtet werden. Oder es wird ihm untersagt, eine transmortale Vollmacht zu widerrufen. Auch können Begünstigte so verpflichtet werden, anderen Personen Werte aus dem Nachlass zu übertragen.

Beratertipp zu wechselbezüglichen Verfügungen:
Der Begriff Wechselbezüglichkeit wird verständlicher, wenn man sich ein GEGENSEITIGES VERSPRECHEN DER TESTIERENDEN EHEGATTEN vorstellt. Bei dem Berliner Testament, mit dem sich die Ehegatten für den ersten Erbfall gegenseitig zu Alleinerben und die gemeinsamen Kinder zu Erben im zweiten Erbfall einsetzen („Schlusserben"), würde dies folgendes Versprechen bedeuten: Jeder Ehegatte verspricht dem anderen für den Fall seines Längerlebens, die gemeinsamen Kinder zu seinen Erben einzusetzen, wenn der andere für den Fall seines Vorversterbens ihn zum

Alleinerben einsetzt. So hat der Erstversterbende die Sicherheit, dass letztlich sein Vermögen an die Kinder geht. Aber zunächst ist sein ihn überlebender Ehegatte finanziell als Alleinerbe gut abgesichert.

Für die Wechselbezüglichkeit einer Verfügung ist nicht erforderlich, dass die Ehegatten sich in irgendeiner Art und Weise gegenseitig bedenken, etwa durch Erbeinsetzung oder als Vermächtnisnehmer. Denkbar ist für die Annahme der Wechselbezüglichkeit, dass sie jeweils durch ihre letztwillige Verfügung die gleiche dritte Person begünstigen.

Formulierungsvorschlag zu wechselbezüglichen Verfügungen:
Der Längerlebende von uns setzt unseren Sohn ... zu seinem Alleinerben mit wechselbezüglicher Wirkung ein.

Wie gesagt: Die Wechselbezüglichkeit betrifft nicht immer sämtliche testamentarischen Anordnungen, sondern ist für jede einzelne letztwillige Verfügung gesondert festzustellen. In dem Testament sollte immer eindeutig formuliert sein, ob eine Anordnung wechselbezüglich ist oder nicht. Wenn der Wortlaut des Testamentes nicht eindeutig ist und durch individuelle Auslegung nicht der letzte Wille ermittelt werden kann, ist die WECHSELBEZÜGLICHKEIT im Zweifel nach der gesetzlichen Auslegungsregel § 2270 Absatz 2 BGB anzunehmen, wenn

- die Ehegatten sich gegenseitig bedenken oder
- Ehegatte (A) den anderen Ehegatten (B) bedacht und dieser (B) Anordnungen zugunsten eines Dritten getroffen hat, der mit dem Erstgenannten (A) verwandt ist oder diesem sonst nahesteht.

§ 2270 BGB: Wechselbezügliche Verfügungen

(1) Haben die Ehegatten in einem gemeinschaftlichen Testament Verfügungen getroffen, von denen anzunehmen ist, dass die Verfügung des einen nicht ohne die Verfügung des anderen getroffen sein würde, so hat die Nichtigkeit oder der Widerruf der einen Verfügung die Unwirksamkeit der anderen zur Folge.

(2) Ein solches Verhältnis der Verfügungen zueinander ist im Zweifel anzunehmen, wenn sich die Ehegatten gegenseitig bedenken oder wenn dem einen Ehegatten von dem anderen eine Zuwendung gemacht und für den Fall des Überlebens des Bedachten eine Verfügung zugunsten einer Person getroffen wird, die mit dem anderen Ehegatten verwandt ist oder ihm sonst nahesteht.

(3) Auf andere Verfügungen als Erbeinsetzungen, Vermächtnisse, Auflagen und die Wahl des anzuwendenden Erbrechts findet Absatz 1 keine Anwendung.

Beispiel zur gesetzlich vermuteten Wechselbezüglichkeit: Die Ehegatten A und B errichten ein Ehegattentestament. Darin setzt unter anderem A den B zu seinem Alleinerben sein. Als „Gegenleistung" setzt der erbende B dem Bruder von A ein Vermächtnis aus. Im Zweifel besteht hier die Wechselbezüglichkeit, da der A nur deswegen den B zu seinem Alleinerben eingesetzt hat, weil er durch die Wechselbezüglichkeit die Sicherheit hatte, dass sein Bruder (der von A) nach dem Tod von B durch das Vermächtnis begünstigt wird. Das OLG Schleswig hat darauf hingewiesen, dass sich die Wechselbezüglichkeit im Einzelfall auch aus einem gemeinschaftlichen Testament ergeben kann, das aus zwei zeitlich nacheinander errichteten gemeinschaftlichen Testamenten besteht (Beschluss vom 11. Januar 2016 – Az. 3 Wx 95/15).

Die bekannteste und auch beliebteste Gestaltung eines Ehegattentestamentes ist das „BERLINER TESTAMENT", in dem sich die Ehegatten für den ersten Erbfall gegenseitig zu Alleinerben und für den zweiten Erbfall ihre Kinder zu Erben des Längerlebenden einsetzen.

Formulierungsvorschlag eines „Berliner Testamentes":
Wir, die Eheleute Sebastian und Marita Krause, setzen uns gegenseitig zu Alleinerben ein. Erben des Längerlebenden sollen zu gleichen Teilen unsere Söhne Rainer und Christian sein.

Beratertipp zum „Berliner Testament":
Die Errichtung eines Berliner Testamentes hat weitreichende Konsequenzen, die den Testierenden in vielen Fällen nicht bekannt sind. Nach dem Tod des Erstversterbenden kann der längerlebende Ehegatte beispielsweise nicht mehr andere Personen zu seinen Erben einsetzen oder seine Kinder mit anderen Quoten bedenken. Die Bindungswirkung eines Ehegattentestamentes geht sogar so weit, dass der längerlebende Ehegatte nicht mehr aus seinem Vermögen heraus frei schenken kann. Eine solche Schenkung ist zwar wirksam, aber nach dem Tod des schenkenden Ehegatten partizipiert der durch Testament eingesetzte Begünstigte, der durch die Schenkung benachteiligt wurde, letztlich an dem Wert der Schenkung (entsprechend § 2287 BGB).

ÜBERRASCHUNGEN DURCH DIE BINDUNGSWIRKUNG VON WECHSELBEZÜGLICHEN VERFÜGUNGEN: In der Praxis kommen immer wieder die Fälle vor, in denen Ehegatten in jungen Jahren ein solches Berliner Testament errichtet haben. Nach dem frühen Tod eines Ehegatten gerät oftmals dieses Berliner Testament in Vergessenheit und der Längerlebende testiert möglicherweise Jahrzehnte später anderweitig. Aufgrund der Bindungswirkung der wechselbezüglichen Verfügungen in dem Ehegattentestament sind die späteren Einzeltestamente insoweit unwirksam, wie sie das Recht der durch die wechselbezüglichen Verfügungen Begünstigten beeinträchtigen. Hierzu folgendes Beispiel: Durch eine wechselbezügliche Verfügung sind Tochter und Sohn zu Erben zu gleichen Teilen nach dem Letztversterbenden eingesetzt. Nach dem Tod des Vaters setzt die Mutter dem Tierschutzverein ein Vermächtnis aus, wonach der Verein 100.000 EUR nach ihrem Tod erhält. Die Begünstigung des Vereins beeinträchtigt die frühere Erbeinsetzung der Kinder, da sich ihr Erbe durch das Vermächtnis jeweils um 50.000 EUR vermindert. Daher ist das Vermächtnis zugunsten des Vereins unwirksam. Eine später durch ein Einzeltestament angeordnete Testamentsvollstreckung ist ebenfalls unwirksam, da sie den Erbanspruch der Kinder aus dem Ehegattentestament beeinträchtigt. Sie können dann nicht frei über ihre Erbschaft verfügen.

Manchmal heiratet der längerlebende Ehegatte ein zweites Mal, gerade wenn sein Ehegatte sehr früh verstorben ist. Auch im Fall einer späteren Wiederverheiratung entfällt nicht automatisch die Bindungswirkung dieser wechselbezüglichen Verfügungen aus dem früheren Ehegattentestament. Der überlebende Ehegatte kann aber das alte Berliner Testament wegen Übergehens eines Pflichtteilsberechtigten anfechten (§ 2079 BGB), wenn er die Anfechtung rechtzeitig erklärt (› Seite 56). Der neue Ehegatte ist schließlich durch die Heirat pflichtteilsberechtigt geworden.

WIDERRUF EINES EHEGATTENTESTAMENTES: Die Bindungswirkung wechselbezüglicher Verfügungen wirkt sich sogar schon zu Lebzeiten der Ehegatten aus. Ein Ehegattentestament können sie zwar gemeinsam frei aufheben, indem sie es widerrufen oder ein neues Ehegattentestament errichten, das dem ersten Testament widerspricht. Wenn der andere Ehegatte beim Widerruf nicht mitspielt, verbleibt dem Ehegatten, der sich von dem Ehegattentestament lösen möchte, nur der einseitige Widerruf. Dieser bedarf der notariellen Beurkundung und muss dem anderen Ehegatten zugestellt werden (§§ 2271 Absatz 1, 2296 Absatz 2 BGB). Lediglich die Teile des Ehegattentestaments, die nicht im Wechselbezüglichkeitsverhältnis stehen, kann ein Ehegatte auch einseitig durch ein Testament widerrufen, ohne dass der andere Ehegatte davon erfährt.

Nach dem Tod des einen Ehegatten erlischt aber das einseitige Widerrufsrecht hinsichtlich der wechselbezüglichen Verfügungen durch notarielle Erklärung des anderen, längerlebenden Ehegatten (§ 2271 BGB). Dieser ist dann in seiner Testierfreiheit beschränkt. Daraus kann er sich nur dadurch befreien, wenn er seine testamentarische Begünstigung ausschlägt. Er muss aber nicht gleichzeitig seinen gesetzlichen Erbteil mit ausschlagen. So erhält er seine volle Testierfähigkeit zurück und kann neue Anordnungen testamentarisch oder erbvertraglich treffen.

Beratertipp zu Änderungsmöglichkeiten eines Ehegattentestaments: Um der Bindungswirkung zu entgehen, ist die Aufnahme von differenzierten Änderungsvorbehalten in Ehegattentestamenten zu empfehlen. Denkbar ist beispielsweise, dass dem längerlebenden Ehegatten die Befugnis verbleibt, die Erbquoten unter den gemeinsamen Kindern (und vielleicht auch Enkelkindern) so zu verschieben, dass sogar ein Kind leer ausgeht. Für den vorversterbenden Ehegatten besteht aber dann die Ungewissheit, ob der überlebende Ehegatte nicht einen fremden Dritten zum Erben einsetzt – das betrifft dann faktisch auch sein Vermögen.

FOLGEN EINER SCHEIDUNG FÜR DAS EHEGATTENTESTAMENT: Schwierigkeiten bereitet die Frage, ob und inwieweit ein vor der Scheidung errichtetes Ehegattentestament, das bislang weder einseitig noch gemeinsam widerrufen wurde, noch Wirkung entfaltet. Im Regelfall ist davon auszugehen, dass die Scheidung zur Unwirksamkeit führt (§§ 2268, 2077 BGB). Aber es bleiben die testamentarischen Anordnungen wirksam, soweit diese dem Willen des Verstorbenen im Zeitpunkt der Errichtung entsprachen. Dies kann dann der Fall sein, wenn die gemeinsamen Kinder begünstigt wurden. Das Ehegattentestament kann aber auch in seiner Gesamtheit wirksam bleiben. Das ist dann der Fall, wenn die Ehegatten im Zeitpunkt der Errichtung wollten, dass die Anordnungen ihres Testamentes unabhängig von dem Bestand ihrer Ehe wirksam bleiben sollen.

4. Erbvertrag

Im Vergleich zu ausländischen Rechtsordnungen stellt der Erbvertrag eine Besonderheit des deutschen Rechts dar. Es handelt sich hierbei um einen „richtigen“ Vertrag, der den letzten Willen zumindest eines Vertragsbeteiligten fixiert (§§ 2274 ff. BGB). Die Beteiligten müssen für den Abschluss – man spricht nicht wie beim Testament von einer Errichtung – nicht nur testierfähig, sondern auch geschäftsfähig sein. Durch einen Erbvertrag bindet sich der Testierende an solche letztwilligen Anordnungen, die er mit vertragsmäßiger Wirkung verfügt hat. Das ist ähnlich wie die wechselbezügliche Wirkung in Ehegattentestamenten (› Seite 42 f.). Der Testierende kann sich von diesen vertragsmäßigen Anordnungen nur gemeinsam mit dem Vertragspartner oder dann lösen, wenn er sich eine spezielle Änderungsmöglichkeit oder ein RÜCKTRITTSRECHT vorbehalten hat. Der Erbvertrag muss von einem NOTAR beurkundet werden (Gebühren: 2,0 nach dem GNotKG, › Seite 272).

DEFINITION: RÜCKTRITTSRECHT
Wer in einem notariellen Erbvertrag testamentarische Verfügungen verbindlich (= vertragsmäßig) für seinen Erbfall angeordnet hat, kann sich von diesen nur dann lösen, wenn er sich in dem Erbvertrag den Rücktritt vorbehalten hat (außer er kann wegen eines Irrtums anfechten). Will er davon Gebrauch machen, muss er dem anderen Erbvertragspartner eine notarielle Rücktrittserklärung zustellen lassen.

Rücktritt gegenüber Geschäftsunfähigem:
Ist der ein Erbvertragspartner geschäftsunfähig geworden, kann der andere Erbvertragspartner trotzdem bei einem Rücktrittsvorbehalt den Rücktritt erklären. Liegt eine Vorsorgevollmacht vor, kann der Bevollmächtigte die Rücktrittserklärung für den Geschäftsunfähigen entgegennehmen, so der Bundesgerichtshof am 27. Januar 2021 (Az. XII ZB 450/20).

Mit vertragsmäßiger (= erbvertragsmäßiger) Wirkung können in einem Erbvertrag nur eine ERBEINSETZUNG, ein VERMÄCHTNIS, eine AUFLAGE und die Rechtswahl zugunsten des deutschen Erbrechts (› Seite 142) verfügt werden (§ 2278 Absatz 2 BGB). Andere Anordnungen, wie die Einsetzung eines Testamentsvollstreckers oder die Anordnung einer Teilungsanordnung, können zwar in einem Erbvertrag aufgenommen werden, unterliegen jedoch nicht der erbvertraglichen Bindung. Sie können nur einseitig angeordnet werden. Derartige Anordnungen können daher jederzeit frei widerrufen werden, beispielsweise durch ein handschriftliches Testament. Eine Erbeinsetzung, ein Vermächtnis oder eine Auflage müssen nicht zwangsläufig vertragsmäßig und somit bindend sein, nur weil sie in einem Erbvertrag angeordnet wurden. Sie können auch einseitig und damit jederzeit änder- und widerrufbar angeordnet sein. Im Idealfall ist der Wortlaut eines Erbvertrages so klar, dass man weiß, welche enthaltenen Verfügungen vertragsmäßig und welche Verfügungen einseitig sind. Ist das nicht der Fall, muss diese Frage durch eine individuelle Auslegung entschieden werden (› Seite 49 ff.).

DEFINITION: AUFLAGE
Testamentarisch kann durch eine sogenannte Auflage nach § 1940 BGB angeordnet werden, was ein Begünstigter tun oder unterlassen soll. So kann ein Bedachter etwa zur Grabpflege verpflichtet werden. Oder es wird ihm untersagt, eine transmortale Vollmacht zu widerrufen. Auch können Begünstigte so verpflichtet werden, anderen Personen Werte aus dem Nachlass zu übertragen.

Eine Person kann nie alleine mit sich selbst einen Erbvertrag abschließen; es handelt sich schließlich um einen gegenseitigen Vertrag. Folgende Optionen bestehen:

- Bei einem EINSEITIGEN ERBVERTRAG trifft nur ein Vertragspartner – der potenzielle Verstorbene – vertragsmäßige Anordnungen. Der andere Vertragspartner kann entweder nur die Erklärung des testierenden Vertragspartners annehmen oder sich zusätzlich seinerseits zu Leistungen, wie beispielsweise Unterhalt oder Pflege, verpflichten.
- Ein ZWEISEITIGER ERBVERTRAG liegt vor, wenn zwei Personen Anordnungen von Todes wegen treffen, die von einem Dritten angenommen werden. Ehegatten können zusammen beispielsweise einen Erbvertrag in dieser Form schließen.
- Wenn mehrere Personen in dem Erbvertrag über ihren Nachlass verfügen, spricht man vom mehrseitigen Erbvertrag.

BERATERTIPP ZU GESTALTUNGSMÖGLICHKEITEN MIT EINEM ERBVERTRAG:
In der gleichen notariellen Urkunde können neben dem Erbvertrag auch etwa Pflichtteilsverzichte enthalten sein. Auch kommt es in der Praxis vor, dass Ehegatten einen Erbvertrag gleich mit einem Ehevertrag verbunden haben.

Durch den Abschluss eines Erbvertrages ist der testierende Vertragspartner gebunden. Dennoch kann er weiterhin seine Vermögensgegenstände verbrauchen, verkaufen oder verschenken (§ 2286 BGB). Wenn aber der Testierende einen Gegenstand verschenkt und damit seinen Vertragspartner beeinträchtigen will, so kann der Letztere nach dem Erbfall von dem Beschenkten die HERAUSGABE FORDERN (§ 2287 BGB). Der Anspruch verjährt nach drei Jahren nach dem Erbfall (§ 2287 Absatz 2 BGB). Der Beschenkte kann sich aber gegen die Herausgabe wehren, indem er sich darauf beruft, dass der mittlerweile verstorbene Schenker mit der Schenkung ein LEBZEITIGES EIGENINTERESSE verfolgt hat. Das liegt etwa in einer besonderen Dankbarkeit und einem Ausgleich, wenn der Beschenkte den Schenker unterstützt, etwa Besorgungen erledigt, im Haus geholfen oder gepflegt hat.

Beispiel für letztlich unwirksame Schenkung:
In einem Erbvertrag vereinbaren Vater und Tochter, dass die Tochter im Wege eines Vermächtnisses ein Mietshaus erhält. Im Gegenzug verpflichtet sich die Tochter, ihren Vater zu pflegen. Nach Vertragsschluss ändert der Vater seine Meinung und verschenkt dieses Mietshaus an den Sohn. Diese Schenkung ist wirksam, jedoch kann die benachteiligte Tochter später von ihrem Bruder die Herausgabe fordern (§ 2287 BGB).

Die durch den Erbvertrag ausgelöste Bindungswirkung kann zum Zeitpunkt des Erbvertrags ausgeschlossen sein durch

- vorherige Vereinbarung eines beschränkten ÄNDERUNGSVORBEHALTES;
- Abschluss eines Aufhebungsvertrages;
- ZUSTIMMUNG des (begünstigten) Vertragspartners;
- Wegfall des Bedachten durch Vorversterben, Erbunwürdigkeit oder Ausschlagung;
- Vorbehalt eines RÜCKTRITTSRECHTS bzw. gesetzliches Rücktrittsrecht bei Verfehlungen des Begünstigten;
- SELBSTANFECHTUNG durch den Testierenden;
- Zuwendungsverzicht des Begünstigten (§ 2352 BGB) oder
- Auflösung der Ehe durch Scheidung oder Aufhebung (§§ 2279 Absatz 2, 2077 Absatz 1 BGB).

5. Bedingungen und Befristungen

Der Testierende kann eine Erbeinsetzung bedingt und/oder befristet anordnen. Beispielsweise kann der Sohn unter der Bedingung zum Alleinerben eingesetzt werden, dass er im Zeitpunkt des Erbfalls die Meisterprüfung bestanden hat. Ein Testierender kann seine Kinder unter der Bedingung nur zu Vorerben einsetzen und nicht zu unbeschränkten Erben, wenn diese beim Erbfall selber (noch) keine Kinder haben.

Beispiel zu einer Besuchsbedingung:
Ein Großvater hatte seine Enkel zu Erben unter der Bedingung eingesetzt, dass seine Enkelkinder ihn mindestens 6 Mal im Jahr besuchen. Das sei sittenwidrig, meinte das OLG Frankfurt a. M. wenig überzeugend in seinem Beschluss vom 5. Februar 2019 (Az. 20 W 98/18). Auch wenn die Enkel ihren Großvater nicht besucht hatten, sollten sie nach den Frankfurter Richtern dennoch ihren Großvater beerben.

II. Auslegung unklarer Testamente und Erbverträge

Gerade von Rechtsunkundigen verfasste Testamente können UNKLAR sein, so dass diese zu interpretieren sind. Es können Zweifel bestehen, was die Anordnungen des Verstorbenen erbrechtlich bedeuten sollen oder ob diese auch tatsächlich mit seinem Willen übereinstimmen. Vielleicht hat der Verstorbene seinen Willen nicht vollständig und eindeutig in seinem TESTAMENT oder ERBVERTRAG ausgedrückt. Dann ist der wahre Wille zu erforschen, indem die testamentarischen oder erbvertraglichen Anordnungen ausgelegt werden (§§ 133, 2084 BGB).

BERATERTIPP ZUR AUSLEGUNG VON TESTAMENTEN:
Testamente und Erbverträge, die von Notaren entworfen und beurkundet worden sind, müssen nur in seltenen Fällen ausgelegt werden. Das Gleiche gilt für handschriftliche Testamente, die Rechtsanwälte konzipiert haben. Das schließt aber in keinem Fall grundsätzlich eine erforderliche Auslegung aus. Auch ein Jurist kann einen Testamentstext unklar formuliert haben.

Zu unterscheiden ist innerhalb der individuellen Auslegung wie folgt:

- Die EINFACHE AUSLEGUNG ist maßgebend, wenn unklar ist, was der Verstorbene mit seinen Worten ausdrücken wollte. Deswegen spricht man auch von der erläuternden Auslegung.
- Die ERGÄNZENDE AUSLEGUNG ist maßgebend, wenn sich zwischen Testamentserrichtung und Erbfall für das Testament wesentliche Umstände geändert haben.

1. Die Methode der einfachen Auslegung

Wenn der wortwörtliche Inhalt einer Anordnung keinen Sinn macht oder mehrdeutig ist, ist zu erforschen, was der Verstorbene mit seinen Worten wirklich ausdrücken wollte. Auch Anordnungen, die scheinbar eindeutig sind, müssen manchmal ausgelegt werden. Der Wortsinn des Testamentstextes ist zu erforschen; auch der Aufbau und die Zeichensetzung können eine Rolle spielen. Der individuelle Sprachgebrauch des Verstorbenen ist zu berücksichtigen. Dabei können auch Umstände herangezogen werden, die außerhalb des Testamentes liegen. Dazu gehören etwa Testamentsentwürfe, widerrufene Testamente, Briefe, die Vermögensverhältnisse und der Beruf des Verstorbenen. Auch können Zeugen zur Ermittlung des wirklichen Willens herangezogen werden. Bei der Auslegung sind grundsätzlich die Umstände im Zeitpunkt der Errichtung des Testamentes maßgebend. Der ermittelte Wille muss zumindest in Ansätzen im Testament oder Erbvertrag verankert sein (Andeutungstheorie). Andernfalls würden die gesetzlichen Formvorschriften wie die handschriftliche Erklärung oder notarielle Beurkundung des letzten Willens umgangen werden.

Beispiel für das Wortverständnis einer Verstorbenen:
Die Verstorbene hatte ihre „Verwandten" enterbt. Jedoch sah es das OLG Stuttgart in seinem Beschluss vom 23. November 2020 als erwiesen an, dass ihr Bruder als gesetzlicher Erbe davon nicht erfasst war (Az. 8 W 359/20). Entgegen des Wortlautes hätte sie damit nicht alle Verwandten gemeint.

Typische EINZELFÄLLE für die einfache Auslegung:

- Klassisches Beispiel ist die Anordnung eines juristisch nicht beratenen Verstorbenen, wonach er sein gesamtes Vermögen einer Person „vermacht". Vom Wortlaut wäre es – scheinbar eindeutig – ein Vermächtnis. Tatsächlich wollte der Verstorbene aber dadurch seinen Rechtsnachfolger bestimmen und damit die juristischen Folgen der Erbeinsetzung auslösen. Das Wort „vermacht" ist als „vererbt" auszulegen. Wenn der Verstorbene einer anderen Person beispielsweise seine Briefmarkensammlung „vererbt", handelt es sich hingegen zumeist um ein Vermächtnis.
- Der Verstorbene hatte in einem Testament verfügt, dass seine Ehefrau den Hausrat erhält, der sich in dem Haus befindet. Die zweite Ehefrau stellte sich auf den Standpunkt, dass davon auch das Auto umfasst sei. Das hätte ihr verstorbener Ehemann darunter so verstanden. Die Tochter aus erster Ehe war anderer Meinung. Es kam zum Gerichtsprozess. Dort wurde der Tochter Recht gegeben, so dass das Auto nicht von dem Vermächtnis zugunsten der Witwe umfasst war (Landgericht Memmingen Urteil vom 28. Oktober 2011 – Az. 35 O 1063/11).
- Der Verstorbene setzte – so wörtlich – „Mutti" zu seiner Alleinerbin ein. Wer war nun gemeint, seine Ehefrau oder seine tatsächliche Mutter? Durch Auslegung war festzustellen, dass er seine Ehefrau meinte. Wegen der Kinder hatte er sich angewöhnt, diese als „Mutti" zu bezeichnen. Seine tatsächliche Mutter sprach er indes mit „Mama" an.
- Bruno Schubert, auch als Frankfurter Bierkönig bekannt, hatte seine 60 Jahre jüngere, zweite Ehefrau für den Fall zu seiner Alleinerbin

eingesetzt, dass sie bis zu seinem Tod in dem gemeinsamen Haushalt wohnt und ihn auch im Fall dauernder Pflegebedürftigkeit pflegt. Nun hatte die junge Frau ihn nicht höchstpersönlich rund um die Uhr gepflegt. Das war auch nicht erforderlich, entschied das Landgericht Frankfurt a. M. (Urteil vom 29. September 2011 – Az. 2-05 O 30/11). Bei einem reichen Mann sei es fernliegend anzunehmen, seine Ehefrau müsste ihn die ganze Zeit selber pflegen. Kümmern reiche.
- Erbeinsetzungen wie „Erbe ist der, der mich pflegt": Vereinsamte Menschen bestimmen heutzutage immer häufiger denjenigen zu ihrem Erben, der sie zuletzt gepflegt oder ihnen beigestanden hat – ohne diese Person mit ihrem Namen zu benennen. Die Gerichte machen es sich in diesen Fällen häufig zu einfach und verweisen darauf, dass es sich hierbei um eine unzulässige Drittbestimmung handelt, also auf § 2065 Absatz 2 BGB. Tatsächlich ist aber in diesen Fällen durch Auslegung zu ermitteln, wer nach dem Willen des Verstorbenen sein Erbe sein soll.

2. Die Methode der ergänzenden Auslegung

Haben sich die Umstände nach Testamentserrichtung wesentlich verändert, können die testamentarischen Anordnungen durch ergänzende Testamentsauslegung anzupassen sein. Diese Veränderungen hatte der Verstorbene nicht bedacht, weswegen man sagen kann, dass das Testament oder der Erbvertrag lückenhaft ist. Solche Lücken sind durch den hypothetischen Erblasserwillen bei Testamentserrichtung zu schließen. Maßgebend ist das, was der Erblasser verfügt hätte, wenn er im Zeitpunkt der Testamentserrichtung die weitere Entwicklung vorausschauend gewusst hätte. Das Testament oder der Erbvertrag müssen weiter und zu Ende gedacht werden. Hierzu ist die Willensrichtung heranzuziehen, die sich aus dem Testament ergeben muss.

Typische EINZELFÄLLE für die ergänzende Auslegung:

- Die Verstorbene hat unerwartet Vermögen nach Testamentserrichtung geerbt. Die ergänzende Auslegung kann ergeben, dass es zwar bei ihrer verfügten Erbeinsetzung verbleibt, sie aber über das Vermögen aus der Erbschaft anderweitig verfügen kann.
- Der Verstorbene hat einen guten Freund durch eine Erbquote, ein Vermächtnis oder eine Auflage begünstigt. Nun ist dieser vorverstorben und es stellt sich die Frage, ob die Kinder des guten Freundes erben, also entsprechend dem Gedanken des § 2069 BGB.
- Ein bestimmter Gegenstand ist vermacht. Nach Testamentserrichtung hat sich der Verstorbene dazu entschlossen, den Gegenstand zu

verkaufen. Es fragt sich, ob der ursprünglich mit dem Gegenstand Bedachte stattdessen den Veräußerungserlös verlangen kann.
- Der Verstorbene hatte zum Testamentsvollstrecker eine bestimmte Person bestimmt. Nach dem Wegfall dieser Person ist durch ergänzende Auslegung zu ermitteln, ob die Testamentsvollstreckung mit einer anderen Person fortgeführt werden soll oder mit dem Wegfall der benannten Person endet.
- Der Verstorbene hat in seinem 1990 errichteten Testament seiner Ehefrau eine monatliche Rente von 500 DM vermacht. Er stirbt in 2021. Dann kann durch ergänzende Auslegung festgestellt werden, dass der Betrag an den Kaufkraftverlust, also an die Inflation anzupassen ist.

3. Die gesetzlichen Auslegungsregeln – wenn die allgemeinen Auslegungsregeln erfolglos bleiben

Für den Fall, dass die zuvor dargestellte individuelle Auslegung – einfach oder sonst ergänzend - nicht zu einem eindeutigen Ergebnis führt, hält das Gesetz verschiedene Auslegungsregeln bereit:

- Wenn der Verstorbene seine „Verwandten" zu seinen Erben eingesetzt hat, so sollen die gesetzlichen Erben gemeint sein (§ 2067 BGB).
- Wenn der Verstorbene sein Kind in einem Testament oder Erbvertrag bedacht hat und es nach der Errichtung stirbt, dann treten die Kinder des Kindes an die Stelle des bedachten Kindes (§ 2269 BGB).
- Wenn eine bestimmte Personengruppe wie „MEIN PERSONAL" oder „meine Kegelbrüder" bedacht ist, so sind im Zweifel diejenigen gemeint, die zur Zeit des Erbfalls zu dem bezeichneten Kreis gehören (§ 2071 BGB).
- Wenn der Verstorbene „DIE ARMEN" begünstigen wollte, so bereitet es in der Regel Schwierigkeiten, die einzelnen Bedachten zu bestimmen. Im Zweifel ist der örtliche Sozialhilfeträger begünstigt (§ 2072 BGB).
- Wenn ein Verstorbener seinen EHEGATTEN begünstigt hat und im Zeitpunkt des Erbfalls diese Ehe nicht mehr besteht, entfällt im Zweifel diese Begünstigung (§ 2077 Absatz 1 BGB). Gleiches gilt für registrierte Lebenspartner und für die Fälle, in denen die Voraussetzungen der Scheidung vorliegen (› Seite 36).
- Hat der Verstorbene etwa drei Erben zu gleichen Teilen eingesetzt und stirbt einer von den potenziellen Erben vor seinem Tod, dann erhalten die beiden lebenden Erben auch den Teil des Vorverstorbenen. Im Beispiel erben sie also jeweils zu ½ (ANWACHSUNG, § 2094 BGB).
- Wenn ein Testierender jemanden auf seinen „PFLICHTTEIL" setzt, gilt dieser nicht als Erbe (§ 2304 BGB).

DEFINITION: PFLICHTTEIL
Enterbten Kindern, Ehegatten und gegebenenfalls Elternteilen stehen am Nachlass eines Verstorbenen Pflichtteilsansprüche zu. Sie können aber nur Geld vom Erben verlangen, und zwar auf Basis der hälftigen gesetzlichen Erbquote.

4. Der Auslegungsvertrag

Bei Unklarheiten eines auslegungsbedürftigen Testamentes oder Erbvertrages schließen die Beteiligten in der Praxis oftmals einen sogenannten Auslegungsvertrag. Ein Gericht folgt in vielen Fällen einem Auslegungsvertrag im Erbscheinverfahren und erteilt einen Erbschein mit den Erbquoten, auf die sich die Beteiligten in ihrem Auslegungsvertrag geeinigt hatten. Das ist aber nicht zwingend; das Gericht ist in seiner Entscheidung frei. Der Wille eines Verstorbenen ist für die Beteiligten nicht disponibel. Daher sollten vorsorglich in dem Auslegungsvertrag Erbteilsübertragungen enthalten sein, wobei der Vertrag dann der Beurkundung durch einen Notar bedarf. Das Finanzamt akzeptiert bei der Erbschaftsteuer in aller Regel solche Vergleiche.

5. Sonderfall: Abgrenzung zwischen Erbe und Vermächtnis

Weite Kreise in der Bevölkerung messen den Begriffen Erbe oder Vermächtnis keinerlei Bedeutung zu, also ob sie etwas vermachen oder vererben. Durch Auslegung ist in diesen Fällen zu ermitteln, wer dem Willen des Verstorbenen zufolge tatsächlich Erbe und Rechtsnachfolger werden sollte und wer lediglich einen Anspruch auf die bestimmten Gegenstände haben soll (Vermächtnisanspruch). Die Auslegung klebt nicht am Wortlaut des Testamentes! Falls der Wille durch die individuellen Auslegungsregeln (› Seite 49 ff.) nicht geklärt werden kann, hält das Gesetz mit § 2087 BGB eine gesetzliche Auslegungsregel parat.

DEFINITION: ERBE
Der Erbe oder die Erben erhalten in der Sekunde des Todes automatisch alle Vermögensgegenstände, aber auch alle Verbindlichkeiten des Verstorbenen (Vonselbsterwerb). Nur durch eine fristgebundene Ausschlagung können sie sich davon lossagen.

DEFINITION: VERMÄCHTNIS
Bei dem Vermächtnis, das sowohl im Testament als auch im Erbvertrag enthalten sein kann, handelt es sich um einen schuldrechtlichen Anspruch hinsichtlich eines bestimmten Gegenstandes oder eines Geldbetrages. Der Vermächtnisnehmer muss diesen Anspruch gegenüber dem Erben geltend machen. Weitere Rechte oder Mitspracherechte an dem Nachlass hat er nicht, muss sich aber auch nicht an allgemeinen Nachlassverbindlichkeiten beteiligen.

§ 2087 BGB: Zuwendung des Vermögens, eines Bruchteils oder einzelner Gegenstände

(1) *Hat der Erblasser sein Vermögen oder einen Bruchteil seines Vermögens dem Bedachten zugewendet, so ist die Verfügung als Erbeinsetzung anzusehen, auch wenn der Bedachte nicht als Erbe bezeichnet ist.*

(2) *Sind dem Bedachten nur einzelne Gegenstände zugewendet, so ist im Zweifel nicht anzunehmen, dass er Erbe sein soll, auch wenn er als Erbe bezeichnet ist.*

Danach können folgende Kernaussagen getroffen werden:

- Wer den gesamten Nachlass erhält, ist unabhängig von seiner Bezeichnung Erbe (§ 2087 Absatz 1 BGB).
- Wer einen Bruchteil des Nachlasses erhält, ist Erbe zu einer Quote. Das Gleiche ist anzunehmen, wenn der Verstorbene sein Vermögen nach Gegenständen verteilt hat, beispielsweise die Tochter erhält das Familienheim und der Sohn bekommt das Wertpapierdepot. Die Höhe der Erbquoten richtet sich in diesen Fällen häufig nach dem Verhält-

nis der Werte der zugewendeten Vermögensgegenstände. Wenn das Familienheim einen Wert von 600.000 EUR und das Depot einen Wert von 400.000 EUR aufweist, kann eine Erbeinsetzung der Tochter zu 6/10 und des Sohnes zu 4/10 anzunehmen sein.
- Wer einzelne Gegenstände erhält, ist Vermächtnisnehmer (§ 2087 Absatz 2 BGB).

Erhält aber einer WERTMÄSSIG DEN HAUPTGEGENSTAND und wurden weiteren Personen nur einzelne wertmäßig niedrige Gegenstände zugewiesen, kann der mit dem Hauptgegenstand Begünstigte Erbe und die anderen können Vermächtnisnehmer sein. Dieser Hauptgegenstand sollte etwa einen Wert von mindestens 90 % des gesamten Nachlasswertes ausmachen. Die für die Auslegung maßgebenden Werte des Vermögens und auch der Vermögensgegenstände richten sich zumeist nach den Werten, die sich der Verstorbene im Zeitpunkt der Testamentserrichtung vorstellte. Dies ist aber streitig. Weitere Indizien für die Bewertung eines Begünstigten als testamentarisch oder erbvertraglich Begünstigter sind, wenn dieser die Beerdigung organisieren (und bezahlen), den Nachlass regeln und/oder die Nachlassschulden tilgen soll.

6. Sonderfall: Rettung des Verteilungstestamentes

Häufig zu finden sind gegenständliche Erbeinsetzungen, die aber nach dem deutschen Erbrecht nicht zulässig sind. Ohne vom Wortlaut her einen Erben zu bestimmen, weist der Testierende seine vom Wert her wesentlichen Vermögensteile bestimmten Personen zu. Man spricht dann auch von Verteilungstestamenten.

Beispiel einer gegenständlichen Erbeinsetzung:
Die Verstorbene hinterlässt nur zwei Vermögensgegenstände. Ihr Auto im Wert von 20.000 EUR hat sie durch Testament ihrem Sohn und die Goldmünzen im Wert von 40.000 EUR ihrer Tochter zugewiesen.

Zur Ermittlung der Erbquote ist auf die Werte anhand der wirtschaftlichen Verhältnisse der zugewandten Vermögensgegenstände zum Gesamtnachlass abzustellen. So kommt durch Auslegung die Einsetzung von Miterben in Verbindung mit Teilungsanordnung gemäß § 2048 BGB in Betracht. Für die Höhe der Erbanteile, also die Erbquoten, ist grundsätzlich die Vorstellung des Verstorbenen bei Testamentserrichtung darüber maßgeblich, wie sich sein Nachlass darstellen wird und welchen Wert jeweils die Gegenstände haben. Danach wäre der Sohn Miterbe zu 1/3 und die Tochter zu 2/3.

Differenzierter wird es, wenn nicht alle Vermögensbestandteile durch das Testament verteilt wurden. In dem Beispiel am Rand besteht etwa noch ein Kontoguthaben von 10.000 EUR. Folgende Auslegungsalternativen kommen in Betracht:

- Hinsichtlich dieses Guthabens kann die gesetzliche Erbfolge eintreten (§ 2088 BGB), etwa wenn die Verstorbene durch Zuwendung einzelner Gegenstände oder Vermögensgruppen die Bedachten zwar zu Erben einsetzen, ihnen aber objektiv nur einen Teil des Nachlasses zuwenden wollte.
- Dieses nicht zugewiesene Guthaben könnte auf Basis der Wertverhältnisse der beiden zugewiesenen Gegenstände zu verteilen sein, also in diesem Beispiel mit einer Quote von 33 % zu 66 %.

III. Anfechtung bei Irrtümern und Drohung

Wenn die individuelle Auslegung oder die Auslegung nach den gesetzlichen Regeln nicht weiterhilft (› Seite 49 ff.), können testamentarische oder erbvertragliche Anordnungen angefochten werden.

1. Gründe, die zur Anfechtung einer testamentarischen oder erbvertraglichen Anordnung berechtigen

Eine Anfechtung ist möglich,

- wenn der Testierende sich über den Inhalt, die Bedeutung oder die Rechtsfolgen seiner Anordnung geirrt hat (§ 2078 Absatz 1 Alternative 1 BGB);
- wenn der Testierende eine bestimmte Anordnung nicht abgeben wollte, beispielsweise weil er sich bei einem Namen oder einer Zahl verschrieben hat (§ 2078 Absatz 1 Alternative 2 BGB);
- wenn der Testierende widerrechtlich zu dieser Anordnung GEZWUNGEN wurde, indem ihm GEDROHT wurde (§ 2078 Absatz 2 BGB);
- wenn der Testierende durch eine irrige Annahme oder die irrige Erwartung des Eintritts oder Nichteintritts eines Umstands zu der Anordnung bestimmt worden ist („Motivirrtum“; § 2078 Absatz 2 BGB). Ein solcher Umstand kann darin bestehen, dass der Testierende nichts von der kriminellen Vergangenheit eines von ihm mit der Anordnung Bedachten wusste;
- wenn der Testierende einen PFLICHTTEILSBERECHTIGTEN wie vielleicht sein nichteheliches Kind ÜBERGANGEN hat, das ihm nicht bekannt war oder das erst nach der Errichtung der testamentarischen oder erbvertraglichen Anordnung geboren wurde (§ 2079 Satz 1 BGB).

DEFINITION: PFLICHTTEIL
Enterbten Kindern, Ehegatten und gegebenenfalls Elternteilen stehen am Nachlass eines Verstorbenen Pflichtteilsansprüche zu. Sie können aber nur Geld vom Erben verlangen, und zwar auf Basis der hälftigen gesetzlichen Erbquote.

Auch wenn der Testierende später geheiratet und sich so einen neuen Pflichtteilsberechtigten geschaffen hat, kann dieser neue Ehegatte anfechten. Schließlich ist er noch nicht in dem Testament berücksichtigt worden. Wenn der Testierende aber bewusst beispielsweise einen Sohn, eine Tochter oder seinen Ehegatten nicht in seinem Testament oder Erbvertrag bedacht hat, kann der Übergangene zwar nicht anfechten, aber gegen die Erben seinen PFLICHTTEIL geltend machten (› Seite 210 ff.).

Aus der Praxis zur Anfechtung nach Heirat: Vater und Mutter hatten ein Berliner Testament errichtet, sich also für den ersten Erbfall gegenseitig zu Alleinerben und für den zweiten Erbfall ihren einzigen Sohn zum Alleinerben eingesetzt. Nach dem Tod ihres Ehegatten kann die Mutter ihre Erbeinsetzung des Sohnes wegen der Bindungswirkung des Ehegattentestamentes nicht mehr widerrufen (› Seite 45 f.). Sie kann sich selbst ein Anfechtungsrecht schaffen, indem sie ihren neuen Lebensgefährten heiratet. Dieser ist als neuer Ehegatte pflichtteilsberechtigt, so dass die Mutter sich auf den Anfechtungsgrund „Übergehen eines Pflichtteilsberechtigten“ berufen kann. Bei Ehegattentestamenten und Erbverträgen können bereits lebzeitig Anordnungen angefochten werden, was grundsätzlich sonst nicht möglich ist.

2. Wie wird angefochten? Wer darf das?

Wem der Wegfall einer Anordnung nach einer erfolgreichen Anfechtung zugutekommt, der darf nach dem Erbfall des Testierenden anfechten (§ 2080 Absatz 1 BGB). Das ist häufig der gesetzliche Erbe, wenn er durch das anzufechtende Testament enterbt wurde und durch die Anfechtung das ihn enterbende Testament nicht mehr zu berücksichtigen ist. Da dann die gesetzliche Erbfolge gelten kann, erbt der gesetzliche Erbe dann doch noch. Falls indes durch die Anfechtung ein früheres Testament wieder „auflebt“, kann eben der darin potenziell Begünstigte auch das spätere, ihn beeinträchtigende Testament anfechten. Grundsätzlich ist eine Anfechtung erst nach dem Erbfall möglich, aber es bestehen Ausnahmen: Beim Ehegattentestament und Erbvertrag kann der Testierende unter Umständen selbst seine Anordnungen anfechten. Die Anfechtung ist dem zuständigen Nachlassgericht gegenüber zu erklären, wenn eine der folgenden Anordnungen anzufechten ist (§ 2081 BGB):

- Erbeinsetzung;
- Enterbung;
- Ernennung eines Testamentsvollstreckers;
- Auflage oder
- Widerruf einer dieser Anordnungen.

DEFINITION: AUFLAGE
Testamentarisch kann durch eine sogenannte Auflage nach § 1940 BGB angeordnet werden, was ein Begünstigter tun oder unterlassen soll. So kann ein Bedachter etwa zur Grabpflege verpflichtet werden. Oder es wird ihm untersagt, eine transmortale Vollmacht zu widerrufen. Auch können Begünstigte so verpflichtet werden, anderen Personen Werte aus dem Nachlass zu übertragen.

Das Nachlassgericht nimmt die Anfechtungserklärung nur entgegen und nimmt sie – ohne Prüfung – in die Nachlassakte. Erst nachdem einer der Beteiligten einen Erbschein beantragt hat, prüft das Nachlassgericht, ob die Anfechtung wirksam war und welche Rechtsfolgen sie auslöst. Für die Entgegennahme der Anfechtungserklärung erhält das Nachlassgericht eine Festgebühr von 15 EUR (Nr. 12410 Nr. 2 KV-GNotKG), die von dem Anfechtenden zu entrichten ist (§ 23 Nr. 4 GNotKG). Soll eine andere Anordnung als oben aufgelistet angefochten werden, muss die Anfechtung gegenüber dem Begünstigten der anzufechtenden Anordnung abgegeben werden.

BERATERTIPP ZUR ANFECHTUNG EINES VERMÄCHTNISSES: Wenn ein Vermächtnis angefochten werden soll, ist die Anfechtung gegenüber dem Begünstigten dieses Vermächtnisses zu erklären.

BESONDERHEITEN BEIM ERBVERTRAG UND EHEGATTENTESTAMENT: Ein Testierender kann eine seiner erbvertraglichen Anordnungen selbst anfechten, wenn diese „vertragsgemäß“ ist, also wenn er sich gebunden hat. Seine Anfechtungserklärung muss er zunächst von einem Notar beurkunden lassen. Dann muss diese dem Vertragspartner zugehen; nach dem Tod des Vertragspartners dem Nachlassgericht (§§ 2282, 2283, 143 Absatz 2 BGB). Bei dem Ehegattentestament kann der anfechtungswillige Ehegatte wechselbezügliche Verfügungen wie Erbeinsetzung oder Vermächtnis nicht zu seinen Lebzeiten anfechten, wenn der andere Ehegatte noch lebt. Schließlich kann er seine wechselbezüglichen Verfügungen auch einseitig durch eine notariell beurkundete Erklärung widerrufen (§§ 2271, 2296 BGB). Diese Möglichkeit besteht nach dem Tod des anderen Ehegatten nicht mehr. Wie beim Erbvertrag, kann der längerlebende Ehegatte deswegen seine eigenen wechselbezüglichen Verfügungen gegenüber dem Nachlassgericht durch eine notarielle Erklärung widerrufen. Für testamentarische und erbvertragliche Anordnungen bedarf es keines Anfechtungsrechts, wenn diese nicht der Bindungswirkung des Erbvertrages oder Ehegattentestamentes unterliegen. Diese können durch jeden einzelnen frei widerrufen werden. So können entsprechende Anordnungen in einem handschriftlichen Testament getroffen werden.

Beispiel zur Selbstanfechtung durch einen Geschäftsunfähigen:
Das OLG Brandenburg hat in seinem Beschluss vom 10. März 2020 darauf hingewiesen, dass für den geschäftsunfähigen Erblasser nicht der Bevollmächtigte anfechten kann (Az. 3 W 67/19). Aus § 2282 Absatz 2 BGB ergebe sich, dass dazu nur ein Betreuer als gesetzlicher Vertreter befugt sei. Zusätzlich müsse das Gericht die Anfechtung genehmigen.

3. Welche Fristen sind zu beachten?

Die Anfechtungsfrist beträgt EIN JAHR AB KENNTNIS des Anfechtungsgrunds (§ 2082 BGB). Danach kann die Anfechtung gegebenenfalls bei Vermächtnissen und Auflagen noch einredeweise geltend gemacht werden, so dass der Begünstigte nicht mehr den Erben erfolgreich verklagen kann (§ 2083 BGB). Wenn aber jemand auf sein Recht zur Anfechtung verzichtet hat, kann er es sich später nicht anders überlegen. Dann ist eine Anfechtung nicht mehr möglich. Bei der Anfechtung wegen Übergehens eines Pflichtteilsberechtigten fängt die Frist mit dem Tag der standesamtlichen Hochzeit anzulaufen, wenn der neue Ehegatte der übergangene Pflichtteilsberechtigte ist.

4. Rechtsfolgen der Anfechtung

Die Anfechtung bewirkt die NICHTIGKEIT der angefochtenen Anordnungen, führt also zur rückwirkenden Beseitigung der einzelnen angefochtenen testamentarischen oder erbvertraglichen Anordnungen (§ 142 BGB). Bei der Anfechtung der Erbeinsetzung tritt beispielsweise zumeist die gesetzliche Erbfolge ein. Die übrigen nicht wirksam angefochtenen Anordnungen im Testament oder Erbvertrag bleiben im Zweifel wirksam (§ 2085 BGB; Ausnahme bei Übergehung eines Pflichtteilsberechtigten gemäß § 2079 BGB). Wenn in einem ERBVERTRAG eine vertragliche Anordnung angefochten wurde, wird dadurch der ganze Erbvertrag unwirksam (§ 2298 Absatz 1 BGB). Auch die Nichtigkeit einer wechselbezüglichen Verfügung, die durch die Anfechtung ausgelöst wurde, in einem EHEGATTENTESTAMENT führt dazu, dass die zu dieser nun nichtigen wechselbezüglichen Verfügung im Verhältnis stehende wechselbezügliche Verfügung des anderen Ehegatten ebenfalls unwirksam ist (§ 2270 Absatz 1 BGB).

Optionen und Hürden bei der Testamentserrichtung

Entspricht die gesetzliche Erbfolge nicht dem letzten Willen, kann ein Testament oder ein Erbvertrag errichtet werden. Ehegatten können auch ein gemeinsames Testament aufsetzen. Die Anordnungen in diesen letztwilligen Verfügungen sollen klar und zweifelsfrei formuliert werden. Andernfalls muss der Testamentstext ausgelegt werden. So kann es bei einer falschen Auslegung passieren, dass die letztwillige Verfügung falsch umgesetzt wird. Hat sich der Testierende geirrt oder ist ihm gedroht worden, können diese letztwilligen Verfügungen angefochten werden.

Ausschluss von der Erbfolge

Ist eine Person entweder aufgrund des Gesetzes oder aufgrund eines Testamentes oder Erbvertrages zum Erben berufen, kann diese doch nicht zum Zuge kommen, wenn sie einen notariellen Erbverzicht oder einen notariellen Zuwendungsverzicht zu Lebzeiten des Verstorbenen gegenüber diesem erklärt hat. Auch erbt sie nicht, wenn sie sich so schädlich verhalten hat, dass sie erbunwürdig ist.

4. Ausschluss von der Erbfolge

Eine Person, die eigentlich durch Gesetz, Testament oder Erbvertrag zum Erben berufen ist, geht in den folgenden Fällen leer aus:

I. Erbverzicht

BERATERTIPP ZUM VERHÄLTNIS ZUM EHEVERTRAG:
Von einem Pflichtteilsverzicht ist aber nicht gleichzeitig der Verzicht auf den Zugewinnausgleichsanspruch unter Ehegatten umfasst. Dazu ist ein Ehevertrag erforderlich.

Durch einen Erbverzicht verzichtet ein potenzieller gesetzlicher Erbe auf sein KÜNFTIGES GESETZLICHES ERBRECHT, indem er einen Verzicht mit dem künftigen Verstorbenen – oftmals Vater, Mutter oder Ehegatte – von einem Notar beurkunden lässt (§ 2346 Absatz 1 BGB). Dadurch fällt der Verzichtende als Erbe weg und verliert sowohl seinen Erb- als auch seinen Pflichtteilsanspruch. Dieser Erbverzicht wirkt sich auch zu Ungunsten der eigenen Kinder des Verzichtenden aus, sofern nichts anderes vereinbart ist (§ 2349 BGB). Dieser Verzicht kann unwirksam sein, wenn beispielsweise der künftige Verstorbene den Verzichtenden über sein Vermögen getäuscht hat. In der Regel hält aber ein solcher Verzicht. In der Praxis erhalten Verzichtende häufig als Gegenleistung eine Abfindung.

II. Zuwendungsverzicht

Wenn jemand als Erbe oder Vermächtnisnehmer durch Testament oder Erbvertrag berufen ist, so kann er auf dieses Recht durch einen notariellen ZUWENDUNGSVERZICHT verzichten (§ 2352 BGB). Dieser Verzicht kommt insbesondere dann in Betracht, wenn der Testierende testier- und/oder geschäftsunfähig geworden ist und deshalb die Begünstigung nicht selbst widerrufen kann.

III. Erbunwürdigkeit

Einem Erben kann seine bereits angefallene Erbschaft wieder entzogen werden, wenn er erbunwürdig ist (§§ 2339–2345 BGB). Dazu muss dieser sich gewisser schwerer, die Testierfähigkeit beeinträchtigender Verfehlungen gegen den Verstorbenen schuldig gemacht haben. So ist jemand erbunwürdig,

- wenn er den VERSTORBENEN GETÖTET oder das zumindest versucht hat;
- wenn er den Verstorbenen bis zu dessen Tode in einen Zustand versetzt hat, dass dieser kein Testament oder Erbvertrag errichten konnte;
- wenn er den Verstorbenen durch GEWALT, TÄUSCHUNG ODER DROHUNG daran gehindert hat, ein Testament oder einen Erbvertrag zu errichten oder aufzuheben;
- wenn er den Verstorbenen durch Gewalt, Täuschung oder Drohung veranlasst hat, ein Testament oder einen Erbvertrag zu errichten oder aufzuheben;
- wenn er ein TESTAMENT oder einen Erbvertrag des Verstorbenen GEFÄLSCHT oder verfälscht hat.

Die Rechtslage ist bei einem VERMÄCHTNISNEHMER wie bei einem Erben: Wenn bei einem Vermächtnisbegünstigten ein solcher Grund vorliegt, geht auch er leer aus (§ 2345 Absatz 1 BGB). Die Erbunwürdigkeit tritt nicht automatisch ein. Diese muss vielmehr nach dem Erbfall durch eine ANFECHTUNGSKLAGE von denen geltend gemacht werden, die von dem Wegfall profitieren. Dazu haben sie ein Jahr Zeit, nachdem sie von den Anfechtungsgründen erfahren haben. Im Erfolgsfalle wird der Erbfall – rückwirkend – so abgewickelt, als ob der Erbunwürdige nie gelebt hätte (wie bei der Ausschlagung, § 2344 BGB). Er bekommt dann nicht einmal seinen PFLICHTTEIL (§ 2345 Absatz 2 BGB).

Ein Erbe kann leer ausgehen

Das Gesetz bietet die Möglichkeit, dass ein gesetzlicher Erbe durch eine notarielle Erklärung gegenüber dem Verstorbenen auf sein gesetzliches Erbrecht verzichtet hat. Dieser Verzicht kann sich auch lediglich auf seinen Pflichtteilsanspruch beschränken. Ebenfalls kann ein durch Testament oder Erbvertrag Begünstigter durch einen notariellen Zuwendungsverzicht auf diese Begünstigung verzichten. Aber auch ohne notarielle Erklärungen kann ein Begünstigter leer ausgehen. Das kann dann der Fall sein, wenn er gegenüber dem Verstorbenen gewalttätig geworden ist oder diesen zu einem Testament oder Erbvertrag „genötigt" hat.

BERATERTIPP ZUM AUSSCHLIESSLICHEN PFLICHTTEILSVERZICHT:
In der Praxis gebräuchlicher ist lediglich der Verzicht auf den Pflichtteil (§ 2346 Absatz 2 BGB). Der Erbverzicht ist zumeist deswegen nicht erforderlich, da ein potenzieller Erbe auch durch Testament oder Erbvertrag enterbt werden kann. Der Pflichtteilsverzicht hat den weiteren Vorteil, dass sich die Pflichtteilsquoten der übrigen gesetzlichen Erben dadurch nicht erhöhen.

DEFINITION: PFLICHTTEIL
Enterbten Kindern, Ehegatten und gegebenenfalls Elternteilen stehen am Nachlass eines Verstorbenen Pflichtteilsansprüche zu. Sie können aber nur Geld vom Erben verlangen, und zwar auf Basis der hälftigen gesetzlichen Erbquote.

DEFINITION: VERMÄCHTNIS
Bei dem Vermächtnis, das sowohl im Testament als auch im Erbvertrag enthalten sein kann, handelt es sich um einen schuldrechtlichen Anspruch hinsichtlich eines bestimmten Gegenstandes oder eines Geldbetrages. Der Vermächtnisnehmer muss diesen Anspruch gegenüber dem Erben geltend machen. Weitere Rechte oder Mitspracherechte an dem Nachlass hat er nicht, muss sich aber auch nicht an allgemeinen Nachlassverbindlichkeiten beteiligen.

5 Unmittelbar nach dem Erbfall

Unmittelbar nach dem Erbfall können für den potenziellen Erben Sofortmaßnahmen anstehen. Für ihn ist das Nachlassgericht die zentrale Anlaufstelle, zumal es die Testamente eröffnet und den Beteiligten bekanntgibt.

5. Unmittelbar nach dem Erbfall

Dieses Kapitel behandelt das Stadium nach dem Erbfall, wenn feststeht, wer als Erbe in Betracht kommt. Die zentrale Anlaufstelle ist dann das Nachlassgericht aus dem Bezirk, wo der Verstorbene seinen letzten gewöhnlichen Aufenthalt hatte (entspricht zumeist dem letzten Wohnsitz). Ein Testament ist beim Nachlassgericht abzugeben. Ein potenzieller Erbe hat sich zu entscheiden, ob er die Erbschaft annimmt oder AUSSCHLÄGT. Der endgültige Erbe kann einen Erbschein beantragen, wenn er sich anderen Personen gegenüber als Rechtsnachfolger des Verstorbenen legitimieren muss. Wenn die Erben unbekannt sind, muss das Nachlassgericht eingreifen. Die Einzelheiten werden in diesem Kapitel behandelt.

I. Sofortmaßnahmen unmittelbar nach dem Erbfall

Ist jemand gestorben, müssen die nächsten Angehörigen Einiges sofort erledigen. So ist ein Arzt zu benachrichtigen, der die Todesursache fest- und den TOTENSCHEIN ausstellt, auch als Leichenschauschein oder Todesbescheinigung bezeichnet. Bei dem Tod im Krankenhaus erledigt dies ein Klinikarzt. Bestehen Anhaltspunkte für einen unnatürlichen Tod, sind Polizei oder Staatsanwaltschaft zu verständigen; eine Obduktion kann dann erforderlich sein (§ 87 Strafprozessordnung). Nach den Landesgesetzen ist eine Leiche zumeist innerhalb von 36 Stunden in die LEICHENHALLE ZU ÜBERFÜHREN.

Der Tod muss dem STANDESAMT spätestens am dritten auf den Todestag folgenden Werktag angezeigt werden, wobei der Totenschein vorzulegen ist. Der Tod einer Person wird in dem Sterberegister verzeichnet; es erteilt das Standesamt dann die STERBEURKUNDEN (§ 28 Personenstandsgesetz). Dafür kann erforderlich sein, weitere Personenstandsurkunden wie die Geburtsurkunde oder die Heiratsurkunde vorzulegen. Zuständig ist das Standesamt, in dessen Bezirk der Tod sich ereignet hat. Bei dem Tod in einem Krankenhaus, Alters- oder Pflegeheim hat die Einrichtung den Sterbefall schriftlich anzuzeigen (§ 30 Personenstandsgesetz). Andernfalls trifft diese Pflicht denjenigen, mit dem der Verstorbene in häuslicher Gemeinschaft gelebt, in dessen Wohnung sich der Sterbefall ereignet hat oder andere Personen, die bei dem Sterbefall zugegen waren oder davon aus eigenem Wissen unterrichtet sind (§ 29 Personenstandsgesetz). Ein Bestattungsunternehmen kann dafür beauftragt werden. Da die Sterbeurkunden verschiedenen Stellen vorgelegt werden müssen, empfiehlt es sich, gleich mehrere Sterbeurkunden zu beantragen. Die Gebühren sind niedrig.

Derjenige, der zur TOTENFÜRSORGE berechtigt ist, hat die BESTATTUNG zu organisieren und die letzte Ruhestätte zu bestimmen. Der Verstorbene kann jemanden mündlich oder schriftlich beauftragt haben. Andernfalls obliegt den nächsten Angehörigen in folgender Reihenfolge diese Aufgabe: Ehegatte, Kinder, Eltern, Geschwister usw. Dem Erben laut Testament ist nicht automatisch die Totenfürsorge zugewiesen. Es empfiehlt sich eine von dem Testament getrennt zu errichtende Bestattungsverfügung (= Bestattungsanordnung) zu errichten, die maschinenschriftlich verfasst sein kann, aber unterschrieben sein sollte (sonst gibt es bei dem Nachweis Probleme).

Formulierungsvorschlag für eine Bestattungsverfügung:
Für meine Bestattung soll meine beste Freundin ..., ersatzweise ..., zuständig sein. Der zuständigen Person weise ich das Totenfürsorgerecht zu; sie bevollmächtige ich, alle Entscheidungen hinsichtlich der Bestattung zu treffen und Erklärungen gegenüber Dritten abzugeben. Dies gilt insbesondere für die Trauerfeier und Bestattung, die Beisetzung, die Grabgestaltung, die Traueranzeigen und anderes mehr. Ich möchte in einem Sarg beerdigt werden. Die Kosten gehen zu Lasten meines Nachlasses.

Auch wenn der Erbe nicht auch totenfürsorgeberechtigt ist, muss er die Kosten einer „standesgemäßen“ Bestattung aus dem Nachlass bezahlen (§ 1968 BGB)! Sämtliche mit der Bestattung zusammenhängende Aufgaben können einem Bestattungsinstitut übertragen werden.

Abzugrenzen von dem Totenfürsorgerecht ist die öffentlich-rechtliche BESTATTUNGSPFLICHT. Die Landesgesetze schreiben vor, wer verpflichtet ist. Es ist zumeist eine ähnliche Reihenfolge wie bei dem Totenfürsorgerecht. Findet sich nicht die Person, die zur Bestattung verpflichtet ist, führt die öffentliche Hand die Bestattung durch. Die Kosten wird die Behörde dann versuchen, bei dem Bestattungsverpflichteten einzutreiben. Dieser kann nun wiederum versuchen, die Kosten bei dem Erben geltend zu machen – falls er nicht gleichzeitig Erbe ist. Übrigens: Wer die Bestattung trotz der Verpflichtung nicht durchführt, dem drohen in einigen Bundesländern Bußgelder.

Mit dem Stattfinden einer Bestattung haben sich in Einzelfällen Gerichte zu beschäftigen. Wenn einem nahen Angehörigen etwa Tag und Ort der Beerdigung verschwiegen werden, können diese Angaben durch ein gerichtliches einstweiliges Verfügungsverfahren eingeholt werden. Über die Kosten einer Bestattung hat der Bundesgerichtshof am 17. November 2011 geurteilt. Dort hatte ein Bestatter – ohne Auftrag – die Bestattung

BERATERTIPP ZUM STERBEGELD:
Das Sterbegeld der gesetzlichen Krankenversicherungen wurde gestrichen; gegebenenfalls hat der Verstorbene einen Vorsorgevertrag mit einem Bestattungsinstitut oder eine Sterbegeldversicherung abgeschlossen. Einige Arbeitgeber zahlen auch Sterbegeld.

BERATERTIPP ZUR KOSTENTRAGUNG IM RAHMEN DER SOZIALHILFE:
Sozialhilfe für Bestattungskosten wird nach § 74 Sozialgesetzbuch XII gewährt. Die Allgemeinheit hat die Kosten dann zu tragen, wenn die Kostentragung dem Bestattungsverpflichteten unzumutbar ist. Erforderlich ist, dass der Antragsteller Verpflichteter im Sinne des § 74 Sozialgesetzbuch XII ist.

übernommen und danach die Ehefrau des Verstorbenen auf Zahlung der Bestattungskosten verklagt. Er war erfolgreich; schließlich ist sie zur Bestattung verpflichtet (Az. III ZR 53/11). In einem anderen Fall hatte die Tochter die Umbettung der Urne ihrer verstorbenen Mutter auf einen anderen Friedhof beantragt, der in der Nähe ihres Wohnortes lag (von Ansbach nach Thüringen). Dies lehnte das Verwaltungsgericht Ansbach ab, da der Schutz der Totenruhe höher wiege als das Recht der Angehörigen auf Totenfürsorge (Urteil vom 3. August 2016 – Az. AN 4 K 16.00882).

Vom Totenfürsorgeberechtigten und Bestattungsverpflichteten ist noch die Person des NUTZUNGSBERECHTIGTEN einer Grabstätte zu unterscheiden. Diese Person hat den Nutzungsvertrag mit der Friedhofsverwaltung wegen der Grabstelle abzuschließen und haftet damit für die ordnungsgemäße Grabpflege.

Unverzüglich nach dem Tod können auch VERSICHERUNGEN ZU BENACHRICHTIGEN sein, so insbesondere etwaige Lebens- und Unfallversicherungen.

TESTAMENTE sind unverzüglich bei dem Nachlassgericht im Original ABZUGEBEN (§ 2259 BGB; › Seite 74).

VORLÄUFIGER RECHTSSCHUTZ: Direkt nach dem Erbfall können Rechtsverletzungen unmittelbar eintreten. Denkbar ist,

- dass ein Miterbe in ein nachlasszugehöriges Haus einzieht und eine Mitbenutzung durch die anderen Miterben nicht zulässt;
- dass ein Nichtberechtigter meint, totenfürsorgeberechtigt zu sein, und beginnt, die Bestattung zu organisieren;
- dass jemand, der sich als Erbe ausgibt, Gegenstände aus dem Nachlass verkaufen oder verschenken möchte, oder die Gefahr droht, dass dieser Erbschaftsbesitzer Gegenstände verschwinden lässt;
- dass jemand, der für den Verstorbenen einen Gegenstand verwahrt oder von dem Verstorbenen ein Darlehen erhalten hat, untertauchen könnte;
- dass jemand sich auf Grundlage eines Testamentes als Erbe betätigt, obwohl dies beispielsweise wegen Anfechtbarkeit nichtig ist (› Seite 55 ff.) oder der Verstorbene bei der Errichtung testierunfähig war (› Seite 35) oder
- dass ein eigentlich berufener Erbe tatsächlich erbunwürdig ist, was noch vom Gericht festzustellen ist (§ 2342 BGB; › Seite 62 ff.).

Bis ein Gericht nach Monaten oder Jahren eine rechtskräftige Entscheidung über die streitigen Fragen getroffen hat, ist es oftmals zu spät. Dafür bietet der vorläufige Rechtsschutz eine SICHERUNGSMÖGLICHKEIT, und zwar durch eine EINSTWEILIGE VERFÜGUNG, einen ARREST oder eine Unterlassungsverfügung. So kann ein Nachlassgegenstand an einen Sequester herausgegeben werden müssen. Soweit Grundstücke betroffen sind, ist eine einstweilige Verfügung auf Eintragung eines Widerspruchs in das Grundbuch möglich (§ 899 BGB). Wer aber unberechtigt Maßnahmen des vorläufigen Rechtsschutzes betreibt, dem drohen Schadensersatzansprüche (§ 945 ZPO).

II. Nachlassgericht als zentrale Anlaufstelle

Das Nachlassgericht (› Seite 73) nimmt für Erbfälle eine zentrale Rolle ein. Es handelt sich um eine Abteilung eines Amtsgerichts. Bereits zu Lebzeiten kann ein Testierender dort sein Testament in die amtliche Verwahrung geben (§ 2248 BGB; § 342 Absatz 1 Nr. 1 FamFG). Dadurch wird sichergestellt, dass das Testament nach dem Erbfall auch beachtet wird. In der Praxis kommt es durchaus vor, dass Testamente nicht oder erst spät aufgefunden werden. Auch wird es Fälle geben, in denen eine Person ein Testament zwar findet, es aber verschwinden lässt, weil es ihn benachteiligt.

Der Schwerpunkt der Aufgaben des Nachlassgerichts besteht aber nach dem Erbfall. Folgende ERKLÄRUNGEN und Eingaben der Verfahrensbeteiligten nimmt es unter anderem entgegen (vgl. § 342 Absatz 1 Nr. 5 FamFG):

- Ausschlagung der Erbschaft (§ 1945 BGB) sowie Anfechtung der Annahme oder der Ausschlagung (§§ 1955, 1956 BGB; › Seite 82 ff.);
- Anfechtung eines Testaments oder Erbvertrags (§§ 2081, 2281 BGB; › Seite 55 ff.);
- Annahme, Ablehnung und Kündigung des Testamentsvollstreckeramtes (§§ 2202, 2226 BGB; › Seite 179 ff.);
- Nachlassinventar und Protokollierung der eidesstattlichen Versicherung des Erben über die Vollständigkeit (§§ 1993, 2006 BGB; › Seite 125).

DEFINITION: AUSSCHLAGUNG
Ist jemand durch Gesetz, Testament oder Erbvertrag als Erbe vorgesehen und möchte nicht erben, kann er sich innerhalb einer kurzen Frist durch die Ausschlagungserklärung von dem Erbe lossagen. Die Ausschlagungserklärung ist gegenüber dem Nachlassgericht abzugeben. Oftmals werden überschuldete Nachlässe ausgeschlagen.

Auf Antrag oder auch von Amts wegen führt das Nachlassgericht unter anderem folgende VERFAHREN durch oder leitet diese ein:

- Nachlasssicherung (§ 1960 Absatz 1 BGB; § 342 Absatz 1 Nr. 2 FamFG);
- Nachlasspflegschaft (§ 1961 BGB; § 342 Absatz 1 Nr. 2 FamFG; › Seite 98 ff.);
- Anordnung der Nachlassverwaltung (§ 1981 BGB; › Seite 122).

DEFINITION: NACHLASSPFLEGSCHAFT
Sind die Erben unbekannt, weil beispielsweise unklar ist, welches Testament wirksam ist, richtet das Nachlassgericht eine Nachlasspflegschaft ein. Als „Treuhänder" für die unbekannten Erben muss sich der Nachlasspfleger dann um alles kümmern. Nicht zu verwechseln mit der Nachlassverwaltung.

DEFINITION: NACHLASSVERWALTUNG
Ist unsicher, ob der Nachlass für alle Nachlassgläubiger reicht, kann das Nachlassgericht eine Nachlassverwaltung einrichten. Dazu ist die Überschuldung des Nachlasses nicht erforderlich. Nicht zu verwechseln mit der Nachlasspflegschaft.

Aufgaben eines Nachlassgerichts:

- Eröffnung und Bekanntgabe eines Testamentes oder Erbvertrages (§ 342 Absatz 1 Nr. 3 FamFG; › Seite 74),

Eröffnung der Kopie eines Testamentes:
Grundsätzlich sind nur die Originale von Testamenten zu eröffnen. Existiert von einem Testament aber nur noch eine Kopie, so hat das Nachlassgericht auch nur eine Kopie offiziell zu eröffnen (OLG München am 7. April 2021, Az. 31 Wx 108/21). Im Ausnahmefall kann für die Erbfolge auch nur die Kopie eines Testamentes entscheidend sein.

- Ermittlung von Erben (§ 342 Absatz 1 Nr. 4 FamFG),
- Erteilung eines Erbscheins oder eines Testamentsvollstreckerzeugnisses (§§ 2353 ff., 2368 BGB; § 342 Absatz 1 Nr. 6 FamFG; › Seite 89 ff.),
- Entlassung eines Testamentsvollstreckers (§ 2227 BGB) und
- Einziehung und Kraftloserklärung eines Erbscheins (§ 2361 BGB) und auch eines Testamentsvollstreckerzeugnisses (§ 2368 BGB).

1. Erleichterung durch die freiwillige Gerichtsbarkeit
Das Nachlassgericht ist innerhalb der „freiwilligen Gerichtsbarkeit" tätig; es kann so freier arbeiten und ist nicht an die strengen Vorschriften der Zivilprozessordnung (ZPO) gebunden. Für die nachlassgerichtlichen Verfahren gilt das „Gesetz über das Verfahren in Familiensachen und in den Angelegenheiten der freiwilligen Gerichtsbarkeit" (FamFG). Danach richtet sich, wie Anträge von Beteiligten zu stellen sind, wer zu beteiligen ist und wie etwa Beweise aufzunehmen sind. Im Gegensatz zum „normalen" streitigen Verfahren vor dem Zivilgericht mit der ZPO herrscht KEIN ANWALTSZWANG. Wegen des AMTSERMITTLUNGSGRUNDSATZES ist das Gericht nicht an die Beweisanträge der Beteiligten gebunden, also an deren Zeugen, Sachverständige, Urkunden, Augenschein und Parteivernehmung. Vielmehr ermittelt das Gericht (auch) aus eigener Veranlassung („von Amts wegen" gem. § 26 FamFG). Sogar durch Telefonate kann sich das Gericht informieren und danach eine Entscheidung treffen.

In einem Zivilprozess ist das undenkbar. Verfahren in der freiwilligen Gerichtsbarkeit sind zumeist wesentlich GÜNSTIGER als Klagen nach der ZPO. Die Kosten von gegnerischen Anwälten muss eine unterliegende Partei nicht in jedem Fall zumindest in der I. Instanz übernehmen; dem Gericht steht hierfür ein gewisses Ermessen zu (§§ 80 ff. FamFG). Die Kostentragung ergibt sich zumeist aus dem Beschluss, der den Erbschein ankündigt.

2. Das zuständige Amtsgericht

Das Nachlassgericht ist das AMTSGERICHT grundsätzlich des LETZTEN GEWÖHNLICHEN AUFENTHALTES des Verstorbenen (§ 343 Absatz 1 FamFG), bei Tod im Ausland der letzte gewöhnliche Aufenthalt in Deutschland, sonst auch das Amtsgericht Schöneberg in Berlin. Es geht um den Ort, an dem der Verstorbene vor seinem Tod seinen Lebensmittelpunkt begründet hat. Auch wenn eine Person etwa in einem Hospiz in einer anderen Stadt stirbt, bestimmt die vorherige Wohnung die örtliche Zuständigkeit des Nachlassgerichts.

Zuständigkeit bei Hospiz

Stirbt eine Person in einem Hospiz, wo sie viele Wochen gelebt hat, kann trotzdem das Amtsgericht der letzten Wohnung örtlich zuständig bleiben, so das OLG Brandenburg in seinem Beschluss vom 29. März 2021 (Az. 1 AR 13/21). Das sei auch der Fall, wenn die Rückkehr in die Wohnung ausgeschlossen ist.

3. Einsicht in die Nachlassakte

Für jeden Erbfall führt das Nachlassgericht eine NACHLASSAKTE. Einsicht in diese Akte bekommen diejenigen, die ein berechtigtes Interesse glaubhaft machen können (§ 13 FamFG). Das ist zumindest bei Erben nach dem Gesetz, auch wenn sie enterbt sind, und den testamentarischen Erben der Fall. Wer nur ein rechtliches Interesse vorweisen kann, kann eine Ausfertigung des ERBSCHEINS oder Einsicht in das eröffnete Testament oder den Erbvertrag verlangen (§ 357 FamFG). Das können beispielsweise Gläubiger, Vertragspartner oder Vermieter sein.

DEFINITION: NACHLASSVERWALTUNG
Ist unsicher, ob der Nachlass für alle Nachlassgläubiger reicht, kann das Nachlassgericht eine Nachlassverwaltung einrichten. Dazu ist die Überschuldung des Nachlasses nicht erforderlich. Nicht zu verwechseln mit der Nachlasspflegschaft.

III. Testamentseröffnung

Das Nachlassgericht eröffnet jedes Testament und jeden Erbvertrag, einfach jedes Schriftstück, das sich äußerlich oder inhaltlich als Testament oder Erbvertrag darstellt (§ 2260 BGB; § 348 FamFG). Jedes eröffnete Testament und jeder eröffnete Erbvertrag werden durch einen Stempel mit einem Eröffnungsvermerk versehen. Zudem wird in dem ERÖFFNUNGSPROTOKOLL vermerkt, welche Testamente und Erbverträge insgesamt eröffnet wurden. Bei einer weiteren, späteren Eröffnung – vielleicht, weil ein Testament erst bei der Haushaltsauflösung des Verstorbenen gefunden wurde – wird ein weiteres Eröffnungsprotokoll angefertigt.

Zur Eröffnung kann das Gericht einen Termin bestimmen und hierzu die gesetzlichen Erben und weitere Beteiligte laden (§ 348 Absatz 2 FamFG). Das kommt aber selten vor. In diesem Fall erhalten die Anwesenden auch keine kostenlosen Kopien. Im Regelfall sendet das Gericht den potenziellen Erben und Beteiligten Kopien zu. Das Nachlassgericht soll das zuständige Finanzamt wegen der Erbschaftsteuer und das Grundbuchamt wegen der Grundbuchberichtigung informieren, sofern es Kenntnis über nachlasszugehörigen Grundbesitz hat (§ 83 Grundbuchordnung).

DEFINITION: EHEGATTENTESTAMENT
Ehegatten erhalten eine Formerleichterung: Es reicht, wenn ein Ehegatte den Testamentstext alleine schreibt und unterschreibt und der andere Ehegatte nur unterschreibt. Zudem können Ehegatten wechselbezügliche Verfügungen anordnen, an die der längerlebende Ehegatte nach dem Ableben seines Ehegattens gebunden ist.

Eine BESONDERHEIT BESTEHT BEI DEM EHEGATTENTESTAMENT, in dem in einem Dokument zwei Testamente enthalten sind. Nach der Eröffnung nach dem ersten Erbfall wird es wieder verschlossen, in die Verwahrung zurückgebracht und nach dem Tode des längerlebenden Ehegatten noch einmal eröffnet. Bei der Eröffnung im ersten Erbfall soll das Nachlassgericht darauf achten, dass Anordnungen, die erst im Zeitpunkt des zweiten Erbfalls wirksam werden, abgedeckt werden und so die Beteiligten nicht bereits schon zu Lebzeiten des Längerlebenden über dessen letzten Willen informiert werden (§ 349 FamFG).

Auf unterschiedliche Wege gelangt ein Testament oder Erbvertrag zum Nachlassgericht:

- HANDSCHRIFTLICHE TESTAMENTE können in der Wohnung des Verstorbenen, in einem Bankschließfach (nicht ratsam), bei Freunden oder woanders verwahrt werden. Wer von einem solch privat verwahrten Testament weiß und von dem Tod des Verstorbenen erfährt, ist VERPFLICHTET, dieses beim Nachlassgericht ABZUGEBEN

(§ 2259 Absatz 1 BGB). Andernfalls drohen Zwangsmaßnahmen durch das Nachlassgericht sowie die Strafbarkeit wegen Urkundenunterdrückung (§ 274 StGB). Diese Sanktionen können wiederum zum Verlust von Erb- und Pflichtteilsansprüchen führen. Wenn ein Testament bei einem unzuständigen Gericht abgegeben wird, wird dieses an das zuständige Nachlassgericht weitergeleitet. Unabhängig davon macht der pflichtwidrig Handelnde sich schadensersatzpflichtig. Abzuliefern ist jede Urkunde, die sich äußerlich oder nach ihrem Inhalt als Testament darstellt – unabhängig davon, ob es gültig, widerrufen oder gegenstandslos ist.

- Wer ein TESTAMENT bei einem NOTAR errichtet, sein handschriftliches Testament in die AMTLICHE VERWAHRUNG des Nachlassgerichtes gegeben oder bei einem Notar einen ERBVERTRAG geschlossen hat, der braucht sich über die Eröffnung seines letzten Willens keine Sorgen zu machen. Es kann dann nicht passieren, dass der letzte Wille unauffindbar ist oder vielleicht von einer Person vernichtet wird. So sind die Daten in dem bei der Bundesnotarkammer angesiedelten Zentralen Testamentsregister gespeichert. Errichtet jemand bei einem Notar ein Testament oder einen Erbvertrag, wird diese Information über das gesicherte Internet dem Zentralen Testamentsregister gemeldet. Gibt jemand sein handschriftliches Testament bei dem Nachlassgericht in die amtliche Verwahrung, so wird ebenfalls das Testamentsregister informiert. Stirbt nun jemand, benachrichtigt das Standesamt des Sterbeortes das Testamentsregister elektronisch. Das wiederum informiert in Echtzeit die Gerichte und Notariate, wo sich Testamente und Erbverträge befinden, die dann diese Urkunden an das zuständige Nachlassgericht senden müssen. Gleichzeitig erhält das zuständige Nachlassgericht eine Mitteilung von dem Testamentsregister, so dass man dort weiß, von wo Testamente und Erbverträge zu erwarten sind.

DEFINITION: AMTLICHE VERWAHRUNG
Jedermann kann sein Testament bei dem Nachlassgericht hinterlegen. Dann wird es nach dem Erbfall durch das Nachlassgericht automatisch eröffnet und gesetzlichen Erben sowie den testamentarisch Begünstigten in Kopie zugesendet. Der Testierende kann sein Testament später wieder von dem Gericht zurückfordern.

GERICHTSKOSTEN: Es fällt für jede Testamentseröffnung eine Gerichtsgebühr als wertunabhängige Festgebühr von 100 EUR an (Nr. 12101 KV-GNotKG). Werden mehrere letztwillige Verfügungen bei demselben Gericht gleichzeitig eröffnet, entsteht diese Gebühr nur einmal (Anm. zu Nr. 12101 KV-GNotKG). Sie deckt auch die Benachrichtigung der Beteiligten ab. Kostenschuldner sind die Erben (§ 24 Nr. 1 GNotKG).

BERATERTIPP ZUR MITWIRKUNG:
Zwecks Beschleunigung des nachlassgerichtlichen Verfahrens, wie die Bekanntgabe von Testamenten und Erbverträgen und die Erbscheinserteilung, sollte jeder Beteiligte die Namen und auch Adressen der weiteren Beteiligten dem Nachlassgericht mitteilen. Wenn aber ein Beteiligter sich weigert, Adressen mitzuteilen, ist das Nachlassgericht nicht berechtigt, gegen ihn Zwangsmittel festzusetzen.

Beratertipp zum Zentralen Testamentsregister:
Jedermann hat das Recht, bei dem Zentralen Testamentsregister nachzufragen, welche Daten von ihm gespeichert sind. Das empfiehlt sich übrigens vor jeder neuen Testamentserrichtung: Oftmals ist ein Testament in Vergessenheit geraten, das vielleicht vor vielen Jahrzehnten

errichtet wurde. Sind in einem Ehegattentestament wechselbezügliche oder in einem Erbvertrag vertragsmäßige Verfügungen enthalten, kann das bedeuten, dass jemand kein dem widersprechendes Testament mehr errichten kann. Das ist sehr genau zu überprüfen.

IV. Das Zwischenstadium bis zur Annahme der Erbschaft

DEFINITION: AUSSCHLAGUNG
Ist jemand durch Gesetz, Testament oder Erbvertrag als Erbe vorgesehen und möchte nicht erben, kann er sich innerhalb einer kurzen Frist durch die Ausschlagungserklärung von dem Erbe lossagen. Die Ausschlagungserklärung ist gegenüber dem Nachlassgericht abzugeben. Oftmals werden überschuldete Nachlässe ausgeschlagen.

Der Erbe wird zwar in der Sekunde des Todes Rechtsnachfolger des Verstorbenen. Innerhalb einer kurzen ÜBERLEGUNGSFRIST kann er sich gegen die Annahme der Erbschaft entscheiden und sich dann durch AUSSCHLAGUNG der Erbschaft entledigen. Die vorläufige Erbenstellung des Ausschlagenden fällt dann rückwirkend weg. Andernfalls gilt die Erbschaft als angenommen. Er ist dann „endgültiger Erbe".

In dieser Zwischenzeit ist der „VORLÄUFIGE ERBE" weder zur Verwaltung noch zur Erhaltung des Nachlasses verpflichtet. Wenn der vorläufige Erbe aber trotz seiner späteren Ausschlagung bereits vorher für den Nachlass tätig geworden ist, ist er dem endgültigen Erben gegenüber wie ein „Geschäftsführer ohne Auftrag" berechtigt und verpflichtet (§ 1959 Absatz 1 BGB). Beispielsweise muss der vorläufige Erbe dem endgültigen Erben die in der Zwischenzeit vereinnahmten ZINSEN oder geerntete Früchte herausgeben. Zwingende Auslagen zugunsten des Nachlasses, die der vorläufige Erbe vorgestreckt hat, kann er später bei dem endgültigen Erben geltend machen (§§ 1959 Absatz 1, 681, 670, 257 BGB). Der vorläufige Erbe ist nicht berechtigt, Gegenstände aus dem Nachlass zu verkaufen oder zu verschenken sowie Verbindlichkeiten des Nachlasses zu tilgen. Solche Geschäfte sind für den endgültigen Erben nur insoweit wirksam, wie sie dringlich und nicht hinausgeschoben werden konnten (§ 1959 Absatz 3 BGB). Das kann bei der Bezahlung des Bestatters oder bei der Veräußerung verderblicher Ware der Fall sein. Des Weiteren sind diese Geschäfte für den endgültigen Erben bindend, wenn der Erwerber nicht wusste, dass der vorläufige Erbe dazu nicht berechtigt war.

BERATERTIPP FÜR POTENZIELLE ERBEN:
Wer sich noch nicht entschieden hat, sollte sehr zurückhaltend sein, für den Nachlass tätig zu werden. Solche Aktivitäten können nämlich als Annahme der Erbschaft gewertet werden. Danach ist eine Ausschlagung nicht mehr möglich. Auch werden so Konflikte zwischen dem vorläufigen und dem endgültigen Erben vermieden, beispielsweise wegen Auslagenersatz.

Darüber hinaus können Erklärungen, die Dritte gegenüber dem vorläufigen Erben abgegeben haben, auch für den endgültigen Erben wirksam sein (§ 1959 Absatz 2 BGB). Beispielsweise ist eine KÜNDIGUNG, die eine Bank hinsichtlich eines Darlehens des Verstorbenen dem vorläufigen Erben gegenüber erklärt hat, auch für den endgültigen Erben verbindlich. Das Gleiche gilt bei Anfechtungserklärungen und Mahnungen gegenüber dem vorläufigen Erben. Auch die muss der endgültige

Erbe gegen sich gelten lassen. SCHULDEN DES VERSTORBENEN können gegenüber dem vorläufigen Erben nicht gerichtlich geltend gemacht werden (§ 1958 BGB). Solche gerichtlichen Verfahren wären auch im Falle der späteren Ausschlagung gegenstandslos.

Dringliche Maßnahmen nach dem Erbfall
Trotz der Trauer müssen sich nahe Angehörige direkt nach dem Erbfall um Einiges kümmern. Wer totenfürsorgeberechtigt ist, muss einen Bestatter beauftragen. Die Kosten hat allerdings der Erbe zu übernehmen. Wer ein Testament etwa für einen Verstorbenen verwahrt, ist nach dessen Tod gehalten, dieses unmittelbar dem Nachlassgericht, also dem Amtsgericht des letzten gewöhnlichen Aufenthaltes des Verstorbenen, zu überbringen.

6 Begründung und Nachweis der Erbenstellung

Verhält sich ein potenzieller Erbe passiv, vermutet das Gesetz seine Erbschaftsannahme. Er kann sich aber seiner Erbenstellung dadurch entledigen, dass er die Erbschaft innerhalb einer kurzen Frist ausschlägt. Die Ausschlagung sollte aber bei einer möglichen Überschuldung nicht vorschnell erklärt werden. Nach Annahme muss sich der Erbe legitimieren können. Dies ist entweder durch ein notarielles Testament oder einen Erbschein möglich, der auf Antrag vom Nachlassgericht erteilt wird.

6. Begründung und Nachweis der Erbenstellung

I. Annahme und Ausschlagung

Jemand ist erst dann Erbe, wenn er die Erbschaft (konkludent) angenommen hat oder wegen Zeitablaufs nicht mehr ausschlagen kann. Der vorläufige Erbe ist in seiner Entscheidung frei. Sogar Gläubiger von Erben können einen potenziellen Erben nicht zur Annahme zwingen, um den Erbanspruch pfänden zu können, oder die Ausschlagung wegen Gläubigerbenachteiligung anfechten (§ 83 Absatz 1 Insolvenzordnung).

1. Annahme der Erbschaft

DEFINITION: KONKLUDENTE ERBSCHAFTSANNAHME
Verhält sich ein potenzieller Erbe so als ob er endgültig Erbe ist, nimmt er die Erbschaft durch schlüssiges Verhalten an. Das ist etwa der Fall, wenn er Nachlassverbindlichkeiten bezahlt oder Nachlassgegenstände verkauft. Er kann danach nicht mehr ausschlagen, sondern nur bei einem Irrtum anfechten. Eine erfolgreiche Anfechtung hat die gleichen Wirkungen wie eine Ausschlagung.

Der vorläufige Erbe kann die Annahme der Erbschaft gegenüber dem Nachlassgericht oder anderen Nachlassbeteiligten erklären. Da die ANNAHME FORMLOS erfolgen kann, kann sie auch in Handlungen, also konkludent, erkannt werden. Wenn ein vorläufiger Erbe für den Nachlass tätig wird, kann daher darin die Annahme gesehen werden. Zur konkludenten Annahme muss aus der Tätigkeit der Wille, Erbe zu sein, klar zu ersehen sein. Der Antrag auf Erlass eines Erbscheins ist etwa als konkludente Annahme zu sehen. Gleiches gilt, wenn ein potenzieller Erbe eine Rechnung für den Nachlass bezahlt. Mit der Annahme verliert der Erbe das Recht der Ausschlagung. Auch wenn der potenzielle Erbe – vielleicht sogar unbewusst – die Frist verstreichen lässt, kann er nicht mehr ausschlagen; die Erbschaft gilt als angenommen (§ 1943 BGB). Dies ist oftmals der Normalfall.

2. Ausschlagung der Erbschaft

Mit der Ausschlagung kann der vorläufige Erbe rückwirkend seine Erbenstellung beseitigen. Ausschlagungen werden in der Praxis oftmals dann erklärt, wenn der Nachlass überschuldet ist oder vielleicht nur einen sehr geringen Wert aufweist und eine sehr streitige Auseinandersetzung beispielsweise mit Geschwistern zu erwarten ist. Durch eine taktische und zuvor genau vorbereitete Ausschlagung kann auch erreicht werden, dass einem anderen die Erbschaft zufällt. Soll etwa sogleich die Erbschaft den Enkelkindern zufallen, kann das Kind, von dem die Enkelkinder abstammen, ausschlagen. Aber Achtung! Liegt ein Testament vor, kann es passieren, dass nach einer Ausschlagung nicht die Kinder des Ausschlagenden erben, sondern andere Personen. Ein potenzieller gesetzlicher Erbe kann auch nur eine testamentarische Erbeinsetzung ausschlagen und dafür sein gesetzliches Erbe annehmen (§§ 1948 Absatz 1 BGB). Möchte er in keinem Fall Erbe werden, muss er „aus allen Berufungsgründen“ ausschlagen, was sowohl die testamentarische und erbvertragliche als auch die gesetzliche Erbstellung betrifft. Eine fachkompetente Beratung ist hierbei besonders wichtig.

Für eine Ausschlagung muss eine Erklärung GEGENÜBER DEM FÜR DEN ERBFALL ZUSTÄNDIGEN NACHLASSGERICHT abgegeben werden, die zuvor entweder von einem Notar beglaubigt worden oder zur Niederschrift bei einem Nachlassgericht erfolgt ist (§ 1945 Absatz 1 BGB). Unzulässig ist es, die Ausschlagung unter einer Bedingung zu erklären (§ 1947 BGB). Auch kann eine Ausschlagungserklärung nicht nur auf Teile der Erbschaft beschränkt werden (§ 1950 BGB).

Formulierungsvorschlag für eine Ausschlagung wegen Überschuldung:
An das Amtsgericht ... - Nachlassabteilung -

Mein verwitweter Vater ..., geboren am ..., verstarb am ... mit letztem gewöhnlichem Aufenthalt in ... Eine letztwillige Verfügung hat der Erblasser meines Wissens nicht hinterlassen, so dass ich kraft gesetzlicher Erbfolge als einziges Kind Alleinerbe wäre. Ich, ..., geboren am ..., wohnhaft ..., schlage hiermit die Erbschaft aus allen Berufungsgründen aus. Nach meiner Kenntnis ist der Nachlass überschuldet.

Notarielle Unterschriftsbeglaubigung

Steht eine PERSON UNTER BETREUUNG, hat der Betreuer als dessen gesetzlicher Vertreter die Ausschlagung zu erklären und sich diese vom Betreuungsgericht genehmigen zu lassen. Für MINDERJÄHRIGE KINDER haben die Eltern als gesetzliche Vertreter die Ausschlagung zu erklären und in einigen Fällen auch familiengerichtlich genehmigen zu lassen. Falls den Eltern oder einem Elternteil die Vermögensverwaltung für ihr Kind durch Testament entzogen wurde, sind sie für die Erklärung der Ausschlagung nicht zuständig. Es ist dann von dem Familiengericht ein Ergänzungspfleger zu bestellen. Der Ergänzungspfleger übernimmt dann die gesetzliche Vertretung des Kindes für den Bereich des Nachlasses; ansonsten verbleibt den Eltern, ihr Kind zu vertreten.

DEFINITION: BETREUUNG
Ist eine Person nicht mehr in der Lage, ihre eigenen Dinge zu regeln, bestellt das Betreuungsgericht einen Betreuer für die Person. Der Betreuer kann dann für die betreute Person handeln und ist deren gesetzlicher Vertreter. Oftmals beruft das Gericht eine Person zum Betreuer, die aus dem privaten Umfeld der betroffenen Person stammt, ansonsten eine fremde Person (Berufsbetreuer). Hat jemand eine Person in einer Betreuungsverfügung benannt, so muss das Gericht diese Person ernennen.

Die Ausschlagung kann nur INNERHALB VON SECHS WOCHEN erfolgen. Wenn der Erbe sich bei Beginn der Frist im Ausland aufhielt oder der Verstorbene nur dort seinen letzten Wohnsitz hatte, gilt eine Sechsmonatsfrist (§ 1944 Absatz 3 BGB). Nach dem FamFG muss die Ausschlagung nicht mehr zwingend vor dem für den Nachlass zuständigen Nachlassgericht (› Seite 71) erklärt werden, sondern kann auch bei dem

Nachlassgericht abgegeben werden, das für den gewöhnlichen Aufenthalt des Ausschlagenden zuständig ist (§ 344 Absatz 7 FamFG).

Nicht ganz einfach ist die BESTIMMUNG DES FRISTBEGINNS (§ 1944 BGB). Die Frist beginnt mit dem Zeitpunkt, in dem der Erbe von dem Erbfall und dem Grund seiner Berufung zum Erben erfährt:

- BEI GESETZLICHER ERBFOLGE: Wenn kein Testament und/oder Erbvertrag die Erbfolge bestimmen, ist der Zeitpunkt entscheidend, wenn der Erbe vom Erbfall erfährt und er weiß, in welchem Verhältnis er zu dem Verstorbenen stand (Verwandtschaft, Heirat). Weiter dürfen für ihn keine Anhaltspunkte für eine testamentarische oder erbvertragliche Erbfolge bestehen. Für eine vorsichtige Berechnung sollte man von dem Todestag ausgehen.
- Bei TESTAMENTARISCHER ODER ERBVERTRAGLICHER ERBFOLGE: Die Frist beginnt nicht vor „Verkündung" des Testamentes oder des Erbvertrages durch das Nachlassgericht zu laufen. Der Erbe muss zumindest Kenntnis von der erfolgten Verkündung oder Eröffnung durch das Nachlassgericht haben. Für eine vorsichtige Berechnung sollte man von dem Tag der Eröffnung des Testamentes oder Erbvertrages bei dem Nachlassgericht ausgehen.

Rechtsfolge einer wirksamen Ausschlagung: Durch die Ausschlagung fällt die Erbschaft rückwirkend demjenigen zu, der als Erbe berufen wäre, wenn der Ausschlagende zur Zeit des Erbfalls nicht (mehr) gelebt hätte (§ 1953 BGB). Wenn der Ausschlagende Kinder hatte, sind diese oftmals dann gesetzlich zu Erben berufen. Deswegen müssen dessen Kinder ebenfalls ausschlagen, um nicht Erbe zu werden. Für minderjährige Kinder schlagen als gesetzliche Vertreter deren Eltern aus. Beide Elternteile müssen ausschlagen, wenn beide sorgeberechtigt sind. Die Ausschlagung muss nur dann nicht von dem Familiengericht genehmigt werden, wenn das Kind nur deshalb Erbe geworden ist, weil ein Elternteil selber die Erbschaft ausgeschlagen hat (§ 1643 BGB).

Beratertipp für Eltern bei Ausschlagung für ihre Kinder:
Haben Eltern für ihr minderjähriges Kind gegenüber dem Nachlassgericht ausgeschlagen und mussten sie für die Wirksamkeit der Ausschlagung die Genehmigung bei dem Familiengericht einholen, besteht kein Automatismus: Sobald sie die Genehmigung in den Händen haben, müssen sie entscheiden, ob sie von dieser Gebrauch machen und ob sie diese dem Nachlassgericht vorlegen. Erst mit fristgerechtem Zugang durch die Eltern bei dem Nachlassgericht wird die Ausschlagung wirk-

sam. Darauf weist das OLG Brandenburg in seinem Beschluss vom 10. März 2021 hin (Az. 13 WF 14/21).

3. Anfechtung der Annahme oder der Ausschlagung
Wer später die (konkludente) Annahme oder Ausschlagung der Erbschaft bereut, kann diese Entscheidung möglicherweise anfechten. Eine Anfechtung ist beispielsweise in folgenden Situationen möglich:

- Der Erbe hat die Erbschaft konkludent durch schlüssiges Verhalten angenommen und hatte keinerlei Kenntnis von dem Recht der Ausschlagung (Inhaltsirrtum; § 119 Absatz 1 BGB).
- Der Erbe irrte über ein Verhalten, das als konkludente Annahme verstanden wurde.
- Der Erbe hat die Ausschlagungsfrist versäumt, weil er sich über die Fristlänge irrte.
- Wenn der Erbe durch vorsätzliche und widerrechtliche Vorspiegelung, Entstellung oder Verschweigen von Tatsachen zur Abgabe der Erklärung der Annahme oder der Ausschlagung bewogen wurde, kann er anfechten (§ 123 Absatz 1 BGB).
- Der Erbe ist durch vorsätzliches und widerrechtliches Inaussichtstellen eines zukünftigen Übels zu einer Erklärung gezwungen worden.
- Der IRRTUM ÜBER DIE ÜBERSCHULDUNG des Nachlasses ist selbst KEIN WIRKSAMER ANFECHTUNGSGRUND. Allerdings ist die Annahme dann anfechtbar, wenn sich der Irrtum auf die Zugehörigkeit von Nachlassgegenständen und -verbindlichkeiten zur Erbschaft als wertbildende Faktoren bezog (§ 119 Absatz 2 BGB). Vielleicht wusste der Erbe nichts von einem hohen Darlehen des Verstorbenen oder immensen Schadensersatzansprüchen, die gegen den Verstorbenen erhoben werden. Dann kann er möglicherweise erfolgreich anfechten. Nicht ausreichend ist es aber, wenn der Erbe den Wert der Nachlassgegenstände falsch eingeschätzt hat.

Beispiel für eine erfolgreiche Anfechtung:
Der potenzielle Erbe hatte ausgeschlagen, da er von der Überschuldung ausging. So fand er in der Wohnung Mahnungen, aber nichts Werthaltiges. Später stellte sich die Werthaltigkeit des Nachlasses heraus. Er konnte erfolgreich seine Ausschlagung anfechten und Erbe werden. Das OLG Düsseldorf sah den Irrtum über die Überschuldung als erwiesen an (Beschluss vom 20. November 2020 – Az. 3 Wx 166/20).

In der Praxis unterlaufen oft Fehler bei der Formulierung der Ausschlagungserklärung. Ein Sohn hatte das Erbe nach seiner Mutter ausgeschlagen, weil er den Nachlass für „wohl eher überschuldet hielt" – so hat er die Ausschlagung formuliert. Nachdem sich ein Nachlasswert von 128.691,92 EUR herausstellte, erklärte er die Anfechtung seiner Ausschlagungserklärung. Er habe den Nachlass irrtümlich für überschuldet gehalten. Seine Mutter habe lebzeitig betont, dass sie kein Vermögen besitze. Das OLG Düsseldorf ließ in seinem Beschluss vom 5. September 2008 die Anfechtung nicht zu (Az. 3 Wx 123/08). Schließlich habe den Sohn ein Kriminalbeamter über einen „größeren Geldbetrag auf dem Girokonto der Mutter" direkt nach dem Erbfall informiert. Der Irrtum über die Größe des Nachlasses berechtige nicht zur Anfechtung. Er hätte die Ausschlagung nicht so vage formulieren sollen. Auch Irrtümer über die erbschaftsteuerlichen, pflichtteilsrechtlichen oder güterrechtlichen Auswirkungen der Annahme oder der Ausschlagung berechtigen nicht zur Anfechtung.

Beispiel zur lenkenden Ausschlagung:
Manchmal schlägt eine Person aus, damit eine bestimmte andere Person Erbe wird. Wenn diese Rechnung nicht aufgeht und eine andere, also falsche Person würde Erbe, kann die Ausschlagung rückgängig gemacht werden. Dann liegt ein zur Anfechtung berechtigender Inhaltsirrtum vor, hat das OLG Frankfurt a. M. am 6. Februar 2021 entschieden (Az. 21 W 167/20).

Die ANFECHTUNGSFRIST beträgt sechs Wochen und beginnt im Falle einer Drohung, wenn die Zwangslage weggefallen ist, und in den übrigen Fällen, wenn der Berechtigte von dem Anfechtungsgrund erfährt (§ 1954 BGB). Die ANFECHTUNG MUSS GEGENÜBER DEM NACHLASSGERICHT in gleicher Form wie die Ausschlagung erklärt werden, also entweder zur Niederschrift des Nachlassgerichts oder durch eine notariell beglaubigte Erklärung (§§ 1955, 1945 BGB). Die wirksame Anfechtung der Annahme gilt als Ausschlagung der Erbschaft, die Anfechtung der Ausschlagung als Annahme der Erbschaft (§ 1957 BGB).

Formulierungsvorschlag für eine Anfechtung der Erbschaftsannahme wegen nachträglichen Bekanntwerdens einer Nachlassverbindlichkeit:
An das Amtsgericht - Nachlassabteilung

Am 10. Mai 2020 verstarb mit letztem gewöhnlichem Aufenthalt zu Düsseldorf meine Mutter … . Eine letztwillige Verfügung hat die Erblasserin meines Wissens nicht hinterlassen, so dass ich als einziges Kind kraft gesetzlicher Erbfolge Alleinerbin geworden bin.

Bei der Annahme der Erbschaft bin ich davon ausgegangen, dass gegen meine verstorbene Mutter kein durch Erbfolge auf meine Mutter übergegangener Pflichtteilsanspruch ihres Stiefsohnes ... besteht. Dieser ist mit anwaltlichem Schreiben vom 5. Juni 2020 geltend gemacht worden, wodurch ich davon erfuhr und mit einer Zahlungspflicht rechnen musste. Ich hatte mich daher über die Zusammensetzung des Nachlasses geirrt. Nun ist der Nachlass überschuldet. Wäre mir der geltend gemachte Pflichtteilsanspruch bei Annahme der Erbschaft bekannt gewesen, hätte ich fristgemäß die Erbschaft ausgeschlagen und diese damit nicht angenommen.

Hiermit erkläre ich, ..., geb. am 3. Oktober 1950, die Anfechtung der Erbschaftsannahme wegen Irrtums und schlage die Erbschaft nach meiner Mutter ... aus allen Berufungsgründen aus.

Notarielle Unterschriftsbeglaubigung

4. Kosten der Ausschlagung und der Anfechtung

Die Beglaubigung oder Beurkundung der Ausschlagungs- bzw. Anfechtungserklärung löst bei dem Notar eine Gebühr von 0,5, mindestens 30 EUR, nach Tabelle B aus (Nr. 21201 Nr. 7 KV-GNotKG; › Seite 272). Hat der Notar auch den Entwurf gefertigt, basiert die Gebühr von 0,5 auf Nr. 24102 KV-GNotKG. Für die bloße Entgegennahme einer Ausschlagungs- oder Anfechtungserklärung durch das Gericht fällt eine Festgebühr von 15 EUR an. Wird die Erklärung gegenüber dem Gericht als Niederschrift abgegeben, richtet sich die Gebühr nach Vorbem. 1 Absatz 2 ebenfalls nach Nr. 21201 KV-GNotKG. Die Gebühren richten sich nach dem Wert, den der Gegenstand hat (§ 3 GNotKG in Verbindung mit § 103 GNotKG). Der Geschäftswert ist der Wert des betroffenen Vermögens nach Abzug der Verbindlichkeiten zum Zeitpunkt der Beurkundung.

5. Bei Überschuldung statt Ausschlagung Möglichkeiten der Haftungsbeschränkung nutzen

Die Ausschlagung ist nicht die einzige Möglichkeit für potenzielle Erben, sich vor den Schulden des Verstorbenen zu schützen. Das Gesetz sieht verschiedene Möglichkeiten vor, die Haftung des Erben nur auf das Nachlassvermögen zu begrenzen. So ist sichergestellt, dass Nachlassgläubiger nicht auf das Eigenvermögen des Erben zugreifen können.

BERATERTIPP BEI MÖGLICHERWEISE ÜBERSCHULDETEM NACHLASS:
Generell ist zu empfehlen, eher nicht auszuschlagen und besser die anderen Optionen der Haftungsbeschränkung zu nutzen. Dieses Thema wird ausführlich in einem späteren Kapitel dargestellt (› Seite 120 ff.). Wenn sich nach einer Ausschlagung herausstellt, dass der Nachlass werthaltig war, ist die Ausschlagung nur durch eine Anfechtung rückgängig machbar. Eine Anfechtung kann nicht erfolgreich verlaufen.

II. Nachweis der Erbenstellung

Der Erbe hat sich bei vielen Stellen zu legitimieren, dass er der „richtige“ Rechtsnachfolger des Verstorbenen ist. Ein Erbnachweis ist für den Erben zur Berichtigung des Grundbuchs oder auch des Handelsregisters, gegenüber Kreditinstituten, Versicherungsgesellschaften, Behörden sowie weiteren Vertragspartnern des Verstorbenen erforderlich. Hierzu dient ein Erbschein. Da die Erteilung eines Erbscheins durch das Nachlassgericht Wochen oder Monate dauern kann und vom Nachlasswert abhängige Gerichtsgebühren auslöst, sollte der Erbe oder sogar schon der Testierende überlegen, wie ein solcher Erbschein zu vermeiden ist.

1. Vorsorgevollmacht

Ein Erbschein ist in vielen Fällen dann nicht erforderlich, wenn der Verstorbene zu Lebzeiten durch eine Vorsorgevollmacht bereits seinen potenziellen Erben zu seinem Bevollmächtigten eingesetzt hat. Aus der Vollmacht sollte hervorgehen, dass diese über den Tod hinaus oder erst ab dem Tod wirksam ist (trans- bzw. postmortal). Der Bevollmächtigte kann dann für den Nachlass aufgrund der Vollmacht tätig werden. Beispielsweise kann er das Bankguthaben des Verstorbenen auf sein eigenes Konto oder auf das eines Dritten nach Maßgabe der testamentarischen oder erbvertraglichen Anordnungen überweisen. Wenn der Bevollmächtigte aber nicht auch Erbe ist, entstehen oftmals Konflikte zwischen dem Bevollmächtigten und dem Erben. Ein Erbe kann die Vollmacht des Bevollmächtigten widerrufen, und zwar so, wie es der Verstorbene tun konnte. Der Erbe nimmt schließlich die Rechtsposition des Verstorbenen ein.

BERATERTIPP ZUM VORSORGEVOLLMACHT
Betreuungsbehörden, die zumeist bei einer Stadtverwaltung angesiedelt sind, dürfen Unterschriften von Vollmachtgebern unter Vorsorgeverfügungen beglaubigen, was nur 10 EUR kostet. Der Bundesgerichtshof hat am 12. November 2020 entschieden, dass damit sogar nach dem Tod des Vollmachtgebers Grundbuchanträge gestellt werden können (Az. V ZB 148/19). Achtung: Aufgrund einer Gesetzesänderung verlieren solche Vollmachten ab dem 1. Januar 2023 ihre Wirksamkeit mit dem Tod des Vollmachtgebers.

2. Testament oder Erbvertrag vom Notar

Wenn ein vom Notar beurkundetes Testament oder ein Erbvertrag vorliegt, kann der Erbe sich hiermit ausreichend gegenüber dem Grundbuchamt und dem Handelsregister legitimieren (Vorlage des Testaments und des Eröffnungsprotokolls erforderlich, § 35 Grundbuchordnung, § 12 Handelsgesetzbuch). Die Erbeinsetzung muss sich dann unmissverständlich aus dem Testament oder dem Erbvertrag ergeben. Auch andere Vertragspartner können oder müssen dies sogar als ERBENLEGITIMATION akzeptieren. Kreditinstitute dürfen nach den Geschäftsbedingungen der Banken und Sparkassen die Vorlage eines Erbscheins grundsätzlich verlangen; sie können sich aber auch mit der

BERATERTIPP ZUM ODER-KONTO
Der neben dem Verstorbenen Berechtigte eines sogenannten „Oder-Kontos“, also einem Gemeinschaftskonto mit Einzelverfügungsberechtigung, kann auch ohne Erbschein weiterhin über dieses Konto verfügen.

Vorlage einer beglaubigten Kopie des Testamentes sowie des Eröffnungsprotokolls zufriedengeben (§ 5 AGB-Banken). Wenn ein Kreditinstitut ohne Vorlage eines Erbscheins an einen vermeintlichen Erben auszahlt, kann es später von dem wirklichen Erben in die Haftung genommen werden.

DEFINITION: ERBVERTRAG
Einen Erbvertrag können zwei und mehr Personen vor einem Notar abschließen. Testamentarische Anordnungen können für einen Erbvertragspartner bindend werden; sie werden als (erb-) vertragsmäßige Verfügungen bezeichnet. Dagegen sind einseitige Verfügungen, die auch in einem Erbvertrag enthalten sein können, jederzeit widerrufbar. Der andere Erbvertragspartner kann, muss aber nicht in dem Erbvertrag auch für seinen Erbfall letztwillige Verfügungen anordnen.

3. Erbschein

Der Erbschein ist ein auf Antrag erteiltes amtliches ZEUGNIS des Nachlassgerichts ÜBER DAS ERBRECHT DES ERBEN (§ 2353 BGB) und bezeichnet als solches den Verstorbenen und dessen Erben einschließlich deren Erbquoten. Beschränkungen durch eine Testamentsvollstreckung oder eine Vor- und Nacherbfolge gehen ebenfalls aus dem Erbschein hervor, nicht hingegen aufgrund von Vermächtnissen, Auflagen und Pflichtteilsansprüchen.

Innerhalb des Erbscheinsverfahrens werden folgende Fragen vom Nachlassgericht geprüft:

- Welches Testament oder welcher Erbvertrag ist maßgebend? Grundsätzlich ist auf die letzten Anordnungen vor dem Erbfall abzustellen.
- Ist ein Testament oder ein Erbvertrag nicht zu beachten, weil der Verstorbene sich selbst zuvor durch ein Ehegattentestament oder durch einen Erbvertrag IN SEINER TESTIERFREIHEIT BESCHRÄNKT hat?
- Ist das Testament nichtig, weil beispielsweise der Verstorbene zum Zeitpunkt der Errichtung TESTIERUNFÄHIG war?
- Bei einem INTERPRETATIONSBEDÜRFTIGEN WORTLAUT oder bei ÄNDERUNG WESENTLICHER UMSTÄNDE NACH TESTAMENTSERRICHTUNG: Welche Rechtsnachfolge entspricht dem letzten Willen oder dem hypothetischen Willen des Verstorbenen nach Auslegung tatsächlich?
- Sind die beim Nachlassgericht eingegangenen ANFECHTUNGSERKLÄRUNGEN wirksam, so dass entweder einzelne Anordnungen, das gesamte Testament oder der gesamte Erbvertrag unwirksam oder nichtig sind?

Muster eines Erbscheins

Amtsgericht Düsseldorf

Gemeinschaftlicher Erbschein

Die am .... 2020 in Düsseldorf gestorbene, zuletzt in Düsseldorf wohnhaft gewesene

.... geb. .... geboren am 1938

ist beerbt worden von ihren Kindern

1. .... geb. .... geboren am .... wohnhaft in ....

2. .... geb. .... geboren am .... wohnhaft in ....

....

zu je ½-Anteil

Düsseldorf, ... 2021

....
Richter am Amtsgericht

Der Erbschein begründet die GESETZLICHE VERMUTUNG positiv darauf, dass die bezeichneten Erben mit den ausgewiesenen Erbquoten den Verstorbenen beerbt haben. Negativ wird vermutet, dass andere Beschränkungen nicht bestehen, als sie aus dem Erbschein hervorgehen. Wenn beispielsweise keine Testamentsvollstreckung ausgewiesen ist, kann davon ausgegangen werden, dass der Verstorbene eine solche nicht angeordnet hat. Die Vermutungswirkung beginnt mit der Erteilung des Erbscheins und endet mit seiner Einziehung, Kraftloserklärung oder Herausgabe an das Nachlassgericht (§§ 2361, 2362 BGB).

Ein ERBSCHEIN KANN aber auch FALSCHE ANGABEN ENTHALTEN. Ein späteres Testament wird vielleicht erst dann gefunden, nachdem das Nachlassgericht einen Erbschein bereits auf Basis eines früheren Testamentes erlassen hat. Mit dem verbundenen öffentlichen Glauben eines Erbscheins werden aber gutgläubige Dritte geschützt. Gutgläubig ist jemand, der nicht weiß, dass entgegen dem im Erbschein ausgewiesenen Erben eine andere Person der wirkliche Erbe ist. Dieser Dritte kann daher Nachlassgegenstände, Rechte daran oder die Befreiung von einem zur Erbschaft gehörenden Recht von demjenigen gutgläubig erwerben, der sich durch einen Erbschein legitimieren kann (§ 2366 BGB). Das Gleiche gilt, wenn der gutgläubige Dritte an dem im Erbschein ausgewiesenen Erben eine Leistung bewirkt (§ 2367 BGB). So kann eine Bank das Guthaben eines nachlasszugehörigen Kontos an denjenigen auskehren, der sich durch einen Erbschein legitimieren kann. Der Schutz des Erbscheins entfällt, wenn der Dritte die Unrichtigkeit des Erbscheins kennt oder weiß, dass das Nachlassgericht die Zurückgabe des Erbscheins verlangt hat. Er ist dann nämlich bösgläubig.

DEFINITION: NACHLASSVERWALTUNG
Ist unsicher, ob der Nachlass für alle Nachlassgläubiger reicht, kann das Nachlassgericht eine Nachlassverwaltung einrichten. Dazu ist die Überschuldung des Nachlasses nicht erforderlich. Nicht zu verwechseln mit der Nachlasspflegschaft.

DEFINITION: NACHLASSPFLEGSCHAFT
Sind die Erben unbekannt, weil beispielsweise unklar ist, welches Testament wirksam ist, richtet das Nachlassgericht eine Nachlasspflegschaft ein. Als „Treuhänder" für die unbekannten Erben muss sich der Nachlasspfleger dann um alles kümmern. Nicht zu verwechseln mit der Nachlassverwaltung.

Das Gesetz sieht folgende ARTEN EINES ERBSCHEINS vor:

- Der ALLEINERBSCHEIN ist das Zeugnis über das Erbrecht des Alleinerben.
- Der TEILERBSCHEIN bezeugt das Erbrecht eines von mehreren Miterben.
- Der GEMEINSCHAFTLICHE ERBSCHEIN führt alle Miterben mit ihren jeweiligen Erbquoten auf (auf Antrag sämtlicher Miterben auch ohne Erbquoten).

Das Nachlassgericht erteilt einen Erbschein nur AUF ANTRAG (§ 2353 BGB). Diesen Antrag kann jeder (Mit-)Erbe, Testamentsvollstrecker, Nachlassverwalter, Insolvenzverwalter und auch Gläubiger, der bereits einen vollstreckbaren Titel gegen den Verstorbenen hat, stellen. NICHT ZUR ANTRAGSSTELLUNG berechtigt sind Vermächtnisnehmer, Pflichtteilsberechtigte, Auflagenbegünstigte, Käufer eines Nachlassgegenstandes, Nacherben vor Eintritt des Nacherbfalls, das Finanzamt als

Erbschaftsteuerstelle und der Nachlasspfleger bezüglich des Nachlasses, auf den sich die Nachlasspflegschaft bezieht.

Beispiel zu den Kosten eines Erbscheines:
Hat ein Miterbe im Alleingang einen Erbschein für alle Miterben beantragt, kann dieser später nicht von den anderen Miterben eine Kostenbeteiligung verlangen. Das hat der Bundesgerichtshof in seinem Urteil vom 7. Oktober 2020 entschieden (Az. IV ZR 69/20).

Der INHALT EINES ERBSCHEINSANTRAGES ist davon abhängig, ob der Erbe entweder gesetzlich oder testamentarisch/erbvertraglich erbt. Bei der GESETZLICHEN ERBFOLGE sind folgende Angaben erforderlich (§ 352 Absatz 1 FamFG):

- Name des Verstorbenen und sein Todestag;
- letzter gewöhnlicher Aufenthalt und die Staatsangehörigkeit des Verstorbenen;
- Verwandtschafts- oder Ehegattenverhältnis zum Verstorbenen;
- ob und gegebenenfalls welche Personen vorhanden sind oder waren, durch die der Antragsteller von der Erbfolge ausgeschlossen sein könnte oder dessen Erbteil gemindert würde. Es sind die Personen zu bezeichnen, die nur deshalb nicht als gesetzliche oder testamentarische Erben berufen sind, weil sie entweder zur Zeit des Erbfalls nicht mehr gelebt haben oder aus anderen Gründen weggefallen sind (etwa durch Ausschlagung, Erbunwürdigkeit, Erbverzicht);
- ob und welche Testamente oder Erbverträge des Verstorbenen vorhanden sind;
- ob ein gerichtlicher Prozess über das Erbrecht des Antragstellers anhängig ist;
- ob der Antragsteller, also der potenzielle Erbe, die Erbschaft angenommen hat und
- die Größe des Erbteils des Antragstellers (also die Quote).

Bei der GEWILLKÜRTEN ERBFOLGE ist das maßgebliche Testament oder der maßgebliche Erbvertrag in dem Antrag anzugeben (§ 352 Absatz 2 FamFG). Auch etwaige weitere Testamente und Erbverträge sind bekannt zu geben, auch wenn der Verstorbene diese widerrufen hat. Ferner müssen einige Angaben wie bei der gesetzlichen Erbfolge gemacht werden. In dem Antrag müssen auch vom Verstorbenen angeordnete Beschränkungen wie die Anordnung der Nacherbfolge oder die Ernennung eines Testamentsvollstreckers angegeben werden.

Ein ERBSCHEIN kann auch OHNE ERBQUOTEN beantragt und erteilt werden (§ 352a Absatz 2 FamFG). Damit müssen sämtliche Miterben einverstanden sein. Ein Antrag auf einen solchen Erbschein ohne Erbquoten bietet sich an, wenn der Verstorbene durch Testament seine einzelnen Vermögensgegenstände den Bedachten zugewiesen hat, ohne Erbquoten zu bestimmen. Es ist indes bedeutsam, dass durch Testament oder Erbvertrag genaue Erbquoten ausgewiesen sind, denn die „gegenständliche Erbfolge" kennt das deutsche Erbrecht nicht. Durch Auslegung sind dann solche Testamente zu retten (› Seite 49 ff.).

Beispiel zum Antrag eines quotenlosen Erbscheins:
Eine Miterbin war zunächst damit einverstanden, dass ein quotenloser Erbschein gemeinsam beantragt wird. Nachdem das Nachlassgericht den Erbschein erteilt hatte, widerrief sie ihr Einverständnis. Zu spät, so das OLG München in seinem Beschluss vom 10. April 2020 (Az. 31 Wx 354/19). Ein Widerruf geht nur bis zur Erbscheinserteilung.

Formulierungsvorschlag für einen Erbscheinsantrag bei einem Testament
In der Sache Nachlass ... beantrage ich die Erteilung eines Erbscheins mit folgendem Inhalt:

ES WIRD BEZEUGT, DASS DER AM 19. OKTOBER 2021 IN DÜSSELDORF VERSTORBENE, AM 3. MÄRZ 1935 GEBORENE ... MIT LETZTEM GEWÖHNLICHEM AUFENTHALT IN DÜSSELDORF AUFGRUND TESTAMENTES VOM 1. SEPTEMBER 2019 ALLEIN VON ... BEERBT WORDEN IST.

BEGRÜNDUNG:
... ist am 19. Oktober 2021 in Düsseldorf gestorben. Er hatte seinen letzten gewöhnlichen Aufenthalt in Düsseldorf und war deutscher Staatsangehöriger.

Der Verstorbene errichtete am 1. September 2019 ein privatschriftliches Testament, in dem er mich als Antragsteller zu seinem Alleinerben einsetzte. Das Nachlassgericht eröffnete das Testament am 15. November 2021.

Der Verstorbene hat das Testament von Hand geschrieben, mit Ort und Datum versehen und eigenhändig unterschrieben. Mir sind keine weiteren Verfügungen des Verstorbenen von Todes wegen bekannt. Es sind keine weiteren Personen weggefallen, die dem Erbrecht des Antragstellers vorgehen oder dieses mindern würden. Beschränkungen in Form einer Nacherbfolge oder Testamentsvollstreckung hat der Verstorbene nicht verfügt. Ich habe nach der Testamentseröffnung die Annahme der Erbschaft gegenüber dem Nachlassrichter erklärt.

Ein Rechtsstreit über das Erbrecht ist nicht anhängig. Im Ausland befindet sich kein Vermögen.

Ich versichere nach bestem Wissen und Gewissen, dass mir nichts bekannt ist, was der Richtigkeit der obigen Angaben entgegensteht, und erkläre mich bereit, die Angaben an Eides statt zu versichern. Jedoch bitte ich, mir die Abgabe einer eidesstattlichen Versicherung gemäß § 352 Absatz 3 Satz 4 FamFG zu erlassen.

Es wird gebeten, mir von dem Erbschein eine Ausfertigung und zwei beglaubigte Abschriften zu erteilen. Maßnahmen zur Sicherung des Nachlasses wurden nicht ergriffen und sind und waren auch nicht geboten.

Notarielle Unterschriftsbeglaubigung

BERATERTIPP ZUM ERBSCHEINSANTRAG: In einfachen Nachlasssachen ist den Erben zu empfehlen, den Erbschein selber beim Nachlassgericht zu beantragen. Dort müssen sie nur die hier angesprochenen Unterlagen vorlegen und sich selbst auch ausweisen können. Das Nachlassgericht übernimmt die erforderlichen Angaben dann in Formulare, so dass der Erbe seinen Antrag nicht selber formulieren muss. In nicht ganz einfach gelagerten Fällen ist die Beratung durch einen Rechtsanwalt oder Notar zu empfehlen.

DEFINITION: ERBSCHEIN Ein Erbe kann sich durch einen Erbschein, der auf Antrag durch das Nachlassgericht erteilt wird, gegenüber anderen Personen als Erbe einer verstorbenen Person legitimieren. Es ist gewissermaßen eine Art Vollmachtsurkunde.

Der Antragsteller muss die RICHTIGKEIT seiner Angaben gegenüber dem Nachlassgericht NACHWEISEN (§ 352 Absatz 3 FamFG). Testamente und Erbverträge müssen dem Nachlassgericht im Original vorliegen. Der Nachweis weiterer Angaben erfolgt durch beglaubigte Abschriften der Geburts-, Ehe-, Lebenspartnerschafts- und Sterbeurkunden sowie vom Ehevertrag (§ 55 Absatz 1 Personenstandsgesetz; auch Nachweis durch Eintrag im Güterrechtsregister möglich). Diese Personenstandsurkunden erhält man jeweils bei dem Standesamt, bei dem der Eintrag geführt wird (§§ 55, 62 Personenstandsgesetz). Nach der geplanten elektronischen Vernetzung können diese Urkunden auch bei jedem anderen Standesamt bezogen werden. Über andere Angaben wird der Antragsteller in der Regel eine eidesstattliche Versicherung abgeben müssen, und zwar entweder vor einem Notar oder vor dem Nachlassgericht. Darauf kann das Nachlassgericht jedoch verzichten. Bei der Abgabe vor dem Nachlassgericht erspart sich der Antragsteller die Mehrwertsteuer auf die ansonsten gleiche Gebühr (› Seite 272). Das Nachlassgericht macht nur sehr selten von der Möglichkeit Gebrauch, die eidesstattliche Versicherung zu erlassen (§ 352 Absatz 3 Satz 4 FamFG). Dann würde die entsprechende Gebühr nicht anfallen.

Im Gegensatz zu einem „normalen" Zivilprozess gilt für den Nachlassrichter bei der Erteilung eines Erbscheines der AMTSERMITTLUNGSGRUNDSATZ. Das Nachlassgericht hat daher von selbst die erforderlichen Tatsachen zu ermitteln, die geeignet erscheinenden Beweise aufzunehmen und Dritte (Zeugen) anzuhören. Das Gericht hat in der Regel sämtliche potenziellen Erben und – sofern vorhanden – Erben aus früheren, widerrufenen Testamenten und Erbverträgen anzuhören. Diese können dann gegen den Erbscheinsantrag Einwendungen erheben, wie etwa sich auf Testamentsfälschung oder auf Testierunfähigkeit des Verstorbenen berufen.

Innerhalb dieses Erbscheinsverfahrens PRÜFT DAS GERICHT, ob das Testament, der Erbvertrag, eine Ausschlagungs- oder auch eine Anfechtungserklärung wirksam sind. Wenn jemand substantiiert behauptet, der Verstorbene sei bei Errichtung des Testamentes oder Erbvertrages testierunfähig gewesen oder das Testament sei gefälscht, holt das Gericht Gutachten bei Sachverständigen ein. Wenn das Nachlassgericht die beantragte Erbfolge für erwiesen erachtet und kein Beteiligter dem Erbscheinsantrag widersprochen hat, fasst es zunächst einen Beschluss ohne Begründung (§ 352e FamFG). Daraufhin wird der ERBSCHEIN ERTEILT und dem Antragsteller werden Ausfertigungen und gegebenenfalls beglaubigte Kopien übersandt.

Beispiel zur Gewissheit über Testamentsfälschung:
Eine absolute Gewissheit der Echtheit eines Testamentes sei fast nie zu erreichen, so das OLG Rostock in seinem Beschluss vom 31. August 2020 (Az. 3 W 84/19). Deshalb reicht es aus, wenn ein Schriftgutachter mit einer überwiegenden Wahrscheinlichkeit (90 %) von der Echtheit der Handschrift ausgeht.

Wenn aber ein BETEILIGTER DEM ERBSCHEINSANTRAG WIDERSPROCHEN HAT, erteilt das Nachlassgericht nicht sofort im Anschluss an den Beschluss – diesmal mit Begründung – den Erbschein. Der Beschluss wird dem Antragsteller und dem Widersprechenden zugestellt. Wenn gegen den Beschluss nicht innerhalb von einem Monat Beschwerde eingelegt wird (§§ 58, 63 FamFG), erteilt das Nachlassgericht den Erbschein. Wenn jedoch Beschwerde bei dem Nachlassgericht eingelegt wird, hat das zuständige Oberlandesgericht zu entscheiden (§ 119 Absatz 1 Nr. 1b GVG) – sofern das Nachlassgericht der Beschwerde nicht selbst abhilft (§ 68 Absatz 1 Satz 1 FamFG).

Wenn dem Nachlassgericht zufolge die Voraussetzungen für den beantragten Erbschein nicht vorliegen und dieses Hindernis nicht behebbar ist, weist es den Antrag durch Feststellungsbeschluss zurück. Über die dagegen einzulegende Beschwerde entscheidet ebenfalls das Oberlandesgericht. Bevor die Nachlassakte dem Oberlandesgericht zur Entscheidung über die Beschwerde vorgelegt wird, erhält der Nachlassrichter die

BERATERTIPP ZUM ERBSCHEIN:
Wenn das Nachlassgericht noch weitere Unterlagen oder weitere Informationen benötigt, weist es den Antragsteller im Regelfall darauf hin.

Gelegenheit, seine Entscheidung zu begründen. Hält er an seiner Entscheidung fest, fasst er den sogenannten Nichtabhilfebeschluss; die Akte geht dann zum Oberlandesgericht. Gegen die Entscheidung des Oberlandesgerichts kann gegebenenfalls die Rechtsbeschwerde beim Bundesgerichtshof eingelegt werden (§ 133 Gerichtsverfassungsgesetz).

Bei einer unklaren Rechts- oder Sachlage können die Beteiligten das Erbscheinsverfahren durch Abschluss eines AUSLEGUNGSVERTRAGES versuchen zu beeinflussen (› Seite 53). Wenn der Inhalt dieses Erbenvergleichs dem letzten Willen des Verstorbenen entspricht und vertretbar ist, erlässt das Nachlassgericht auf dieser Basis oftmals einen Erbschein. Letztlich ist es aber in seiner Entscheidung frei.

Für das Erteilen eines Erbscheins fällt bei dem Nachlassgericht eine GEBÜHR von 1,0 nach Tabelle B an (Nr. 12210 KV-GNotKG, › Seite 272). Diese Gebühr fällt unabhängig davon an, ob das Gericht selber ermitteln bzw. eine Beweisaufnahme durchführen muss. Eine Gebühr in gleicher Höhe wird für die zumeist abzugebende eidesstattliche Versicherung zusätzlich fällig (Nr. 23300 KV-GNotKG, maßgeblich auch für das Gericht lt. Vorbemerkung 1 Absatz 2 KV-GNotKG; § 352 Absatz 3 Satz 3 FamFG). Wer nicht zu einem Notar geht, sondern direkt zum Nachlassgericht, erspart sich die Mehrwertsteuer auf die ansonsten gleichen Gebühren. Der Geschäftswert richtet sich nach §§ 40, 41 GNotKG (mittlerweile ohne Abzug von etwa Vermächtnissen und Pflichtteilsansprüchen; auch die Erbschaftsteuer wird weiterhin nicht abgezogen).

Wenn sich später herausstellt, dass der ERBSCHEIN UNRICHTIG ist, ist dieser vom Nachlassgericht einzuziehen (§ 2361 BGB; § 353 FamFG). Ein Erbschein kann unrichtig geworden sein, wenn beispielsweise später ein Testament gefunden worden ist, was eine andere Erbfolge vorsieht. In diesem Fall kann das Nachlassgericht den Erbschein auch für kraftlos erklären (§ 2361 Absatz 2 BGB). Wenn jemand meint, ein Erbschein sei unrichtig, kann er ohne eine zeitliche Begrenzung die Einziehung gegenüber dem Nachlassgericht anregen. Ein neuer Erbschein kann beantragt werden.

Formulierungsvorschlag für einen Antrag auf Einziehung eines Erbscheines:
An das
Amtsgericht/Nachlassabteilung

In der Sache
Nachlass ...
Az....

rege ich die Einziehung des am 10. Januar 2012 erlassenen Erbscheines, der die Witwe als Alleinerbin ausweist, an. Dieser ist im Sinne des § 2361 Absatz 1 BGB unrichtig.

Die Witwe hatte damals einen Erbschein auf Grundlage eines handschriftlichen Testamentes vom 2. Juni 1995 beantragt. Nun habe ich das Testament des Verstorbenen, meinem letzten Lebensgefährten, vom 25. Mai 2011 gefunden, wonach er mich zur Alleinerbin eingesetzt hat. Dieses Testament lege ich der Anlage im Original bei; ich bitte um Eröffnung. Durch dieses spätere Testament ist das die Witwe begünstigende Testament widerrufen worden.

Die tatsächliche Erbin

4. Klage vor dem ordentlichen Gericht

Die Vorteile des Erbscheinsverfahrens bestehen darin, eine relativ kostengünstige Entscheidung zu erlangen. Nachteilig wirkt sich beim Erbscheinsverfahren aus, dass ein Erbschein nicht rechtskräftig wird. Wenn sich später die Unrichtigkeit herausstellt, ist dieser ohne eine zeitliche Grenze einzuziehen. Wenn zwischen potenziellen Erben beispielsweise streitig ist, wer mit welcher Quote den Verstorbenen beerbt hat oder ob eine Anfechtung greift, muss einer seinen Kontrahenten für eine rechtskräftige Entscheidung vor dem Zivilgericht verklagen (FESTSTELLUNGSKLAGE). Nach einem RECHTSKRÄFTIGEN URTEIL ist das Nachlassgericht bei seiner Erbscheinserteilung daran gebunden, soweit es die Klageparteien betrifft. Wenn gleichzeitig eine Klage über das Erbrecht anhängig ist und das Erbscheinsverfahren betrieben wird, kann das Erbscheinsverfahren ausgesetzt werden (§ 148 ZPO).

III. Exkurs: Nachlasspflegschaft

Nach dem Erbfall kann über Wochen, Monate oder sogar Jahre unklar sein, wer den Verstorbenen tatsächlich beerbt hat. Die Erben können nicht feststehen, weil beispielsweise die Verwandtschaft des Verstorbenen als gesetzliche Erben nicht bekannt ist oder unter potenziellen Erben Streit über die Wirksamkeit eines Testamentes oder Erbvertrages besteht. In diesen Fällen bestellt das Nachlassgericht einen Nachlasspfleger (§ 1960 Absatz 2 BGB). Die Bestellung kann auch ein Gläubiger des Verstorbenen beantragen, damit er seine Ansprüche gegenüber dem Nachlass durchsetzen kann, bevor die endgültigen Erben feststehen. Zu Nachlasspflegern werden häufig Rechtsanwälte bestellt. Der Nachlasspfleger hat als der gesetzliche Vertreter bislang unbekannter endgültiger Erben insbesondere

- den Nachlass in Besitz zu nehmen;
- die Konten des Verstorbenen zu ermitteln;
- ein Nachlassverzeichnis zu erstellen und beim Nachlassgericht einzureichen (§ 1993 BGB);
- die erforderlichen Mitteilungen über den Erbfall an etwa Behörden, Versicherungen und Vereine zu versenden;
- erforderliche Vertragskündigungen vorzunehmen (etwa Versicherungen, Abos und den Telefonanschluss);
- die Wohnung aufzulösen;
- den Nachlassgläubigern Auskunft über den Bestand des Nachlasses zu geben (§ 2012 Absatz 1 BGB) und
- Steuern zu bezahlen (§§ 34, 90 Abgabenordnung).

Welche Aufgaben der Nachlasspfleger zu übernehmen hat, hat das Nachlassgericht in der BESTALLUNGSURKUNDE fixiert. Das Gericht kann auch mehrere Nachlasspfleger einsetzen. Weiter obliegt dem Nachlasspfleger in der Regel auch, die UNBEKANNTEN ERBEN ZU ERMITTELN. Da die Möglichkeiten von Nachlasspflegern bei der Erbenermittlung oftmals beschränkt sind, bedienen sich Nachlasspfleger hierzu der Hilfe von ERBENERMITTLERN. Diese Genealogen verfügen über weite, internationale Netzwerke und sind hoch spezialisiert. Dadurch sind sie in der Lage, in vielen Fällen innerhalb von kurzer Zeit die gesetzlichen Erben zu ermitteln, auch wenn es sich bei diesen um sehr weit entfernte Verwandte handelt. Haben die Erbenermittler einen solchen potenziellen Erben ermittelt, schließen sie mit diesem einen Vertrag. Danach erhalten sie im Erfolgsfalle eine Provision, zumeist einen Anteil von der Erbschaft. Vor Vertragsschluss ist der Erbenermittler nicht verpflichtet, dem potenziellen, von ihm ermittelten Erben Auskünfte über den Erbfall zu erteilen. Der Nachlasspfleger wird vom Nachlassgericht BEAUFSICHTIGT und erhält für seine Tätigkeit eine VERGÜTUNG. Für einige Geschäfte muss er sich die Zustimmung des Gerichts einholen.

Hürden bei der Erbenstellung

Erbe werden ist leicht: Allein durch Zeitablauf nimmt das Gesetz die Annahme des Erbes an. Wer verhindern möchte, dass er Erbe wird, muss rasch tätig werden und darf für eine wirksame Ausschlagung auch keine Fehler machen. Beispielsweise darf er durch sein Verhalten die Erbschaft vorher nicht schon angenommen haben. Bereut er später seine Entscheidung, weil er sich geirrt hat, kann er die Erbschaftsausschlagung anfechten und so doch noch in den Genuss des Erbes gelangen. Auch für die Anfechtungserklärung muss Einiges beachtet werden. Wer Erbe ist, kommt an die Nachlassgegenstände erst dann heran, wenn er sich als Erbe legitimieren kann. Diese Erbenlegitimation wird zumeist durch einen Erbschein erbracht, den der Erbe beim Nachlassgericht beantragen muss. Liegen hingegen entweder ein notarielles Testament oder ein notarieller Erbvertrag vor, kann auf diesem Weg auch der Nachweis der Erbenstellung erbracht werden.

7 Rechte und Pflichten des endgültigen Erben

In diesem Kapitel geht es darum, was den Nachlass ausmacht: Aktiva und Passiva. Dem Erben stehen auch besondere Rechte gegenüber dritten Personen zu, die dargestellt werden. Aber auch vielfältige Pflichten kommen auf ihn zu. Andererseits kann er auch einfach das Erbe verkaufen.

7. Rechte und Pflichten des endgültigen Erben

Mittlerweile hat der Erbe verschiedene Hürden genommen:

- Seine Erbenstellung begründet sich entweder auf die gesetzliche Erbfolge oder auf die durch Testament oder Erbvertrag gestaltete Erbfolge (› 3. und 4. Kapitel).
- Keiner hat seine Erbenstellung erfolgreich angefochten und der Erbe hat die Erbschaft angenommen, also nicht wirksam ausgeschlagen. Vielleicht kann er sich durch ein notarielles Testament, einen Erbvertrag oder einen Erbschein als Erbe legitimieren (› 6. Kapitel).

Es sind also sämtliche Nachlassgegenstände und -verbindlichkeiten des Verstorbenen in der Sekunde dessen Todes auf den Erben übergegangen. Wenn der Verstorbene ihn neben anderen zum Miterben eingesetzt hat, ist er Mitglied der ERBENGEMEINSCHAFT, auf die die Rechte und Pflichten des Verstorbenen übergegangen sind (› Seite 184 ff.). Das Gleiche gilt, wenn das Gesetz Verwandte und gegebenenfalls den Ehegatten zu Erben berufen hat.

I. Zusammensetzung des Nachlasses

Zum Nachlass, oftmals auch als Erbschaft bezeichnet, gehören die

- AKTIVA: sämtliche dinglichen und persönlichen Vermögensrechte wie Immobilien, Bankguthaben, Aktien, Hausrat, Autos, Schmuck (§ 1922 BGB) und
- PASSIVA: sämtliche Verbindlichkeiten des Verstorbenen oder des Nachlasses wie Darlehen, Steuerschulden, Schadensersatzansprüche, Beerdigungskosten (§ 1967 BGB)

Der Erbe kann nicht wählen, dass er einzelne Aktiva oder einzelne Passiva nicht annimmt – entweder alles oder nichts.

1. Aktiva

Besonderheiten bestehen bei folgenden Vermögenswerten und Rechten:

- Bankrechtliche Ansprüche: Die Vermögenswerte des Verstorbenen aus GIRO-, SPAR- UND DEPOTKONTEN gehen auf den Erben über, außer wenn der Verstorbene die Vermögenswerte einem Dritten geschenkt hat und dieser erst zum Zeitpunkt des Todes diese Vermögenswerte beanspruchen kann (› Seite 132 ff.). Miterben können über Konten nur gemeinsam verfügen und die Bank kann auch nur an die Erbengemeinschaft leisten. Auch der Auskunftsanspruch des Verstorbenen geht auf den Erben über, so dass er sich etwa die Kontoauszüge aus den letzten Jahren vorlegen lassen kann. Ehegatten führen oftmals ein Gemeinschaftskonto mit Einzelverfügungsmacht, das ODER-KONTO. Der längerlebende Ehegatte kann dann alleine und sofort nach dem Erbfall das Guthaben vollständig abheben. Gesetzlich wird vermutet, dass das Guthaben zu gleichen Teilen den Kontoinhabern zusteht (§ 430 BGB). Bei einem Ehegattenkonto ist daher davon auszugehen, dass die Hälfte der Vermögenswerte in den Nachlass fällt. Wenn das Konto überzogen ist, fällt nach dieser Vermutung auch die Hälfte der Passiva in den Nachlass. Anders ist es, wenn dieses Oder-Konto vielleicht nur von einem Ehegatten gespeist oder eine Vereinbarung unter den Ehegatten getroffen wurde. Dann fällt nur der Teil in den Nachlass, der aus dem Vermögen des Verstorbenen stammt oder sich aus dieser Vereinbarung ergibt. Bei einem UND-KONTO sind die Kontoinhaber nur gemeinsam verfügungsbefugt. Nur der Anteil des Verstorbenen an der gemeinschaftlichen Einlage ist Teil des Nachlasses.

- Urheber- und Schutzrechte sind vererblich.
- Auch ein STEUERRÜCKZAHLUNGSANSPRUCH des Verstorbenen steht dem Erben zu.
- GMBH-ANTEILE und AKTIEN sind frei vererblich. Besonderheiten bestehen bei einer Einziehungsklausel im Gesellschaftervertrag, wonach im Falle des Todes eines Gesellschafters dessen Anteil von den übrigen Gesellschaftern eingezogen werden kann oder von den Erben auf einen Dritten zu übertragen ist. In diesem Fall kann in den Nachlass der Abfindungsanspruch fallen.
- Das einzelkaufmännische Unternehmen oder auch das Handelsgeschäft geht auf den Erben über (§ 22 Handelsgesetzbuch).
- Eine BGB-GESELLSCHAFT wird durch den Tod eines Gesellschafters aufgelöst; der Erbe profitiert durch das anteilige Auseinandersetzungsguthaben nach der Auflösung. Zumeist haben die Gesellschafter in ihrem Gesellschaftsvertrag andere Rechtsfolgen als im Gesetz vorgesehen beim Tod eines Gesellschafters vereinbart (§ 727 BGB):
  - Bei einer FORTSETZUNGSKLAUSEL wächst der Anteil des verstorbenen Gesellschafters den übrigen Gesellschaftern zu. An die Erben geht lediglich der Abfindungsanspruch, der beschränkt oder sogar ausgeschlossen sein kann.
  - Bei einer EINFACHEN NACHFOLGEKLAUSEL geht der Gesellschaftsanteil des Verstorbenen auf die Erben über und die Gesellschaft wird mit den Erben fortgeführt.

   - Durch eine QUALIFIZIERTE NACHFOLGEKLAUSEL können die Gesellschafter vereinbart haben, dass beispielsweise nur deren Kinder zur Gesellschaftsnachfolge berechtigt sind. Ein Ehegatte kann dann nicht Rechtsnachfolger dieser Beteiligung werden.
- Der Tod eines Gesellschafters einer Offenen Handelsgesellschaft (OHG) oder der Tod eines Komplementärs, also eines persönlich haftenden Gesellschafters, einer Kommanditgesellschaft (KG) führt zum Ausscheiden des verstorbenen Gesellschafters aus der Gesellschaft (§§ 131 Absatz 2, 161 Absatz 2 Handelsgesetzbuch). Der Abfindungsanspruch fällt in den Nachlass des Verstorbenen. Bei dem Abfindungsanspruch handelt es sich um einen Geldzahlungsanspruch in Höhe der anteiligen Beteiligung des Verstorbenen am tatsächlichen Wert der Gesellschaft. In dem Gesellschaftsvertrag können die Gesellschafter vereinbart haben, dass dieser Abfindungsanspruch eingeschränkt oder sogar ausgeschlossen ist. Wenn der Verstorbene „nur" Kommanditist einer KG war, geht diese Gesellschaftsbeteiligung auf den Erben über; die KG wird mit den Erben fortgesetzt (§ 177 Handelsgesetzbuch). Abweichende Regelungen in den Gesellschafterverträgen sind möglich und auch üblich. In bestimmten Fällen kann der Erbe eines OHG-Gesellschafters und eines Komplementärs verlangen, dass ihm die Stellung eines Kommanditisten eingeräumt wird (Wahlrecht nach § 139 Handelsgesetzbuch).
- Besonderheiten sind auch bei nachlasszugehörigen land- und forstwirtschaftlichen Betrieben im Sinne der Höfeordnung zu beachten. Die gesetzlichen Hoferben sind in § 5 HöfeO geregelt.
- Bei Waffen im Nachlass hat der Erbe die Vorschriften des Waffengesetzes zu beachten; er ist unter anderem verpflichtet, sich bei der zuständigen Behörde eine Waffenbesitzkarte ausstellen oder eine Eintragung in eine bereits ausgestellte Waffenbesitzkarte vornehmen zu lassen.
- Vererblich sind auch SCHMERZENSGELDANSPRÜCHE oder Schadensersatzansprüche, die dem Verstorbenen gegen Dritte zustehen. Bei einer Unfallversicherung fällt der in dem Unfall begründete Anspruch eines tödlich verunglückten Insassen in den Nachlass.
- Der Anspruch auf ZUGEWINNAUSGLEICH ist nach einer Scheidung vererblich (§ 1378 Absatz 3 BGB).
- Handelsvertreterprovisionen können vom Erben geltend gemacht werden.

DEFINITION: ZUGEWINNGEMEINSCHAFT
Haben Ehegatten keinen notariellen Ehevertrag abgeschlossen, leben sie in einer Zugewinngemeinschaft. Das bedeutet, dass trotz der Heirat jedem jeweils sein eigenes Vermögen gehört. Ein Vermögensausgleich findet erst bei Beendigung der Ehe statt, entweder durch Tod oder Scheidung.

2. Passiva

Der Erbe hat auch sämtliche Schulden und Verbindlichkeiten des Verstorbenen zu übernehmen und haftet für diese (§ 1967 BGB). Die Passiva werden in drei Gruppen aufgeteilt:

- Zu den ERBLASSERSCHULDEN zählen alle Verbindlichkeiten, die schon VOR DEM ERBFALL beim Verstorbenen entstanden waren und damit beim Erbfall nach Grund und Höhe bestanden. Zumindest aber muss der Entstehungstatbestand dem Verstorbenen zuzurechnen sein.

Beispiele zu Erblasserschulden:
Hierzu zählen etwa Kredite, Rechnungen von Ärzten oder Handwerkern und Forderungen vom Finanzamt.

- Die ERBFALLSCHULDEN entstehen erst MIT DEM ERBFALL. Hierzu zählen etwa Beerdigungskosten, Erbschaftsteuer, der durch den Tod ausgelöste Zugewinnausgleichsanspruch, Pflichtteilsansprüche und Vermächtnisse. Kosten der gerichtlichen Testamentseröffnung, der Inventarerrichtung oder des Testamentsvollstreckers stellen als ERBSCHAFTSVERWALTUNGSSCHULDEN eine Untergruppe dar.
- Eine NACHLASSERBENSCHULD entsteht dann, wenn der vorläufige oder endgültige Erbe innerhalb der Verwaltung des Nachlasses eine Verbindlichkeit eingeht, die vom Standpunkt eines sorgfältigen Verwalters der ordnungsgemäßen Verwaltung des Nachlasses dient. Für diese Verbindlichkeiten haftet neben dem Nachlass auch das Eigenvermögen des handelnden Erben.

BERATERTIPP ZUM AUFFINDEN UNBEKANNTER VERBINDLICHKEITEN:
Ein Erbe hat einstweilen keine Kenntnis über die Schulden eines Verstorbenen. Indem er sich einen Grundbuchauszug von nachlasszugehörigen Immobilien verschafft, bekommt er Kenntnis von Grundpfandrechten, also Hypotheken und Grundschulden. Die durch diese Rechte begünstigten Banken et cetera kann der Erbe sodann anschreiben und um Mitteilung bitten, ob und bejahendenfalls in welcher Höhe ein Darlehen noch valutiert.

EINZELFÄLLE:

- ÖFFENTLICH-RECHTLICHE ZWANGSGELDER gehen nicht auf den Erben über, auch wenn sie bereits dem Verstorbenen gegenüber festgesetzt sind.
- Ein Hilfsbedürftiger konnte auch dann SOZIALHILFE beziehen, wenn er über ein kleines Vermögen verfügte. In diesem Fall ist aber der Erbe des Sozialhilfeempfängers zum Ersatz der Kosten der Sozialhilfe verpflichtet – soweit hierfür der Nachlass reicht (§ 102 Sozialgesetzbuch XII). Der Erbe muss deswegen nicht ausschlagen. Auch wenn zu Unrecht bezogene Sozialhilfe zurückgefordert wird, steht der Erbe in der Pflicht (§ 50 Sozialgesetzbuch X).
- Wenn für den Verstorbenen vom Betreuungsgericht zu Lebzeiten ein BETREUER bestellt worden ist und der Betreute mittellos war, erhielt der Betreuer seine Vergütung und Auslagenersatz aus der Staatskasse (§§ 1836 ff., 1908i BGB). Im gewissen Rahmen kann die Staatskasse auf etwaig vorhandene Nachlassmittel zugreifen.

Definition: Betreuung
Ist eine Person nicht mehr in der Lage, ihre eigenen Dinge zu regeln, bestellt das Betreuungsgericht einen Betreuer für die Person. Der Betreuer kann dann für die betreute Person handeln und ist deren gesetzlicher Vertreter. Oftmals beruft das Gericht eine Person zum Betreuer, die aus dem privaten Umfeld der betroffenen Person stammt, ansonsten eine fremde Person (Berufsbetreuer). Hat jemand eine Person in einer Betreuungsverfügung benannt, so muss das Gericht diese Person ernennen.

3. Unvererbliches
Einige Rechte und Pflichten des Verstorbenen gehen nicht auf den Erben über. Die wichtigsten Ausnahmen:

- Persönliche Rechte sind unvererblich, wie beispielsweise die Mitgliedschaft in einer landwirtschaftlichen Produktionsgenossenschaft.
- Auch von MITGLIEDSCHAFTEN, Unterhaltsansprüchen und Nießbrauchsrechten profitiert der Erbe nicht; mit dem Tod des Berechtigten erlöschen diese. Auch der Anspruch auf eine Leibrente entfällt meist.
- ARBEITS- ODER DIENSTVERHÄLTNISSE des Verstorbenen gehen nicht auf die Erben über. Ein Abfindungsanspruch gegenüber dem Arbeitgeber fällt jedoch in den Nachlass.

Beispiel zur Vererblichkeit des Urlaubsanspruchs:
War ein Arbeitsnehmer vor seinem Tod arbeitsunfähig erkrankt und konnte daher Urlaubstage nicht nehmen, so können seine Erben nach dem Urteil vom 22. September 2015 des Bundesarbeitsgerichts finanzielle Urlaubsabgeltung verlangen (Az. 9 AZR 170/14). Der Anspruch richtet sich nach § 7 Absatz 4 Bundesurlaubsgesetz; als reiner Geldanspruch ist dieser vererbbar.

- Der Arzt des Verstorbenen kann sich auf seine ärztliche Schweigepflicht den Erben gegenüber berufen. Den Erben steht dann aber ein Einsichtsrecht in die Krankenunterlagen des Verstorbenen zu, wenn dies entsprechende wirtschaftliche Belange rechtfertigen. Hierzu das OLG München am 9. Oktober 2006 (Az. 1 U 2500/08): Die Witwe ihres an Krebs erkrankten Ehemannes forderte nach dessen Tod den Arzt auf, ihr Kopien sämtlicher Krankenunterlagen zu geben. Damit wollte sie prüfen, ob der Arzt sich wegen möglicher Behandlungsfehler schadensersatzpflichtig gemacht hat. Der Arzt weigerte sich und berief sich auf die ihm obliegende ärztliche Schweigepflicht. Das OLG München gab der Witwe Recht. Zwar gelte die ärztliche Schweigepflicht auch über den Tod hinaus. Da die Witwe aber die Auskunft zur Klärung eines vermögensrechtlichen Arzthaftungsanspruchs beanspruche, entspreche die Einsichtnahme in die Krankenunterlagen durch sie dem mutmaßlichen Willen des Verstorbenen.

II. Weitere Rechte des Erben

Durch den Erbfall stehen dem Erben neben den bereits dargestellten Vermögensgegenständen auch weitere Rechte zu:

1. Auskunftsansprüche
Der Verstorbene konnte von seiner Bank Auskünfte hinsichtlich seiner Konten und Depots verlangen. Falls der Verstorbene jemand anderen zu etwas beauftragt hatte, konnte er von diesem Informationen über seinen Auftrag beanspruchen. Der Erbe kann solche AUSKUNFTSRECHTE wie der Verstorbene selbst geltend machen; diese haben sich MIT VERERBT. Gerade kurz nach einem Erbfall ist dieses Recht für den Erben besonders bedeutsam, da er sich oftmals nur so einen Überblick über den Bestand und letztlich auch Werthaltigkeit des Nachlasses verschaffen kann.

Beispiel zu Facebook bei einer verstorbenen Nutzerin:
Der Bundesgerichtshof hat am 27. August 2020 entschieden, dass Facebook den Eltern eines verstorbenen Mädchens einen Zugang wie den eines lebenden Nutzers zu dem Konto gewähren muss (Az. III ZB 30/20). Facebook hatte versucht, es bei einem USB-Stick mit einem 14.000-Seiten-starken PDF zu belassen.

Formulierungsvorschlag für ein Auskunftsbegehren gegenüber einer Bank:
An die Bank ...

Nachlass ...

Sehr geehrte Damen und Herren,

mein am 12. Oktober 2021 verstorbener Vater ... war bei Ihnen Kunde und hatte bei Ihnen Konten und Depots. Meine Stellung als Miterbe ergibt sich aus dem in Kopie beigefügten Erbschein. Ich mache hiermit Auskunftsansprüche geltend. Ich bitte zum einen um eine Kopie der Mitteilung an die Erbschaftsteuerstelle nach § 33 Erbschaftsteuergesetz und zum anderen um vollständige Kontoauszüge zunächst aus den letzten 5 Jahren. Dadurch entstehende Kosten übernehme ich. Sollte mein Vater bei Ihnen Verbindlichkeiten wie Kredite gehabt haben, bitte ich ebenfalls um eine Aufstellung per Todestag und per heute.

Mit freundlichen Grüßen

Der Miterbe

Beratertipp zur Ermittlung von Bankvermögen:
Kreditinstitute sind verpflichtet, dem Erbschaftsteuerfinanzamt eine vollständige Übersicht der Kontenguthaben und des Depots anzuzeigen (§ 33 Erbschaftsteuergesetz). Ein Erbe kann davon eine Kopie verlangen. Das sichert einen vollständigen Überblick über die bei einem Kreditinstitut bestehenden Aktivapositionen. Darlehensstände müssen separat angefordert werden. Weiß oder vermutet der (Mit-) Erbe, dass der Verstorbene anderen Personen Bankvollmacht erteilt hat, kann es wichtig sein, dass der Miterbe diese dem Kreditinstitut gegenüber widerruft. Dann sollte das Schreiben unbedingt per Einschreiben/ Rückschein versendet werden.

Gegenüber dem Erben ist auch derjenige auskunftspflichtig, der zur Zeit des Erbfalls mit dem Verstorbenen in „HÄUSLICHER GEMEINSCHAFT“ gelebt hat (§ 2028 BGB). Der Begriff „häusliche Gemeinschaft“ ist weit auszulegen: Danach können Familienangehörige, Hausangestellte, Pflegepersonen und auch Untermieter auskunftspflichtig sein, wenn eine räumliche und persönliche Beziehung zum Verstorbenen zu vermuten ist. Diese Personen müssen den Erben darüber informieren, welche erbschaftlichen Geschäfte, wie etwa die Beerdigungsorganisation, sie vorgenommen haben und was ihnen über den Verbleib der Erbschaftsgegenstände bekannt ist. Der Erbe kann kein Verzeichnis sämtlicher Nachlassgegenstände oder eines gesamten Inventars verlangen. Vielmehr erstreckt sich diese Auskunftspflicht auf den Verbleib von Nachlassgegenständen. Wenn die Auskunft nicht vollständig und richtig ist, kann der Erbe die Abgabe einer Versicherung an Eides statt von dem Auskunftspflichtigen verlangen.

Auch BEHÖRDEN sind dem Erben gegenüber auskunftspflichtig, so beispielsweise das Grundbuchamt wegen dem Verstorbenen gehörender Grundstücke (§ 12 Grundbuchordnung), das Handelsregister (§ 9 Absatz 1 Handelsgesetzbuch) und auch das NACHLASSGERICHT (§ 13 FamFG). So kann der Erbe Einsicht in die vollständige Nachlassakte nehmen.

Auskunftsrechte stehen dem Erben auch gegenüber dem TESTAMENTSVOLLSTRECKER zu, insbesondere auf ein Nachlassverzeichnis (› Seite 176). Die Auskunftsansprüche UNTER MITERBEN sind sehr eingeschränkt. Nur in seltenen Einzelfällen kann ein Miterbe von einem anderen Miterben ein Nachlassverzeichnis oder Auskünfte über ein Bankkonto verlangen, da er sich diese Informationen als Rechtsnachfolger selber verschaffen kann. Soweit Zuwendungen bei der Erbauseinandersetzung ausgleichspflichtig sind, müssen sich die Miterben untereinander gegenseitig Auskünfte erteilen (§ 2057 BGB). Pflichtteilsberechtigte sind dem Erben gegenüber eingeschränkt ebenfalls auskunftspflichtig; ihnen selbst hat der Erbe ein vollständiges Nachlassverzeichnis vorzulegen (§ 2314 BGB; › Seite 221 ff.). Dem Erben hat der ERBSCHAFTSBESITZER ebenfalls Auskünfte zu erteilen (§ 2027 BGB; › Seite 112 ff.).

DEFINITION: ERBSCHAFTSBESITZER
Wer meint, ein Erbe zu sein, es aber tatsächlich nicht ist, ist Erbschaftsbesitzer (§ 2018 BGB). Er muss sich eines Erbrechtes fälschlicherweise anmaßen, also selber fest davon überzeugt sein, Erbe zu sein. In Wirklichkeit ist er aber nicht Erbe, etwa weil bei Aufsetzen des Testamentes der Testierende testierunfähig, was der Geschäftsunfähigkeit entspricht, war oder das Testament gefälscht wurde.

2. Widerruf von Vollmachten des Verstorbenen

Der Verstorbene kann einem oder mehreren Vertrauten Generalvollmacht erteilt haben. Der Bevollmächtigte konnte so Rechtsgeschäfte für den Verstorbenen tätigen. Spezielle Vollmachten werden oftmals über einzelne Bankkonten erteilt, wofür Banken eigene spezielle Formulare bereithalten. In der Vollmacht kann geregelt sein, dass die Vollmacht auch ÜBER DEN TOD HINAUS wirksam ist oder vielleicht erst nach dem Tod wirksam werden soll. Ohne eine explizite Regelung erlischt die Vollmacht nicht durch den Tod des Vollmachtgebers (§ 672 BGB). Nach dem Erbfall vertritt der Bevollmächtigte die Erben, jedoch beschränkt auf den Nachlass.

BERATERTIPP ZU BEVOLLMÄCHTIGTEN:
Damit der Nachlass nach dem Erbfall sofort handlungsfähig ist, sollte der Verstorbene seinen Erben auch zu seinem Bevollmächtigten bestimmt haben. Es vergehen nicht erst viele Wochen, bis ein Erbschein zur Legitimation der Erben erlassen wurde. In vielen Fällen kann dadurch der Erbschein gespart werden. Auch der eingesetzte Testamentsvollstrecker kann bereits zu Lebzeiten von dem Erblasser bevollmächtigt werden.

Genauso, wie der Vollmachtgeber die VOLLMACHT JEDERZEIT WIDERRUFEN konnte, ist nach dem Erbfall hierzu der Erbe berechtigt. Eine Ausnahme besteht dann, wenn sich aus dem der Vollmacht zugrunde liegenden Rechtsverhältnis etwas anderes ergibt (§ 168 Satz 2 BGB). Der Verstorbene kann auch mit seinem Bevollmächtigten den Ausschluss eines Widerrufsrechts vereinbart haben; das ist bei Generalvollmachten aber nicht zulässig, sondern nur bei Vollmachten für spezielle Geschäfte. Unmittelbar nach dem Erbfall sollte der Erbe sämtliche Vollmachten des Verstorbenen widerrufen, wenn er zu den darin bestimmten Bevollmächtigten kein Vertrauen hat. Andernfalls können die Bevollmächtigten dem Erben bei der Nachlassabwicklung behilflich sein.

Formulierungsvorschlag für den Widerruf einer Vollmacht
EINSCHREIBEN/RÜCKSCHEIN

An die Bevollmächtigte ...

Vollmachtswiderruf

Sehr geehrte Frau Bevollmächtigte ...,

meine verstorbene Mutter ... hatte Sie bevollmächtigt. Als Alleinerbe nach meiner Mutter widerrufe ich hiermit die Ihnen von meiner Mutter erteilte Vollmacht mit sofortiger Wirkung und fordere Sie auf, mir die Vollmachtsurkunde im Original innerhalb von 7 Tagen nach Erhalt dieses Briefes zuzusenden (§ 175 BGB).

Mit freundlichen Grüßen

Der Alleinerbe

3. Gegenüber Erbschaftsbesitzer
Jemand behauptet, selbst Erbe zu sein und hat deswegen entweder den gesamten Nachlass oder nur einzelne Nachlassgegenstände in seinen Besitz genommen. Erbe ist aber tatsächlich eine andere Person. Dem tatsächlichen Erben stehen gegenüber diesem „Erbschaftsbesitzer" spezielle Rechte zu (§§ 2018 ff. BGB). Ein Erbschaftsbesitzer ging entweder bei dem Erwerb des Vermögensgegenstandes davon aus, dass er Erbe ist, oder er hat rückwirkend seine Erbenstellung verloren – vielleicht nachdem er ausgeschlagen oder ein anderer erfolgreich das für ihn günstige Testament angefochten hat.

Der Erbschaftsbesitzer muss dem tatsächlichen Erben AUSKÜNFTE über den Bestand der Erbschaft und über den Verbleib der Erbschaftsgegenstände geben (§ 2027 BGB). Ferner kann der tatsächliche Erbe von dem Erbschaftsbesitzer die HERAUSGABE der Gegenstände verlangen, die der Erbschaftsbesitzer unrechtmäßig aus dem Nachlass besitzt (§ 2018 BGB). Der Erbschaftsbesitzer hat dem tatsächlichen Erben auch diejenigen Gegenstände herauszugeben, die er mit Mitteln aus der Erbschaft erworben hat (Surrogation, § 2019 BGB). Wenn beispielsweise der Erbschaftsbesitzer mit Geldern des nachlasszugehörigen Bankkontos ein Auto bezahlt hat, erhält der tatsächliche Erbe nunmehr dieses Auto. Weiterhin hat der Erbschaftsbesitzer dem Erben Zinsen, Miete und Früchte herauszugeben, die er durch die Nachlassgegenstände bezogen hat (§ 2020 BGB). Wenn die Herausgabe von Natur aus unmöglich ist, besteht dieser Anspruch auf Wertersatz. So muss der Erbschaftsbesitzer dem tatsächlichen Erben beispielsweise für die NUTZUNG des nachlasszugehörigen Autos später Geld bezahlen. Wenn der vermeintliche Erbe Geld aus dem Nachlass für sich verbraucht hat, hat er dies dem tatsächlichen Erben gegenüber zu ersetzen. Der Umfang der Rechte des tatsächlichen Erben hängt auch davon ab, ob der vermeintliche Erbe gutgläubig war oder wusste, dass er tatsächlich nicht der Erbe war. Andererseits kann der Erbschaftsbesitzer auch AUFWENDUNGSERSATZ von dem tatsächlichen Erben beanspruchen, wenn er beispielsweise Nachlassverbindlichkeiten beglichen hat (§ 2022 BGB).

4. Weitere Ansprüche des benachteiligten Testaments- oder Erbvertragserben

Ein Testierender kann sich zu Lebzeiten selbst in seiner Testierfreiheit in einer Weise beschränkt haben, dass dies Auswirkungen auf die von ihm gemachten Schenkungen hat:

- Die Ehegatten haben ein BERLINER TESTAMENT errichtet, nach dem sie sich im ersten Erbfall gegenseitig alleine beerben und im zweiten Erbfall die gemeinsamen Kinder zu Erben zu gleichen Teilen eingesetzt haben. Nach dem ersten Erbfall darf der längerlebende Ehegatte die Erbquoten seiner Kinder wegen der Bindungswirkung der Erbeinsetzung der Kinder als wechselbezügliche Verfügung nicht mehr verändern (› Seite 41 f.).
- Ein Testierender hat einen ERBVERTRAG mit einem Dritten geschlossen und diesen Dritten darin zu seinem Alleinerben eingesetzt. Ab Vertragsschluss ist er nicht mehr berechtigt, eine andere Person (auch) zum Erben oder Vermächtnisnehmer einzusetzen (› Seite 41).

DEFINITION: ERBVERTRAG
Einen Erbvertrag können zwei und mehr Personen vor einem Notar abschließen. Testamentarische Anordnungen können für einen Erbvertragspartner bindend werden; sie werden als (erb-) vertragsmäßige Verfügungen bezeichnet. Dagegen sind einseitige Verfügungen, die auch in einem Erbvertrag enthalten sein können, jederzeit widerrufbar. Der andere Erbvertragspartner kann, muss aber nicht, in dem Erbvertrag auch für seinen Erbfall letztwillige Verfügungen anordnen.

Die Bindungswirkung, die beim Ehegattentestament mit dem ersten Erbfall und beim Erbvertrag mit Vertragsschluss eintritt, führt dazu, dass nachfolgende Schenkungen des Testierenden zwar wirksam sind (§ 2286 BGB). Allerdings kann der durch das Ehegattentestament oder den Erbvertrag eingesetzte Erbe von dem Beschenkten nach dem Erbfall die HERAUSGABE DIESES GESCHENKES verlangen, ferner gegebenenfalls Wert- oder Nutzungsersatz (§ 2287 BGB; bei dem Ehegattentestament entfalten nur wechselbezügliche Verfügungen diese Rechtsfolge, › Seite 42). Entsprechend ist auch der in einem Erbvertrag eingesetzte VERMÄCHTNISNEHMER geschützt (§ 2288 BGB). Weitere Voraussetzung für diese Ansprüche ist, dass der Testierende mit seiner Schenkung den durch das Ehegattentestament oder den Erbvertrag Begünstigten beeinträchtigen wollte. Diese Beeinträchtigungsabsicht liegt sicherlich bei üblichen Geburtstagsgeschenken oder bei Unterstützung bedürftiger naher Angehörige nicht vor. Gleiches gilt, wenn der Testierende mit der Schenkung ein lebzeitiges Interesse verfolgt hat. Vielleicht wollte der Verstorbene den Beschenkten für dessen aufopferungsvolle Pflege ihm gegenüber belohnen.

Kein Anspruch der Erbengemeinschaft:
Der Herausgabeanspruch nach § 2287 BGB wegen eines Geschenkes steht nicht dem Nachlass zu, also nicht einer Erbengemeinschaft. Vielmehr kann jeder beeinträchtigte Miterbe seinen Anteil entsprechend seiner Erbquote von dem Beschenkten fordern, hat der Bundesgerichtshof in seinem Urteil vom 10. März 2021 betont (Az. IV ZR 8/20). Ein anderer Miterbe muss dazu nicht zustimmen.

Der Anspruch aus § 2287 BGB ist zudem AUSGESCHLOSSEN, wenn

- sich der Testierende im Erbvertrag oder in dem Ehegattentestament vorbehalten hat, Schenkungen zu machen oder die Erbeinsetzung später ändern zu können,
- dieser Anspruch im Erbvertrag ausgeschlossen ist oder
- der potenzielle Erbe der Schenkung zugestimmt hat.

III. Pflichten des Erben

1. Die Wohnung des Verstorbenen

Der Mietvertrag des Verstorbenen endet mit seinem Tod nicht automatisch; vielmehr wird das Mietverhältnis MIT DEM ERBEN FORTGESETZT (§ 564 BGB). Sowohl dem Erben als auch dem Vermieter steht dann ein außerordentliches Kündigungsrecht zu (Frist beträgt 3 Monate abzüglich 3 Werktage nach §§ 573d Absatz 2 Satz 1, 575a Absatz 3 Satz 1 BGB). Dieses ist innerhalb eines Monats auszuüben, nachdem sie von dem Tod des Mieters erfahren haben. Für folgende Konstellationen hat das Gesetz Sonderregelungen getroffen:

- NUR DER VERSTORBENE WAR MIETER: Wenn Ehegatten oder Lebensgefährten ihren „gemeinsamen Hausstand" in der Wohnung hatten, dann tritt der Längerlebende automatisch in diesen Mietvertrag ein, auch wenn er nicht Erbe ist (§ 563 Absatz 1 Satz 1 BGB). Wenn der Längerlebende nicht eintritt, treten die in dieser Wohnung lebenden Kinder in den Mietvertrag ein (§ 563 Absatz 2 BGB, Sonderkündigungsrecht). Andernfalls treten andere Familienangehörige

oder andere Personen, die mit dem Verstorbenen in der Wohnung lebten, in den Mietvertrag ein, wobei auch diesen ein Sonderkündigungsrecht zusteht. Falls jemand sein Sonderkündigungsrecht ausübt und kein anderer in den Vertrag eintritt, wird der Mietvertrag mit dem Erben fortgesetzt (siehe oben). Der Vermieter darf den in den Mietvertrag eintretenden Personen nur dann kündigen, wenn ein wichtiger Grund vorliegt (§ 563 Absatz 3 BGB).
- Wenn neben dem Verstorbenen mindestens eine weitere Person den Mietvertrag mit abgeschlossen hat, setzen die Längerlebenden das Mietverhältnis fort (§ 563a Absatz 1 BGB). Ihnen steht ein Sonderkündigungsrecht zu (§ 563a Absatz 2 BGB).

Wer in das Mietverhältnis eingetreten ist oder das Mietverhältnis fortgesetzt hat haftet neben dem Erben für die bis zum Tod des Mieters entstandenen Verbindlichkeiten aus dem Mietverhältnis (§ 563b BGB). In vielen Fällen kündigt der Erbe mit der gesetzlichen Frist (§ 564 BGB). Ihn treffen die gleichen Pflichten aus dem Mietvertrag wie den Verstorbenen. Neben der Übergabe kann der Erbe verpflichtet sein, die Wohnung noch zu renovieren.

BERATERTIPP ZUM TOD EINES VERMIETERS:
Der Tod des Vermieters wirkt sich faktisch für den Mieter nicht aus. Der Erbe steigt auf Seiten des Vermieters in das Mietverhältnis ein.

2. Die Angestellten des Verstorbenen

Wenn ein Arbeitgeber gestorben ist, sind die Erben nicht zur fristlosen Kündigung seines Personals berechtigt. Vielmehr steigt der Erbe auf Seiten des Arbeitgebers in das Arbeitsverhältnis ein. Nur in solchen Fällen können die Erben fristlos kündigen, wenn die Arbeitsleistung nach ihrem Inhalt notwendig das Leben des Arbeitgebers voraussetzt. Das ist regelmäßig bei den Pflegekräften des Verstorbenen der Fall. Ob die Erben der Reinigungskraft des Verstorbenen fristlos kündigen können, ist nicht so eindeutig zu beurteilen. So kann die Reinigungskraft ihre Tätigkeit schließlich im Haushalt der Erben weiterführen.

BERATERTIPP ZUM TOD EINES ARBEITNEHMERS:
Der Tod eines Arbeitnehmers beendet dessen Arbeitsverhältnis, da dieses höchstpersönlich ist.

3. Berichtigungen des Grundbuches und der Handelsregister

Aus den bei dem Amtsgericht geführten Grundbüchern geht hervor, welches Grundstück oder welche Immobilie dem Verstorbenen gehörte. Durch den Erbfall ist das Grundbuch unrichtig geworden, da nunmehr der oder die Erben die Eigentümer der Immobilien und Grundstücke sind. Dem Erben ist auch die Berichtigung des Grundbuchs innerhalb von zwei Jahren nach dem Erbfall zu empfehlen, da solange keine Gebühren ausgelöst werden (§ 83 Grundbuchordnung). Es fällt unabhängig von Fristen keine Grunderwerbssteuer an (§ 3 Nr. 2 Grunderwerbssteuergesetz). Von dieser Grundbuchberichtigung kann dann abgesehen werden, wenn der Grundbesitz demnächst veräußert oder die Auseinandersetzung des Nachlasses bei einer Erbengemeinschaft vorgenommen werden soll. Zu seiner eigenen Sicherheit wird ein potenzieller Käufer jedoch auf die vorherige Umschreibung der Grundbücher auf die Namen der oder des Erben bedacht sein.

Formulierungsvorschlag für die Grundbuchberichtigung:
An das

Amtsgericht/ Grundbuchabteilung

(genaue Bezeichnung des Grundbesitzes)

Sehr geehrte Damen und Herren,

meinem am 10. Februar 2018 verstorbenen Vater gehörte der vorgenannte Grundbesitz. Er ist von seinen Kindern, also auch mir, beerbt worden. Die Erbfolge können Sie aus dem in Ausfertigung beigefügten Erbschein entnehmen. Ich bitte um Berichtigung des Grundbuches. Sodann bitte ich um Rücksendung des Erbscheines und um eine unbeglaubigte, vollständige Abschrift des Grundbuchs hinsichtlich des Grundbesitzes.

Vielen Dank.

Der Miterbe

Der Erbe hat auch das Handelsregister, was ebenfalls beim Amtsgericht geführt wird, zu berichtigen, wenn der Verstorbene beispielsweise Alleininhaber eines eingetragenen Handelsgeschäfts, Gesellschafter einer OHG oder Kommanditist oder Komplementär einer Kommanditgesellschaft (KG) war (§ 12 Handelsgesetzbuch). Entsprechendes gilt für die Gesellschafterliste einer GmbH.

4. Abgabe der Steuererklärung

Der Erbe hat für den Verstorbenen die EINKOMMENSTEUERERKLÄRUNGEN abzugeben. Die Einnahmen, die etwa aus einer nachlasszugehörigen Mietwohnung stammen, hat dann aber der Erbe in seiner eigenen Einkommensteuererklärung zu deklarieren.

Beispiel zur Einkommensteuer:
Der Verstorbene ist am 20. November 2020 verstorben und hat seine letzte Einkommensteuererklärung für das Jahr 2018 abgegeben. Dem Erben obliegt die Erklärung der Einkünfte des Verstorbenen für das Jahr 2019 und für den Zeitraum vom 1. Januar 2020 bis zum 20. November 2020.

Die Einkünfte ab dem 21. November 2020 muss der Erbe in seiner eigenen Einkommensteuererklärung aufführen; eine Erbengemeinschaft hat einen Feststellungsbescheid zu erwirken.

Der überlebende Ehegatte kann grundsätzlich für das Jahr des Todes des anderen Ehegatten noch die Zusammenveranlagung (oder getrennte Veranlagung) wählen (§ 26 Einkommensteuergesetz). Wenn der Verstorbene von mehreren Personen beerbt wird, hat die Erbengemeinschaft die Einkünfte des Nachlasses bis zu ihrer Auflösung zu erklären. Sie hat jährlich eine „Erklärung zur gesonderten und einheitlichen Feststellung von Besteuerungsgrundlagen für die Einkommensbesteuerung" bei dem für die Erbengemeinschaft örtlich zuständigen Finanzamt abzugeben. Sodann haben die Erben die auf sie entfallenden Einkünfte des Nachlasses in ihren eigenen Steuererklärungen anzugeben (§§ 39, 180 Abgabenordnung). Immer wieder kommt es vor, dass in einem Nachlass SCHWARZGELD auf AUSLÄNDISCHEN KONTEN auftaucht – prädestiniert können Bankverbindungen in der Schweiz, in Luxemburg und in Liechtenstein sein. Der Erbe ist zwar nicht verpflichtet, danach zu suchen, wenn er auf der einen Seite aber umfangreiches Kapitalvermögen erbt und auf der anderen Seite die alten Steuerbescheide des Verstorbenen keine oder nur geringe Zinsen enthalten, muss sich für ihn der Verdacht einer Steuerhinterziehung aufdrängen.

Sobald also der Erbe bemerkt, dass der Verstorbene in seinen letzten Steuererklärungen Zinsen, Dividenden und weitere Kapitalerträge nicht angegeben hat, muss er dies dem Finanzamt anzeigen. Zudem muss er die alten Steuererklärungen um die bislang verschwiegenen Erträge berichtigen, damit das Finanzamt die nachzuzahlenden Steuern nebst Zinsen berechnen kann (§ 153 Abgabenordnung). Viel Zeit sollte er sich dabei nicht lassen, denn es droht ihm andernfalls die EIGENE STRAFBARKEIT wegen Steuerhinterziehung. So sollte er – wie es juristisch heißt – unverzüglich, also ohne schuldhaftes Zögern, dem Finanzamt gegenüber tätig werden. Dazu wird er die in Betracht kommenden Kreditinstitute anschreiben und um Auskünfte bitten. Der Erbe hat die bislang unversteuerten Erträge von einem Zeitraum von bis zu 10 Jahren vor dem Erbfall anzuzeigen und nachzuversteuern (vgl. § 170 Abgabenordnung). Die gleiche Pflicht trifft übrigens auch den Testamentsvollstrecker.

Beratertipp zur Anzeige von Schwarzgeld:
Auch wenn dem Erben eine hohe Steuernachzahlung wegen Schwarzgeld aus dem Nachlass droht: Es ist dringend davon abzuraten, vor der Anzeige zu scheuen und das Schwarzgeld – dann als eigenes Schwarzgeld – fortzuführen. Das ist eine strafbare Handlung des Erben!

Bei Anhaltspunkten für Schwarzgeld im Nachlass ist jedem Erben dringend zu raten, sofort einen Steuerberater oder einen Rechtsanwalt um Rat zu fragen. Ein Trost: Die Steuernachzahlung mindert zumeist als Nachlassverbindlichkeit die Erbschaftsteuerschuld (§ 10 Absatz 5 Nr. 1 Erbschaftsteuergesetz).

Dem Erben obliegt, die STEUERERKLÄRUNG FÜR DIE ERBSCHAFTSTEUER abzugeben (§ 31 Erbschaftsteuergesetz; › Seite 260 ff.). Die Erbschaft muss der Erbe innerhalb von drei Monaten, nachdem er Kenntnis von seiner Erbschaft erlangt hat, dem zuständigen Finanzamt anzeigen (§ 30 Absatz 1 Erbschaftsteuergesetz). Die gleichen Pflichten treffen auch die ebenfalls durch den Erbfall begünstigten etwaigen Vermächtnisnehmer und Pflichtteilsberechtigten. Nur wenn zweifelsfrei feststeht, dass im konkreten Fall keine Steuer aufgrund geringfügiger Nachlasswerte entstehen kann, entfällt in der Regel die Anzeigepflicht.

Ebenfalls besteht keine Anzeigepflicht, wenn der Erwerb auf einem von einem deutschen Gericht, einem deutschen Notar oder einem deutschen Konsul eröffneten Testament oder Erbvertrag beruht und sich daraus das Verhältnis des Erwerbers zum Verstorbenen unzweifelhaft ergibt (§ 30 Absatz 3 Erbschaftsteuergesetz). Von dem Erbfall erhält das Finanzamt auch durch entsprechende Verpflichtungen von etwa Kreditinstituten, Standesämtern, Nachlassgerichten und Notaren Kenntnis. Die Steuererklärung ist dann auf Anforderung des Finanzamtes abzugeben.

IV. Prozesse, Zwangsvollstreckung und Strafverfahren

Der Verstorbene kann eine andere Person vor Gericht verklagt haben oder selbst verklagt worden sein. Solche Prozesse enden durch den Tod des Klägers oder des Beklagten nicht. Lediglich das gerichtliche Scheidungsverfahren erledigt sich durch den Tod eines Ehegatten (§ 619 ZPO). Der PROZESS wird durch den Tod einer Partei zunächst erst einmal UNTERBROCHEN, außer – und dies ist wiederum die Regel – der Verstorbene ließ sich durch einen Rechtsanwalt vertreten (§ 246 ZPO). Der Rechtsanwalt kann dann wiederum die Aussetzung des Verfahrens beim Gericht beantragen. Der Erbe kann jederzeit den Prozess weiterführen. In jedem Fall ist er an den Verfahrensstand des Prozesses gebunden, da er nunmehr die Position des Verstorbenen einnimmt. Wenn der Erbe untätig bleibt, setzt das Gericht früher oder später einen Termin an. Es kann dann ein VERSÄUMNISURTEIL gegen den Erben ergehen.

Wenn der Verstorbene bereits zu seinen Lebzeiten einen RECHTSKRÄFTIGEN TITEL erstritten hat, kann der Erbe hieraus gegen den verurteilten Schuldner vorgehen. Dazu muss lediglich die Vollstreckungsklausel auf den Erben umgeschrieben werden (§ 727 ZPO), wobei sich der Erbe natürlich als Erbe legitimieren muss (so etwa durch einen Erbschein; › Seite 89 ff.).

Wenn jedoch der VERSTORBENE SELBST SCHULDNER war und sein Gläubiger gegen ihn einen Titel erwirken konnte, kann der Gläubiger nach dem Erbfall seines Schuldners gegen dessen Erben vorgehen. Der Erbe hat die Forderung zu erfüllen. Wenn der Nachlass überschuldet ist, kann der Erbe auf verschiedene Art und Weise sein Eigenvermögen schützen (› Seite 120 ff.). Wenn der Nachlassgläubiger bereits zu Lebzeiten des Verstorbenen gegen diesen die Zwangsvollstreckung betrieben hat, wird diese in den Nachlass fortgesetzt (§ 779 ZPO). Zunächst kann der Gläubiger nur gegen den Nachlass vollstrecken (§ 778 ZPO).

Für die zivilrechtlichen Pflichten des Verstorbenen muss der Erbe also geradestehen. Etwas anderes gilt aber, wenn der VERSTORBENE sich STRAFBAR GEMACHT hat. Wegen einer Tat des Verstorbenen kann ein Erbe nicht verurteilt werden. Die Ermittlungen des Staatsanwaltes werden mit dem Erbfall eingestellt. Das Strafgericht stellt das Verfahren auch ein, wenn es das Hauptverfahren bereits vor dem Tod eröffnet hat.

V. Verkauf der Erbschaft

Allein- und Miterbe können jeweils ihren Anteil am Nachlass oder einen Teil davon an eine andere Person verkaufen (§§ 2371 bis 2385 BGB). Dieser Erbschaftskauf muss von einem Notar beurkundet werden. Im Grundsatz handelt es sich um einen „normalen“ KAUFVERTRAG, bei dem jedoch Sondervorschriften zu beachten sind. So haftet der Verkäufer, also der vormalige Erbe, dem Käufer gegenüber nur sehr eingeschränkt (§ 2376 BGB). Er macht sich HAFTBAR, wenn ihm der Erbanspruch nicht zustand oder er Beschränkungen wie eine Testamentsvollstreckung oder Vermächtnisse verschweigt. Mit dem Kauf übernimmt der Käufer auch die NACHLASSVERBINDLICHKEITEN (§ 2378 BGB). Nachlassgläubiger können sich wahlweise entweder an den Verkäufer oder den Käufer halten; beide haften gesamtschuldnerisch (Außenverhältnis). Untereinander kann der Verkäufer regelmäßig den Käufer in Regress nehmen, wenn er eine Nachlassschuld erfüllen musste.

Miterben steht übrigens ein GESETZLICHES VORKAUFSRECHT zu (§ 2034 BGB). Damit soll vermieden werden, dass durch den Verkauf eines Miterbenanteils den übrigen Miterben ein fremder Teilhaber aufgedrängt wird. Die übrigen Miterben können ihr Vorkaufsrecht innerhalb von zwei Monaten ausüben, wenn sie von dem Verkauf erfahren haben. Das Vorkaufsrecht ist dem veräußernden Miterben gegenüber auszuüben (§ 464 BGB). Ist der Erbteil schon an den Käufer übergegangen, ist dieses Recht gegenüber dem Käufer auszuüben (§ 2035 BGB).

VI. Haftungsbeschränkung der Erben

DEFINITION: AUSSCHLAGUNG
Ist jemand durch Gesetz, Testament oder Erbvertrag als Erbe vorgesehen und möchte nicht erben, kann er sich innerhalb einer kurzen Frist durch die Ausschlagungserklärung von dem Erbe lossagen. Die Ausschlagungserklärung ist gegenüber dem Nachlassgericht abzugeben. Oftmals werden überschuldete Nachlässe ausgeschlagen.

Mit dem Erbfall gehen sämtliche Schulden des Verstorbenen auf den Erben über (§ 1967 BGB). Grundsätzlich haftet er für die geerbten Schulden auch mit seinem Eigenvermögen, also mit den Mitteln, die er bereits vor der Erbschaft besaß. Naturgemäß möchte der Erbe nicht mit seinem Eigenvermögen für die Schulden des Verstorbenen haften. Wenn der Erbe dieses Risiko ausschließen möchte, ist der einfachste und sicherste Weg die AUSSCHLAGUNG (› Seite 82 ff.). Nach der Ausschlagungserklärung hat er aber nicht mehr die Möglichkeit, an den Nachlassgegenständen zu partizipieren. In vielen Fällen ist auch unmittelbar nach dem Erbfall nicht bekannt, ob der Nachlass tatsächlich überschuldet ist oder nicht. Der Erbe muss dann nicht zu dem endgültigen Mittel der Ausschlagung greifen, um sein Eigenvermögen zu schützen. Das Gesetz stellt ihm verschiedene Möglichkeiten zur Verfügung, so dass er zumindest sein Eigenvermögen schützen kann.

Im Folgenden ist oftmals von EINREDEN die Rede, die der Erbe erheben muss, damit die Gläubiger des Nachlasses oder des Verstorbenen nicht an das Eigenvermögen der Erben gelangen. Kann eine Einrede erfolgreich erhoben werden, liegen also deren Voraussetzungen vor, dann kann jemand, dem ein Anspruch zusteht, diesen nicht durchsetzen. Gegen die Geltendmachung eines Anspruches hält der Inanspruchgenommene die Einrede dagegen. Es ist erforderlich, dass die Einrede erhoben wird; das Gericht berücksichtigt diese ansonsten nicht.

1. Schonung des Erben unmittelbar nach dem Erbfall

Unmittelbar nach dem Erbfall kann sich der Erbe einen Überblick über die Erbschaft und die damit zusammenhängenden Schulden verschaffen, ohne dass er dem Risiko einer Klage ausgesetzt ist. Bevor er die Erbschaft nicht angenommen hat, also als vorläufiger Erbe (› Seite 76 f.), kann er nicht verklagt werden (§ 1958 BGB). Nach der Annahme der Erbschaft kann der Erbe sich noch drei Monate lang weigern, die Schulden des Verstorbenen zu bezahlen (Dreimonatseinrede, § 2014 BGB). Wenn der Erbe innerhalb dieser drei Monate ein Inventar errichtet, endet die Frist früher.

Der Nachlass kann zu unübersichtlich sein, so dass die drei Monate dem Erben für seinen notwendigen Überblick nicht ausreichen. In diesem Fall kann er bei dem Nachlassgericht das gerichtliche Aufgebotsverfahren beantragen. Dann kann er bis zur Beendigung dieses gerichtlichen Verfahrens die Berichtigung der Nachlassverbindlichkeiten weiterhin verweigern (Aufgebotseinrede, § 2015 BGB). Seine Schonfrist kann er sich so verlängern. In der Praxis wird das Aufgebotsverfahren nur in sehr seltenen Fällen betrieben.

Formulierungsvorschlag für einen Antrag auf Aufgebotsverfahren:
An das Amtsgericht (...), Nachlassabteilung

Nachlass ...

Az. ...

Antrag auf Aufgebot der Nachlassgläubiger zwecks Ausschließung (§ 1970 BGB)

Ich bin Miterbe zu ½ des am 12. Mai 2018 in Stuttgart Verstorbenen (entsprechender Erbschein liegt dem Amtsgericht vor) und beantrage den Erlass des Aufgebots nach § 1970 BGB mit anschließendem Erlass des Ausschließungsbeschlusses. Ich hafte noch nicht unbeschränkt. Ein Verzeichnis über die mir bekannten Nachlassgläubiger mit jeweiligen Adressen ist beigefügt. Kopien von Rechnungen et cetera und entsprechende Belege liegen – soweit vorhanden – der Anlage an (§ 456 FamFG). Ein Nachlassinsolvenzverfahren ist nicht beantragt (§ 457 Absatz 1 FamFG). Den Wert des Aktivnachlasses schätze ich auf 5.300 EUR.

Der Miterbe

2. Endgültige Haftungsbeschränkung gegenüber sämtlichen Nachlassgläubigern

Der Erbe kann seine Haftung gegenüber sämtlichen Nachlassgläubigern endgültig beschränken, so dass die durch den Erbfall eingetretene Verschmelzung des Nachlasses mit seinem Eigenvermögen wieder aufgehoben wird. Durch die Nachlassverwaltung sowie das Nachlassinsolvenzverfahren wird das Nachlassvermögen von dem Eigenvermögen des Erben wieder abgesondert. Der Erbe kann den Antrag auf Nachlassverwaltung und Nachlassinsolvenz unabhängig von einer Frist stellen.

Die NACHLASSVERWALTUNG bietet sich an, wenn zwar VERMUTLICH DER NACHLASS NICHT ÜBERSCHULDET, dies aber nicht ganz sicher ist (§ 1981 BGB). Das Nachlassgericht ordnet die Nachlassverwaltung an, nachdem entweder der Erbe oder ein Nachlassgläubiger, wenn die Durchsetzbarkeit seiner Forderung gefährdet ist, dies beantragt hat. Das Nachlassgericht bestimmt eine Person zum Nachlassverwalter, oftmals einen Rechtsanwalt. Dieser nimmt den Nachlass in Besitz, verwaltet diesen und tilgt die Nachlassverbindlichkeiten. Dazu darf er auch Nachlassgegenstände verkaufen („versilbern“). Kehrseite der Nachlassverwaltung ist, dass der Erbe nicht mehr selbst über den Nachlass verfügen und diesen verwalten kann. Erst nachdem sämtliche Nachlassverbindlichkeiten beglichen sind, erhält der Erbe das restliche Nachlassvermögen zu seiner freien Verfügung zurück. Sofern sich dann noch neue Nachlassgläubiger melden, kann der Erbe durch die Dürftigkeitseinrede die Beschränkung auf den Nachlass geltend machen – sofern der Restnachlass für diese Forderungen nicht ausreicht (§ 1990 BGB in Verbindung mit § 1975 BGB).

Das NACHLASSINSOLVENZVERFAHREN wird eröffnet, wenn der Nachlass überschuldet ist, Zahlungsunfähigkeit besteht oder diese zumindest droht (§ 320 Insolvenzordnung). Erben, Testamentsvollstrecker und Nachlassverwalter müssen die Nachlassinsolvenz beantragen, auch wenn sie nur vermuten, dass der Nachlass überschuldet oder zahlungsunfähig sein wird. Andernfalls können sie sich gegenüber den Nachlassgläubigern schadensersatzpflichtig machen (§ 1980 Absatz 1 BGB). Zuständig ist das INSOLVENZGERICHT in dem Bezirk, wo der Verstorbene seinen allgemeinen Gerichtsstand, zumeist der letzte Wohnsitz, hatte (§ 315 Insolvenzordnung). Daneben können diesen Antrag auch Nachlassgläubiger stellen.

Formulierungsvorschlag für einen Antrag auf Nachlassinsolvenz:
An das
Amtsgericht/Insolvenzabteilung

Antrag auf Eröffnung des Insolvenzverfahrens über den
Nachlass ..., gestorben am 18. Juni 2020

Sehr geehrte Damen und Herren,

ich habe meinen Vater alleine beerbt. Das geht aus der beigefügten Kopie des Erbscheines hervor. Ich beantrage, das Nachlassinsolvenzverfahren zu eröffnen.

Begründung:
Mein Vater ist am 18. Juni 2020 in Osnabrück verwitwet gestorben; ich bin das einzige Kind, so dass ich gesetzlicher Alleinerbe bin. Das Amtsgericht Osnabrück hat unter dem Aktenzeichen ... das Nachlassverfahren geführt und auf meinen Antrag den Erbschein erlassen.

Der Nachlass ist sowohl überschuldet als auch zahlungsunfähig. Das ergibt sich aus dem beigefügten Verzeichnis der Aktiva und der Passiva, dessen Richtigkeit und Vollständigkeit ich versichere.
Beweis: Verzeichnis mit kopierten Belegen

Ich habe erst vor einer Woche erfahren, dass mein Vater noch ein Darlehen bei der Bank XY hatte. Dies erfuhr ich erst mit Schreiben vom 3. März 2021 von der Bank.
Beweis: Schreiben der Bank

Dadurch ist der Nachlass überschuldet. Damit ich mein Privatvermögen schützen kann, bin ich darauf angewiesen, dass die Nachlassinsolvenz entweder eröffnet oder mein Antrag durch Beschluss mangels Masse abgewiesen wird. Ich erhebe auch die Dürftigkeitseinrede (§ 1990 Absatz 1 BGB).

Ich bitte um entsprechende Beschlussfassung und um Übersendung einer Ausfertigung.

Für weitere Erläuterungen, Erklärungen und Belege stehe ich zur Verfügung.

Mit freundlichen Grüßen

Der Alleinerbe

Der Insolvenzverwalter soll sicherstellen, dass sämtliche Nachlassgläubiger gleichmäßig und anteilig befriedigt werden. Dazu kann er Nachlassgegenstände verkaufen. Die Nachlassgläubiger erhalten am Ende eine Quote von ihrer Forderung. Wenn danach – wider Erwarten – vom Nachlass etwas übrig ist, erhält diesen Restnachlass der Erbe. Wenn sich jetzt noch ein weiterer Nachlassgläubiger meldet, kann der Erbe die Erfüllung von dessen Forderung aus seinem Eigenvermögen verweigern (§ 1975 BGB). Das Insolvenzgericht eröffnet dieses Verfahren nur dann, wenn durch den Nachlass zumindest die Verfahrenskosten gedeckt sind (insbesondere die Vergütung des Insolvenzverwalters). Sind nicht einmal für die Kosten genügend Mittel im Nachlass vorhanden, kann der Erbe dem Nachlassgläubiger die Erfüllung von dessen Forderung soweit verweigern wie der Nachlass nicht ausreicht (Dürftigkeitseinrede, § 1990 Absatz 1 Satz 1 BGB).

3. Endgültige Haftungsbeschränkung gegenüber einzelnen Nachlassgläubigern

Das Gesetz sieht für Erben folgende Möglichkeiten einer endgültigen Haftungsbeschränkung vor, die sich nur gegenüber einzelnen Nachlassgläubigern auswirken:

- Damit sich ein Erbe über sämtliche Nachlassverbindlichkeiten einen Überblick verschaffen kann, kann er beim Nachlassgericht das gerichtliche AUFGEBOTSVERFAHREN beantragen (§ 1970 BGB). Dieser Antrag ist nicht an eine Frist gebunden. Die Nachlassgläubiger werden dann durch das Gericht öffentlich aufgefordert, ihre Forderungen innerhalb von maximal sechs Monaten anzumelden. Diese Aufforderung wird unter anderem an der Gerichtstafel und im BUNDESANZEIGER bekannt gemacht. Nach Fristablauf erlässt das Gericht ein Ausschlussurteil. Gegenüber den Nachlassgläubigern, die sich bis dahin nicht beim Gericht gemeldet haben, kann der Erbe die Befriedigung ihrer Forderungen verweigern, soweit die angemeldeten Forderungen den Nachlass aufgebraucht haben (Ausschlusseinrede, § 1973 BGB). Sofern aber nach Befriedigung der angemeldeten Forderung noch ein Nachlassrest vorhanden ist, steht dieser den „säumigen" Gläubigern für ihre nicht angemeldeten und daher zunächst ausgeschlossenen Forderungen zur Verfügung.
- Wenn ein Nachlassgläubiger seine Forderung ERST FÜNF JAHRE NACH DEM ERBFALL geltend macht, kann der Erbe die Verschweigungseinrede erheben (§ 1974 Absatz 1 Satz 1 BGB). In den meisten Fällen wird die Forderung jedoch längst verjährt sein. Ein solcher Nachlassgläubiger wird rechtlich wie ein Gläubiger be-

handelt, der im gerichtlichen Aufgebotsverfahren versäumt hat, seine Forderung rechtzeitig anzumelden.
- Die Überschuldung eines Nachlasses kann dadurch ausgelöst werden, dass der Verstorbene ZU GROSSZÜGIG VERMÄCHTNISSE angeordnet hat. Dann kann der Erbe die Erfüllung verweigern, sofern der Nachlass nicht reicht (§ 1992 BGB).

DEFINITION: VERMÄCHTNIS
Bei dem Vermächtnis, das sowohl im Testament als auch im Erbvertrag enthalten sein kann, handelt es sich um einen schuldrechtlichen Anspruch hinsichtlich eines bestimmten Gegenstandes oder eines Geldbetrages. Der Vermächtnisnehmer muss diesen Anspruch gegenüber dem Erben geltend machen. Weitere Rechte oder Mitspracherechte an dem Nachlass hat er nicht, muss sich aber auch nicht an allgemeinen Nachlassverbindlichkeiten beteiligen.

Ist der Nachlass überschuldet, kann der (Mit-)Erbe auch gegenüber Nachlassgläubigern die EINREDE DER DÜRFTIGKEIT erheben (§ 1990 BGB). Er muss dann gegenüber dem jeweiligen Nachlassgläubiger beweisen, dass der Nachlass nicht werthaltig, sondern überschuldet ist. Diesen Beweis kann der Erbe dadurch erbringen, dass er einen Beschluss des Insolvenzgerichtes vorlegt, durch den die Nachlassinsolvenzeröffnung mangels Masse abgelehnt wird. Dann muss er zunächst einen Antrag auf Nachlassinsolvenz stellen (Formulierungsvorschlag › Seite 123).

4. Inventarerrichtung
Der Erbe kann sich auf die vorgenannten Möglichkeiten der Haftungsbeschränkung dann nicht mehr berufen, wenn er trotz gerichtlicher Aufforderung ein Inventar nicht innerhalb der ihm gesetzten Frist errichtet oder absichtlich falsche Angaben gemacht hat (§ 1994 Absatz 1 Satz 2 BGB, § 2005 Absatz 2 Satz 1 BGB). Das führt dazu, dass er sogar auch mit seinem Eigenvermögen für die geerbten Nachlassschulden haftet.

In dem Inventarverzeichnis sind SÄMTLICHE AKTIVA UND PASSIVA des Nachlasses aufzuführen und ZU BEWERTEN. Nachlassgläubiger, die bei dem Gericht die Verpflichtung des Erben zu diesem Inventar beantragen können, verschaffen sich so einen Überblick über Nachlassgegenstände, die für sie als Haftungs- und Vollstreckungsobjekte in Betracht kommen. Der Erbe erleichtert sich so den Nachweis der Erschöpfungseinrede und kann dadurch die Vermutung begründen, dass zur Zeit des Erbfalls keine anderen Nachlassgegenstände als die aufgelisteten vorhanden waren (§ 2009 BGB). Ist ein Nachlassgläubiger anderer Meinung, muss er die angeblich verschwiegenen Vermögenswerte beweisen. Auf Verlangen eines Nachlassgläubigers muss der Erbe an Eides statt versichern, dass das errichtete Inventar vollständig ist (§ 2006 BGB).

5. Prozesse wegen Nachlassverbindlichkeiten

Ein Nachlassgläubiger kann wegen einer Nachlassforderung den Erben vor Gericht verklagen, auch wenn dieser aufgrund einer oben dargestellten Situation berechtigt ist, nicht auf die geltend gemachte Forderung zu bezahlen. Der Erbe hat dann als Beklagter einiges zu beachten:

- Der Erbe muss nicht nur die Abweisung der Klage beantragen, sondern darüber hinaus, dass im Tenor des Urteils der „VORBEHALT DER BESCHRÄNKTEN ERBENHAFTUNG" aufgenommen wird (§ 780 ZPO). Der Richter hat diesen Vorbehalt nicht zu überprüfen, sondern nur in seinem URTEILSTENOR zu berücksichtigen. Ob tatsächlich die Voraussetzungen dieser Einreden bestehen, entscheidet sich dann erst im Zwangsvollstreckungsverfahren. Dann kann der Erbe auf seine Einreden hinweisen. Bevor ein Nachlassgläubiger leichtfertig den Erben verklagt, sollte er sich überlegen, ob der Erbe später die Erfüllung trotz eines Urteils verweigern kann.
- Der Erbe kann sich in diesem Prozess bereits auf seine erbrechtliche Haftungsbeschränkung berufen, um nicht verurteilt zu werden. Es steht aber im Ermessen des Gerichts, ob es schon darüber entscheidet oder nur den Erbenvorbehalt in dem Urteilstenor aufnimmt. Dann ist innerhalb des Vollstreckungsverfahrens festzustellen, ob die erbrechtliche Haftungsbeschränkung greift oder nicht.
- Wenn der Erbe versäumt hat, dass dieser Erbenvorbehalt in dem Urteilstenor aufgenommen wird, kann er sich später im Zwangsvollstreckungsverfahren nicht auf seine erbrechtliche Haftungsbeschränkung berufen. Der Nachlassgläubiger kann möglicherweise dann sogar auf das Eigenvermögen des Erben zugreifen.

BERATERTIPP ZUM ERBENVORBEHALT: Der Erbenvorbehalt ist aber in den Fällen entbehrlich, in denen bereits das Urteil zu Lebzeiten des Verstorbenen erging, also ein Titel vorlag.

Gegen ZWANGSVOLLSTRECKUNGSMASSNAHMEN in sein Eigenvermögen kann der Erbe die Vollstreckungsklage erheben, in der die Voraussetzungen der jeweils einschlägigen Einrede geprüft werden (§§ 781, 785, 767 ZPO). Wenn eine Nachlassverwaltung angeordnet oder ein Nachlassinsolvenzverfahren eröffnet ist, kann der Erbe beantragen, dass Zwangsvollstreckungsmaßnahmen der Nachlassgläubiger in sein Eigenvermögen aufgehoben werden (§ 784 Absatz 1 ZPO). Besonderheiten bestehen wegen der Prozesskosten.

Vielfältige Pflichten und Rechte für den Erben

Unmittelbar nach dem Erbfall kommt auf den Erben einiges zu: Er muss den Nachlass in Besitz nehmen, also recherchieren, was zum Nachlass gehört. Nachlassgläubiger muss er befriedigen. Stellt er dabei fest, dass die Schulden im Nachlass überwiegen, bietet das Gesetz dem Erben verschiedene Möglichkeiten, dass die Nachlassgläubiger nicht an sein ursprüngliches Vermögen gelangen. Hat der Verstorbene Gerichtsprozesse geführt, so muss der Erbe diese übernehmen. Etwaige Strafverfahren gegen den Verstorbenen enden aber mit seinem Tod - dafür ist der Erbe nicht verantwortlich.

8 Schenkungen: Vermögenserwerb am Nachlass vorbei

Jeder kann andere nicht nur durch ein Testament oder einen Erbvertrag zum Zeitpunkt seines Versterbens begünstigen, sondern auch über eine Schenkung. Etwa kann der Erblasser seine Bank anweisen, nach seinem Ableben bestimmten Personen Kontenguthaben auszuzahlen. Ebenfalls kann er Lebensversicherungen abschließen, bei denen nach seinem Ableben die Versicherung verpflichtet ist, zuvor bezeichneten Personen die Versicherungssumme auszuzahlen.

8. Schenkungen: Vermögens-erwerb am Nachlass vorbei

Was viele überrascht: Obwohl bei einer Schenkung nur einer etwas gibt und der andere nur das Geschenk bekommt, schließen beide dennoch einen richtigen Vertrag, den Schenkungsvertrag (§ 516 BGB). Beide sind Vertragspartner. Jede Schenkung erfolgt daher in folgenden Schritten:

- ANGEBOT: Der Schenker bietet dem Beschenkten die Schenkung an. Dieses Schenkungsangebot muss von einem Notar beurkundet werden (§ 518 Absatz 1 BGB). Ansonsten ist es formunwirksam.
- ANNAHME: Der Beschenkte nimmt das Angebot an. Dies kann der Beschenkte mündlich erklären. Es schriftlich oder vor einem Notar zu tun, ist nicht erforderlich, aber auch nicht schädlich. Der Vertrag ist geschlossen und wirksam.
- Dieser gegenseitige Vertrag muss noch umgesetzt, also vollzogen werden. Vollzug bedeutet, dass der Schenker dem Beschenkten DAS GESCHENK ÜBERGIBT. Damit ist der verschenkte Gegenstand aus dem Vermögen des Schenkers ausgesondert; der Schenker kann es kein weiteres Mal verschenken oder verkaufen. Aufgrund des Schenkungsvertrages steht dem Beschenkten sogar ein gerichtlich durchsetzbarer Anspruch gegen den Schenker zu.

In der Praxis fehlt meistens die notarielle Beurkundung des Schenkungsangebotes. Es ist auch nicht vorstellbar, dass der Schenker vor der Übergabe eines Geburtstagsgeschenks erst beim Notar war. Eigentlich ist daher die Schenkung formunwirksam. Der Formfehler kann aber durch „Vollzug" geheilt werden (§ 518 Absatz 2 BGB):

- Bei GEGENSTÄNDEN wird der Schenkungsvertrag dadurch vollzogen und damit geheilt, indem der Schenker dem Beschenkten das Geschenk übergibt (§§ 929 ff. BGB). Alternativ ist auch ein heilender Vollzug anzunehmen, wenn beide Beteiligte etwa ein LEIHVERHÄLTNIS dahingehend vereinbaren, dass der Schenker den Gegenstand weiterhin nutzen kann, aber dieser dem Beschenkten schon gehört (Besitzkonstitut gemäß § 930 BGB).
- FORDERUNGEN können formlos im Wege der Abtretung verschenkt werden, wie beispielsweise durch eine mündliche oder schriftliche Erklärung sowie alternativ durch Übergabe eines Sparbuchs (§ 398 BGB).

Beispiel einer Schenkung durch Abtretung:
Ein Sparbuch wird mit den Worten übergeben: „Ich schenke es Dir." Durch eine mündliche Erklärung kann so der Rückzahlungsanspruch im Zusammenhang mit einem Darlehen abgetreten werden. Die Schriftform ist aber grundsätzlich aus Beweisgründen zu empfehlen.

- Verträge zur Übertragung von IMMOBILIEN sind grundsätzlich auch nach einer weiteren Vorschrift notariell zu beurkunden (§ 311b Absatz 1 BGB), also nicht nur wegen der Schenkung. Ein formunwirksamer Vertrag wird erst mit der Eintragung ins Grundbuch wirksam (streitig).

EINZELFÄLLE IM ZUSAMMENHANG MIT GIRO- ODER SPARKONTEN:

- Der Vollzug wurde angenommen bei einer Schenkung durch mündliche Erklärung des Schenkungswillens und gleichzeitiger Übergabe des Sparbuches.
- Die Einräumung der Mitverfügungsbefugnis beim Oder-Konto kann Vollzug darstellen, wenn die Beteiligten den Willen hatten, dass die Forderung im Zeitpunkt des Todes auf den Überlebenden als Alleinberechtigten übergehen soll.
- Kein Vollzug, wenn beispielsweise die Großeltern auf den Namen eines Enkels ein Sparkonto eröffnen und darauf einzahlen.
- Vollzug bei Gutschrift auf dem Konto des Beschenkten oder bei Scheckeinlösung auch nach dem Tod des Schenkers.
- Der vom Kontoinhaber Bevollmächtigte überweist Geld auf sein eigenes Konto. Die Erben des Kontoinhabers nehmen den Bevollmächtigten auf Rückzahlung in Anspruch (§§ 812 ff. BGB). Regelmäßig behauptet der Bevollmächtigte dann, dass der Kontoinhaber ihm die Geldbeträge geschenkt hat. Wenn dieses Schenkungsversprechen aufgrund der fehlenden notariellen Beurkundung formunwirksam ist (§ 518 Absatz 2 BGB), so hat der angeblich Beschenkte das Schenkungsversprechen zu beweisen.

DOCH WAS IST, WENN DER SCHENKUNGSVERTRAG ZU LEBZEITEN DES SCHENKERS NOCH NICHT VOLLZOGEN WORDEN IST? Wenn der Schenker entweder den Beschenkten oder jemand anderes bevollmächtigt hat, kann das Geschenk auch noch nach dem Tod des Schenkers übergeben werden. Der darin zu sehende Vollzug heilt den Schenkungsvertrag, der bis dahin wegen der fehlenden notariellen Beurkundung von der Form her unwirksam war. Der Beschenkte kann also selber für den heilenden Vollzug sorgen, wenn der Schenker ihn zuvor entsprechend bevollmächtigt hat.

In diesen Fällen kann es zum WETTLAUF ZWISCHEN DEM ERBEN UND BEVOLLMÄCHTIGTEN kommen: Wenn der Erbe die Vollmacht widerrufen hat, bevor der Schenkungsgegenstand übergeben und damit vollzogen wurde, bleibt die Schenkung dauerhaft unwirksam. Der Erbe profitiert, da das Geschenk so dem Nachlass erhalten bleibt und er so den vermeintlich verschenkten Gegenstand behalten kann.

Beratertipp für die Rückgängigmachung von Schenkungen:
Nach einer Schenkung bereut ein Schenker manchmal seine Gutmütigkeit und möchte die Schenkung rückgängig machen. Vielleicht ist die anfängliche Dankbarkeit des Beschenkten in Vergessenheit geraten. Das Gesetz sieht für folgende Fälle Rückforderungs- oder Widerrufsrechte vor:

- VERARMUNG DES SCHENKERS: Der Schenker ist außerstande, seinen Lebensunterhalt angemessen zu bestreiten oder die ihm gegenüber seinen Verwandten oder seinem (früheren) Ehegatten obliegende Unterhaltspflicht zu erfüllen (§ 528 BGB).
- UNDANK DES BESCHENKTEN: Der Beschenkte hat sich einer schweren Verfehlung gegen den Schenker oder gegen einen nahen Angehörigen des Schenkers schuldig gemacht (§ 530 BGB).
- Wenn der Schenker dem Beschenkten eine Auflage gemacht hat und der Beschenkte erfüllt diese Auflage nicht (§ 527 BGB). Beispielsweise hat der Schenker dem Beschenkten sein Haus geschenkt und dabei dem Beschenkten zur Auflage gemacht, ihn zu pflegen. Wenn der Beschenkte den Schenker dann nicht pflegt, kann die Schenkung rückgängig gemacht werden.

In dem Schenkungsvertrag kann sich der Schenker individuell einen einseitigen Widerruf oder Rücktritt vorbehalten, entweder frei oder unter Bedingungen. So kann der Schenker beispielsweise eine Schenkung dann rückgängig machen, wenn beim Beschenkten beispielsweise eine Insolvenz, Scheidung, Nichtvollendung einer Ausbildung, Verheiratung ohne Ehevertrag, Geschäftsunfähigkeit oder auch Veräußerung des Geschenkes an Dritte vorliegt.

Beispiel zur Weitergabeverpflichtung eines Geschenks:
Es ist zulässig, dass der Schenker einen von ihm Beschenkten verpflichtet, später das erhaltene Geschenk an eine andere Person weiterzuschenken. Das sei dann eine Schenkung unter einer Auflage aus § 525 BGB, hat das OLG München in seinem Urteil vom 8.2.2021 entschieden (Az. 33 U 4723/20).

I. Schenkungen auf den Todesfall

Manchmal ist für den Schenker bedeutsam, dass er den Beschenkten nur dann beschenkt, also der Beschenkte das Geschenk nur dann erhält oder behält, wenn der Beschenkte länger als er selbst lebt („ÜBERLEBENSBEDINGUNG“). Der Beschenkte muss ihn also überleben, andernfalls bekommt er das Geschenk zurück oder die Schenkung wird nicht umgesetzt. Man spricht in diesen Fällen von einer „Schenkung auf den Todesfall“, die in § 2301 BGB in zweierlei Konstellationen geregelt ist:

- Der Beschenkte soll das Geschenk erst NACH DEM ERBFALL erhalten (postmortaler Vollzug, § 2301 Absatz 1 BGB).
- Der Beschenkte hat BEREITS ZU LEBZEITEN das Geschenk erhalten, muss es aber dann zurückgeben, wenn er vor dem Schenker stirbt (lebzeitiger Vollzug, § 2301 Absatz 2 BGB).

1. Erhalt des Geschenks nach dem Erbfall

Auch wenn der Beschenkte nach dem Erbfall die Sammlung an sich genommen hat, kann der Erbe die Sammlung beanspruchen. Es liegt kein wirksamer Schenkungsvertrag vor. Für diese Konstellation ordnet das Gesetz nämlich an, dass zur Formwirksamkeit ein Erbvertrag vor einem Notar geschlossen werden muss (§§ 2301 Absatz 1, 2274 ff. BGB).

2. Erhalt des Geschenks vor dem Erbfall mit eventueller Rückgabeverpflichtung

Der Beschenkte soll das Geschenk zwar sofort erhalten, es soll aber an den Schenker zurückfallen, wenn der Beschenkte vor dem Schenker stirbt.

Formulierungsvorschlag einer Schenkung mit Rückfall bei Vorversterben des Beschenkten:
Hiermit schenke und übergebe ich Dir meine Briefmarkensammlung. Wenn Du mich überlebst, kannst Du sie behalten.

Im Unterschied zu der vorherigen Konstellation des § 2301 Absatz 1 BGB erhielt dort der Beschenkte erst nach dem Tod des Schenkers das Geschenk. Gemeinsam ist beiden Fällen, dass die Schenkung davon bedingt ist, dass der Beschenkte den Schenker überlebt (Überlebensbedingung). In der Konstellation des § 2301 Absatz 2 BGB müssen die Erben des Beschenkten dem Schenker den verschenkten Gegenstand

BERATERTIPP ZUM VOLLZUG NACH DEM ERBFALL: Eine Ausnahme besteht dann, wenn der Verstorbene davon ausgegangen ist, dass noch zu seinen Lebzeiten seine Erklärung bei dem Beschenkten ankommt oder der Bevollmächtigte das Erforderliche veranlasst (§ 130 Absatz 2, § 153 BGB). Wenn der Schenker beispielsweise ein Überweisungsformular vor seinem Tod zur Bank gebracht hat und diese den Auftrag erst kurz nach seinem Tod ausführt, wird eine solche Ausnahme anzunehmen sein. Die Schenkung ist dann wirksam.

zurückgewähren. Diese Schenkungsverträge sind zumeist mit der auflösenden Bedingung ausgestaltet, dass der Beschenkte vor dem Schenker verstirbt (§ 158 Absatz 2 BGB). Bei Eintritt dieser auflösenden Bedingung fällt das Geleistete in der Regel mit dinglicher Wirkung an den Schenker zurück. Aber auch die aufschiebende Bedingung nach § 158 Absatz 1 BGB ist denkbar, dass der Beschenkte den Schenker überlebt. Dann erwirbt der Beschenkte bis zu dem Tod des Schenkers ein Anwartschaftsrecht.

Sofern der Schenker das Schenkungsangebot nicht von einem Notar beurkunden ließ, wird dieser Formmangel durch Vollzug – wie auf › Seite 133 f. aufgezählt – geheilt. Der Vollzug muss spätestens beim Erbfall erfolgen. Anders als bei der Schenkung ohne Überlebensbedingung ist nach dem Erbfall der Vollzug durch eine Vollmacht, wonach entweder der Beschenkte selbst oder ein Dritter berechtigt ist, nicht möglich. Der Schenker kann also nicht eine Person beauftragen, erst nach seinem Tod dem Beschenkten beispielsweise die verschenkte Uhr zu geben.

II. Vertrag zugunsten Dritter auf den Todesfall

Wer eine LEBENSVERSICHERUNG oder einen BAUSPARVERTRAG abgeschlossen hat, kann für den Fall, dass er vor Ende der Versicherungszeit stirbt, einem anderen die Versicherungsleistung zukommen lassen. Die Versicherung muss dann die Auszahlung direkt an die andere Person vornehmen. Auch das im Zeitpunkt des Erbfalls valutierende Guthaben eines SPAR- ODER GIROKONTOS kann der Bankkunde einer Person schenken. In diesen Fällen können die Begünstigten erst nach dem Tod des Schenkers die Leistung von der Versicherung oder von der Bank fordern. Diese Ansprüche fallen nicht in den Nachlass, sondern werden am Nachlass vorbei übertragen. Es handelt sich jeweils um einen Vertrag zugunsten Dritter auf den Todesfall (§§ 331, 328 BGB). Der Schenker schließt mit der Versicherung oder Bank einen Vertrag, nach dem im Erbfall ein Dritter, also eine andere Person, begünstigt wird. Diese erwirbt mit dem Erbfall des Schenkers ein EIGENES FORDERUNGSRECHT gegen die Bank oder gegen die Versicherung (§ 331 BGB). Zwei Rechtsverhältnisse sind hier zu unterscheiden:

- Der SCHENKER und die BANK/VERSICHERUNG schließen einen Konto- oder Versicherungsvertrag. Der Schenker muss dann Prämien an die Versicherung bezahlen oder bei der Bank ein Guthaben anlegen. Im

Gegenzug verspricht die Bank/Versicherung, dass sie nach dem Tod des Schenkers an einen Dritten leistet. Der Schenker nimmt dieses Versprechen an; er wird daher als Versprechensempfänger bezeichnet. Bei der Rechtsbeziehung zwischen Schenker und Bank/Versicherung spricht man vom Deckungsverhältnis. Auf dieser Ebene bestehen normalerweise keine Probleme.

- Immer wenn jemand etwas erhält, muss es dafür einen Grund geben. Ein solcher Grund muss zwischen dem SCHENKER und dem zu begünstigenden Dritten, dem BESCHENKTEN, bestehen. In den meisten Fällen ist Grund der Begünstigung eine Schenkung. Denkbar ist aber auch, dass der Schenker den begünstigten Dritten mit dem Bankguthaben oder der Versicherungsleistung durch Vermächtnis in seinem Testament oder Erbvertrag begünstigt. Dieses Zuwendungs- bzw. Valutaverhältnis wirft in der Praxis viele Probleme auf.

Vertrag zugunsten Dritter auf den Todesfall

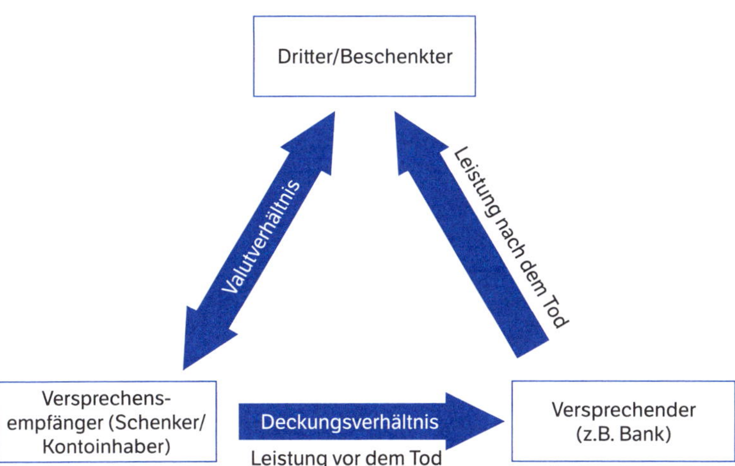

Die Grafik veranschaulicht den Vertrag zugunsten Dritter auf den Todesfall.

Nach dem Erbfall bezahlt die Bank oder die Versicherungsgesellschaft an den begünstigten Dritten, den Beschenkten. Dieser darf das Geld aber nur dann behalten, wenn es einen Grund dafür gibt – entweder eben einen Vermächtnisanspruch oder eine Schenkung. Andernfalls kann der Erbe die begünstigte andere Person, also den vermeintlich Beschenkten, auffordern, das Geld an den Nachlass zu zahlen. Hat die Bank oder Versicherungsgesellschaft noch nicht ausgezahlt, gehen die Leistungen direkt an den Nachlass. Für die begünstigte andere Person ist es daher bedeutsam, dass der Schenker entweder vor oder nach dessen Erbfall eine Schenkung wirksam mit ihr abgeschlossen hat:

- VOR DEM ERBFALL: Es reicht aus, wenn der Schenker den Dritten über den Vertrag mit der Versicherung/Bank zu dessen Gunsten informiert und dieser das Schenkungsangebot stillschweigend angenommen hat (§ 151 BGB). Die zunächst unwirksame Schenkung – das Schenkungsangebot war nicht notariell beurkundet – wird spätestens im Zeitpunkt des Todes geheilt: In der Sekunde des Todes erwirbt die begünstigte Person das Forderungsrecht gegen die Bank/Versicherung (also Vollzug in der Sekunde des Todes, §§ 331, 518 Absatz 2 BGB).
- NACH DEM ERBFALL: Die Bank oder die Versicherung informiert die begünstigte Person über die Schenkung; sie schließt in Vertretung von dem verstorbenen Schenker mit der begünstigten Person den Schenkungsvertrag. Da die Schenkung nach der stillschweigenden Annahme abgeschlossen ist, heilt hier der Vollzug die anfängliche Formunwirksamkeit.

WETTLAUF MIT DER ZEIT: Bei der Schenkung nach dem Erbfall kann es spannend werden, da der Erbe als Rechtsnachfolger des verstorbenen Schenkers

- das Schenkungsangebot des Schenkers gegenüber der begünstigten Person (§ 130 Absatz 1 Satz 2 BGB) und/oder
- den Auftrag des Schenkers an die Bank oder Versicherung, einen Schenkungsvertrag für ihn abzuschließen (§ 671 BGB bzw. §§ 675, 620, 621 Nr. 5 BGB),

widerrufen kann.

Das WIDERRUFSRECHT DES VERSTORBENEN SCHENKERS kann nämlich jetzt dessen Erbe ausüben. Für den Abschluss des Schenkungsvertrages kommt es darauf an, wer schneller ist: Die Bank/Versicherung als Bote mit der Übermittlung des Schenkungsangebotes an den zu begünstigenden Dritten oder der Erbe mit seinem Widerruf. Wenn die Bank oder die Versicherung trotz erfolgreichem Widerruf an den begünstigten Dritten zahlt, kann der Erbe von dem Begünstigten die Rückzahlung verlangen. Nachfolgend ein Fall aus der Praxis zum WIDERRUFSRECHT EINER LEBENSVERSICHERUNG: Der Verstorbene war zwar noch verheiratet, lebte aber bereits mit seiner Lebensgefährtin zusammen. Seine Lebensgefährtin hatte er – ohne ihr Wissen – zur Bezugsberechtigten seiner Lebensversicherung bestimmt. Eines Tages kam es zu einem heftigen Streit zwischen beiden, in dessen Folge der Verstorbene sich von einer Brücke stürzte und starb. Die gesetzlich erbende Noch-Ehefrau schrieb an die Versicherung, dass sie die Erklärung des Verstorbenen gegenüber der Versicherung anficht, wonach er seine Lebensgefährtin zur Bezugsberechtigten bestimmt hat. Die Richter legten dieses Schreiben ungewöhnlich weit aus. Damit sei der konkludente Auftrag des Verstorbenen an die Versicherung widerrufen worden, mit der Lebensgefährtin einen Schenkungsvertrag nach seinem Tod abzuschließen. Die Lebensgefährtin ging leer aus, die Versicherungssumme fiel in den Nachlass (Bundesgerichtshof Urteil vom 21. Mai 2008 – Az. IV ZR 238/06).

Der Erbe kann nur dann nicht widerrufen, wenn der Schenker auf sein eigenes WIDERRUFSRECHT VERZICHTET hat. Der Schenker kann aber nicht bestimmen, dass zwar er selbst zu seinen Lebzeiten widerrufen darf, nicht aber sein Erbe. Denkbar ist bei einer Lebensversicherung, dass der Schenker den begünstigten Dritten unwiderruflich als Bezugsberechtigten eingesetzt hat. Dann kann der Erbe den Beschenkten nicht gegen den Willen des Verstorbenen leer ausgehen lassen.

III. Lebensversicherung

Bei der Lebensversicherung, die als Kapital- oder Rentenversicherung und auf den Todes- oder Erlebensfall ausgestaltet sein kann, sind einige Besonderheiten zu beachten:

- Wenn der Versicherungsnehmer KEINEN BEZUGSBERECHTIGTEN vereinbart oder bestimmt hat, fällt die Versicherungssumme bei seinem Tod in seinen Nachlass; sein Erbe profitiert (§ 168 Versicherungsvertragsgesetz). Der Erbe muss sich gegenüber der Versicherung legitimieren, zumeist mit einem Erbschein.
- In dem Versicherungsvertrag (Versicherungsschein) kann der Versicherungsnehmer einen Bezugsberechtigten bestimmt haben. Andernfalls kann er sich vorbehalten haben, den Bezugsberechtigten (später) zu bestimmen. Dann muss er die Versicherung über den Bezugsberechtigten informieren. Die Bezeichnung des Begünstigten in einem Testament oder Erbvertrag reicht zumeist wegen § 13 Absatz 4 ALB Versicherungsbedingungen – kapitalbildende Lebensversicherung nicht aus. Bei der Lebensversicherung mit Bezugsberechtigung handelt es sich um einen Vertrag zugunsten Dritter (§§ 328, 331 BGB; › Seite 137 ff.).

Beratertipp zur Art der Bezugsberechtigung:
Von entscheidender Bedeutung ist es, ob der Versicherungsnehmer die Bezugsberechtigung zugunsten einer Person widerruflich oder unwiderruflich bestimmt hat. Die Versicherung vermutet zunächst die Widerruflichkeit (§ 159 Absatz 1 Versicherungsvertragsgesetz). Auch wenn es für den Versicherungsnehmer nachteilig ist – er kann sich schließlich nicht mehr umentscheiden und eine andere Person begünstigen-, kann es ihm auf die Unwiderruflichkeit der Begünstigung ankommen, dann hat er das der Versicherung gegenüber deutlich zu erklären. Dies sollte er sich schriftlich von der Versicherung bestätigen lassen.

- Wenn der Versicherungsnehmer FALSCHE ANGABEN ZU SEINER GESUNDHEIT gemacht hat und die Versicherung bei richtigen Angaben diesen Vertrag nicht zu den vereinbarten Konditionen abgeschlossen hätte, kann die Versicherung
- vom Vertrag zurücktreten (§ 21 Absatz 3 Versicherungsvertragsgesetz 2008 – Versicherungsvertragsgesetz: maximal innerhalb von 10 Jahren nach Vertragsabschluss; § 6 ALB: maximal innerhalb von 10 Jahren nach Vertragsschluss); oder
- den Vertrag wegen arglistiger Täuschung anfechten (§§ 123, 124 BGB: innerhalb eines Jahres nach Entdeckung der Täuschung, längstens innerhalb von 30 Jahren nach Vertragsschluss).
- Der Versicherungsvertrag wird aufgehoben oder ist nichtig, so dass die Versicherung die Versicherungsleistung nicht zu entrichten hat. Möglicherweise hat die Versicherung einen Teil der entrichteten Prämien zu erstatten.
- Die Versicherung kann die Versicherungssumme dann nicht zu leisten haben, wenn der Versicherungsnehmer SELBSTMORD begangen hat.

DEFINITION: NACHLASSINSOLVENZ
Ist der Nachlass überschuldet, ordnet das Insolvenzgericht auf Antrag eines Erben oder eines Nachlassgläubigers die Nachlassinsolvenz an. Die vorhandenen Vermögenswerte aus dem Nachlass hat dann der Nachlassinsolvenzverwalter nach einer Quote an die Gläubiger zu verteilen. Auch so ist sichergestellt, dass der Erbe nicht mit seinem eigenen Vermögen für die Nachlassschulden haftet.

Die Rechtslage zur unwiderruflichen Bezugsberechtigung bei einer NACHLASSINSOLVENZ veranschaulicht folgender Fall: Der Verstorbene hatte seine Ehefrau unwiderruflich zur Bezugsberechtigten seiner Lebensversicherung eingesetzt. Der Nachlass war überschuldet; das Gericht setzte einen Nachlassinsolvenzverwalter ein. Dieser konnte die Schenkung mit der Lebensversicherung nicht anfechten, da zwischenzeitlich mehr als vier Jahre vergangen waren (§ 134 Insolvenzordnung; OLG Frankfurt, Urteil vom 11. Januar 2012 — Az. 13 U 90/11).

IV. Exkurs: Behauptete Schenkung vor dem Erbfall bei möglichem Vollmachtsmissbrauch

Eine übliche Konstellation nach dem Erbfall: Der vom Kontoinhaber Bevollmächtigte überwies sich zu Lebzeiten des mittlerweile verstorbenen Kontoinhabers Geld auf sein eigenes Konto. Die Erben des Kontoinhabers nehmen den Bevollmächtigten auf Rückzahlung in Anspruch (§§ 812 ff. BGB). Regelmäßig behauptet der Bevollmächtigte dann, dass der Kontoinhaber ihm die Geldbeträge geschenkt hat. Wenn dieses Schenkungsversprechen aufgrund der fehlenden notariellen Beurkundung formunwirksam ist (§ 518 Absatz 2 BGB), hat der angeblich Beschenkte das Schenkungsversprechen zu beweisen.

DEFINITION: BEVOLLMÄCHTIGTE
Jedermann kann eine oder auch mehrere andere Personen bevollmächtigen, idealerweise durch eine schriftliche Vollmacht. Der Bevollmächtigte kann diese Person dann bei Rechtsgeschäften vertreten. Im Falle des Falles bestellt das Gericht dann keinen Betreuer.

Durch Schenkung am Nachlass vorbei
Möchte eine Person mehrere Personen begünstigen, aber zwischen diesen nach seinem Erbfall Konflikte vermeiden, kann er die ihm wichtigste Person pauschal zu seinem Alleinerben berufen. Andere Personen kann er durch Schenkungen auf den Todesfall bedenken. Diese beschenkten Personen werden am Nachlass vorbei, also ohne Kontakt mit dem Erben, begünstigt. Haben sie allerdings nicht von dieser Begünstigung erfahren, kann ein Erbe direkt nach dem Erbfall eine solche Schenkung wirksam widerrufen. Die Beschenkten gehen dann entgegen dem Willen des Verstorbenen leer aus. Jedoch müssen Erbe und Beschenkter nicht stets unterschiedliche Personen sein: Seinen Ehegatten, den er schon zum Alleinerben berufen hat, kann eine Person überdies durch eine Risikolebensversicherung absichern.

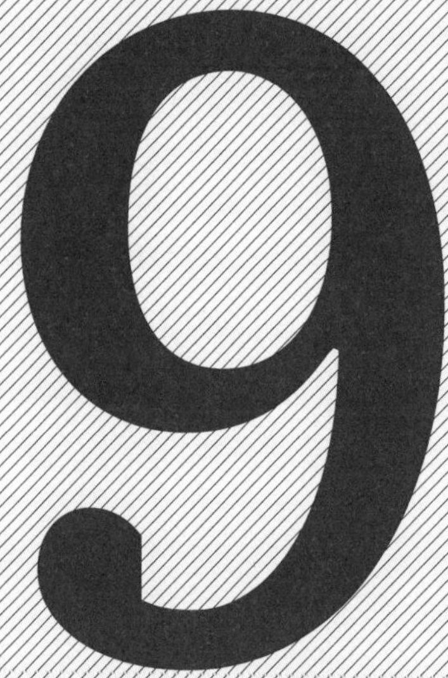

Belastungen des Erben: Vermächtnis, Teilungsanordnung und Auflage

Jeder kann ein maßgeschneidertes Testament errichten. Dieses Kapitel stellt die Möglichkeiten wie die Zuweisung von Gegenständen durch Vermächtnis sowie durch Teilungsanordnung vor. Verlangt der Verstorbene bestimmte Verhaltensweisen von seinem Begünstigten, kann er seinem Begünstigten dies durch eine Auflage aufgeben.

9. Belastungen des Erben: Vermächtnis, Teilungsanordnung und Auflage

DEFINITION: ERBVERTRAG
Einen Erbvertrag können zwei und mehr Personen vor einem Notar abschließen. Testamentarische Anordnungen können für einen Erbvertragspartner bindend werden; sie werden als (erb-) vertragsmäßige Verfügungen bezeichnet. Dagegen sind einseitige Verfügungen, die auch in einem Erbvertrag enthalten sein können, jederzeit widerrufbar. Der andere Erbvertragspartner kann, muss aber nicht, in dem Erbvertrag auch für seinen Erbfall letztwillige Verfügungen anordnen.

Der Erbe oder die Erben bekommen nach dem Erbfall zunächst „alles" von dem Verstorbenen. Mehrere Erben müssen sich einigen, wer was erhält. Durch Anordnungen im Testament oder im ERBVERTRAG kann der Verstorbene seinen Erben oder seine Erben beschwert und beschränkt haben. Einige Beispiele:

- Bestimmte Gegenstände aus dem Nachlass kann eine Person verlangen, wie einen Geldbetrag oder ein Möbelstück (Vermächtnis, › Seite 149 ff.).
- Der Verstorbene hat einzelne Gegenstände einzelnen Erben zugeordnet, was die Erben bei der Auseinandersetzung der Erbengemeinschaft zu beachten haben (TEILUNGSANORDNUNG, › Seite 153 ff.).
- Ein Erbe soll 10 Jahre das Grab pflegen oder sich um den Hund des Verstorbenen kümmern (Auflage, › Seite 155 ff.).
- Wenn der erste Erbe verstirbt, soll eine vorher vom Verstorbenen bestimmte Person sein zweiter, nachfolgender Erbe werden (VOR- UND NACHERBSCHAFT, › Seite 160 ff.).
- Nicht die Erben sollen die Nachlassverbindlichkeiten tilgen, den Nachlass auseinandersetzen und unter sich aufteilen, sondern ein Testamentsvollstrecker soll diese Aufgaben übernehmen (TESTAMENTSVOLLSTRECKUNG, › Seite 172 ff.).

I. Vermächtnisnehmer

Der Verstorbene kann seinen Erben verpflichten, einzelne Gegenstände an eine Person herauszugeben, die nicht unbedingt Erbe und damit sein Rechtsnachfolger ist (§§ 1939, 2174 BGB).

Formulierungsvorschläge für Vermächtnisse:
Paul erhält durch Vermächtnis meine goldene Uhr.

Meiner Ehefrau setze ich im Wege eines Vermächtnisses den Nießbrauch an meiner Immobilie in Osnabrück aus.

Als Vermächtnis erhält meine Schwester eine monatliche Rente von 1.000 EUR, die nicht wertgesichert sein soll.

Ich vermache Sebastian mein Auto, das mir bei meinem Ableben gehörte.

Mein Erbe hat dem Tierschutzverein 100.000 EUR zu zahlen.

BERATERTIPP ZUR TESTAMENTSAUSLEGUNG:
Manchmal geht aus einem Testament nicht eindeutig hervor, ob jemand Erbe oder Vermächtnisnehmer ist. Dann ist der testamentarische Wille auszulegen, wozu das Gesetz für den Zweifelsfall Auslegungsregeln vorsieht (› Seite 52).

1. Anspruch gegen den Erben
Dem Vermächtnisnehmer, also dem durch das Vermächtnis Bedachten, steht gegen den Erben ein ANSPRUCH AUF ÜBERTRAGUNG DES VERMÄCHTNISGEGENSTANDES zu. Nach dem Erbfall muss der Vermächtnisnehmer den ihm vermachten Gegenstand beim ERBEN ODER BEI DER ERBENGEMEINSCHAFT EINFORDERN, wozu er 3 Jahre Zeit hat (§§ 195, 199 BGB, Fristbeginn am Jahresende).

Formulierungsvorschlag zur Geltendmachung eines Vermächtnisanspruches:
An den Alleinerben ...

Sehr geehrter Herr Erbe,

der Verstorbene ... hat mir in seinem für den Erbfall maßgebenden Testament vom 23. April 2021 einen Betrag von 10.000 EUR als Vermächtnis ausgesetzt. Diesen Anspruch mache ich hiermit geltend. Bitte überweisen Sie mir den Betrag auf mein Konto mit der IBAN ... bei der ...-Bank.

Vielen Dank und mit freundlichen Grüßen

Der Vermächtnisnehmer

Wenn im Testament oder Erbvertrag nichts anderes angeordnet ist, kann der Bedachte den ihm vermachten Gegenstand sofort nach dem Erbfall verlangen (§§ 2176, 2181 BGB). Im Unterschied dazu erhält der Erbe automatisch durch Vonselbsterwerb in der Sekunde des Todes das Vermögen des Verstorbenen, ohne irgendwo Ansprüche geltend machen zu müssen. Wenn der Erbe den vermachten Gegenstand nicht herausgibt, kann ihn der Bedachte verklagen. Hat der Verstorbene einer Person verschiedene Gegenstände vermacht, kann der Begünstigte natürlich sämtliche Gegenstände vom Erben beanspruchen, aber auch nur – nach seiner Wahl – einzelne. Falls ein Vermächtnisnehmer dauerhaft einen für ihn bestimmten Vermächtnisgegenstand nicht haben möchte, kann er diesen – ohne eine Frist beachten zu müssen – ausschlagen. Die AUSSCHLAGUNG hat der Vermächtnisnehmer nicht dem Nachlassgericht, sondern im Regelfall dem Erben gegenüber zu erklären..

Das NACHLASSGERICHT sendet den Vermächtnisnehmern im Regelfall eine Kopie des Testamentes oder Erbvertrages zu, so dass die Bedachten informiert werden. Daher bietet es sich an, die Adressen der Vermächtnisnehmer in dem Testament und Erbvertrag aufzunehmen.

Formulierungsvorschlag für die Ausschlagung eines Vermächtnisses:
Sehr geehrte Frau Erbin,

der Verstorbene ... hat mir in seinem für den Erbfall maßgebenden Testament vom 23. April 2020 sein altes Auto als Vermächtnis ausgesetzt. Dieses Vermächtnis schlage ich hiermit aus. Ich mache also unwiderruflich keine Ansprüche im Zusammenhang mit diesem Vermächtnis geltend.

Mit freundlichen Grüßen

Der Vermächtnisnehmer

Nur wenn dem Testament oder Erbvertrag zufolge ein anderer Vermächtnisnehmer den Vermächtnisanspruch erfüllen muss, ist die Ausschlagung diesem gegenüber zu erklären (§ 2180 BGB). Diese Erklärung bedarf nicht der notariellen Beglaubigung, was bei der Ausschlagung des Erbes indes der Fall ist (› Seite 83 ff.). Wenn der Vermächtnisnehmer auch pflichtteilsberechtigt ist, kann der Erbe innerhalb einer angemessenen Frist von ihm verlangen, das Vermächtnis anzunehmen (§ 2307 Absatz 2 BGB). Reagiert der Vermächtnisnehmer nicht, gilt das Vermächtnis als ausgeschlagen.

2. Kein Risiko des Vermächtnisnehmers hinsichtlich überraschender Schulden des Verstorbenen

Ein weiterer bedeutsamer Unterschied zwischen Erben und Vermächtnisnehmern besteht darin, dass der Erbe sämtliche Schulden des Verstorbenen miterbt, auch wenn er von diesen (zunächst) nichts weiß. Das kann durchaus zu unangenehmen Folgen führen. Das kann dem Vermächtnisnehmer nicht passieren: Er erhält nur den Gegenstand, der ihm vermacht ist, und eben nicht ungewisse Verbindlichkeiten. Eine Ausnahme besteht aber bei Darlehen, die der Verstorbene für diesen vermachten Gegenstand aufgenommen hat. Wem eine IMMOBILIE vermacht wurde, die MIT EINEM DURCH EINE HYPOTHEK ODER GRUNDSCHULD GESICHERTEN DARLEHEN BELASTET ist, hat im Zweifel diesen Kredit mit zu übernehmen und abzuzahlen (§§ 2165 ff. BGB). Bei einem vermachten Auto, das der Verstorbene mit einem speziellen Darlehen finanziert hat, kann die Auslegung ergeben, dass der Vermächtnisnehmer mit dem Auto auch das Darlehen übernehmen muss.

3. Vermächtnisnehmer als selbst mit Vermächtnissen oder Auflagen Beschwerter

Nicht nur einen Erben kann der Verstorbene mit einem Vermächtnis beschwert haben, sondern auch einen Vermächtnisnehmer (§ 2147 BGB). Man spricht von einem UNTERVERMÄCHTNIS (§ 2186 BGB). Vorstellbar ist etwa, dass der Verstorbene seiner Tochter ein Haus und seiner Ehefrau den Nießbrauch an dem Haus vermacht hat. Dann ist die Tochter als Vermächtnisnehmerin mit dem Nießbrauch zugunsten ihrer Mutter beschwert. Wie ein Erbe, kann auch jemand, der mit einem Vermächtnis bedacht ist, von dem Verstorbenen testamentarisch oder erbvertraglich mit einer AUFLAGE beschwert werden (› Seite 155 f.).

BERATERTIPP ZUR AUSSCHLAGUNG DES VERMÄCHTNISSES:
Wenn der Vermächtnisnehmer den vermachten Gegenstand ausgeschlagen hat, muss er weder das Untervermächtnis noch die Auflage erfüllen.

DEFINITION: AUFLAGE
Testamentarisch kann durch eine sogenannte Auflage nach § 1940 BGB angeordnet werden, was ein Begünstigter tun oder unterlassen soll. So kann ein Bedachter etwa zur Grabpflege verpflichtet werden. Oder es wird ihm untersagt, eine transmortale Vollmacht zu widerrufen. Auch können Begünstigte so verpflichtet werden, anderen Personen Werte aus dem Nachlass zu übertragen.

4. Andere Person kann Vermächtnisgegenstand bestimmen

Der Verstorbene kann keiner anderen Person überlassen, seinen Erben zu bestimmen (§ 2065 BGB, › Seite 38). Bei der Aussetzung eines Vermächtnisses kann der Verstorbene hingegen angeordnet haben, dass eine andere Person zu bestimmen hat, wer einen bestimmten Gegenstand als Vermächtnis erhält (§ 2151 BGB). Der Verstorbene muss allerdings den Personenkreis, aus dem der Bedachte auszuwählen ist, hinreichend genau konkretisiert haben.

5. Arten

Folgende Vermächtnisse sind die wichtigsten Arten:

- Das STÜCKVERMÄCHTNIS ist der „Normalfall“, beispielsweise wegen eines Gegenstandes, wie eine Uhr, ein Auto oder ein Haus.
- Bei dem WAHLVERMÄCHTNIS kann der Bedachte unter mehreren Gegenständen einen auswählen (§ 2154 BGB). Er kann vielleicht zwischen der goldenen und der silbernen Uhr des Verstorbenen wählen dürfen.
- Bei dem GATTUNGSVERMÄCHTNIS ist der Gegenstand nur der Gattung nach bestimmt und muss nicht zum Nachlass gehören, sondern kann auch erst von dem Beschwerten beschafft werden müssen (§ 2155 BGB). So kann der Verstorbene angeordnet haben, dass der Erbe dem Vermächtnisnehmer ein Auto bestellen muss. Der Erbe muss dann den Kaufpreis bezahlen, gegebenenfalls sogar aus seinem Eigenvermögen.
- Bei dem VERSCHAFFUNGSVERMÄCHTNIS muss der Gegenstand erst noch von dem Beschwerten angeschafft werden (§ 2170 BGB). Das kommt bei Gegenständen in Betracht, die es nur einmal gibt, wie ein ganz bestimmter Oldtimer. Wenn der Erbe dazu außerstande ist, muss er dem Vermächtnisnehmer einen Betrag in Höhe des Wertes zahlen.

- Bei einem FORDERUNGSVERMÄCHTNIS wird eine genau bezeichnete Forderung auf Zahlung einer Geldsumme oder auf eine Leistung eines Gegenstandes des Verstorbenen vermacht. Wenn die Forderung vom Schuldner doch noch vor dem Erbfall beglichen wurde, kommt die Auslegungsregel des § 2173 BGB zum Zuge, mit der Folge, dass die Geldsumme oder der Gegenstand als vermacht gilt.
- Mit einem NACHVERMÄCHTNIS kann der Testierende einem Bedachten einen Gegenstand zuwenden, den zuvor ein anderer Bedachter erhalten hat (§ 2191 BGB; ähnlich Vor- und Nacherbfolge). Wenn der testamentarisch oder erbvertraglich angeordnete Zeitpunkt eingetreten ist, muss der Vorvermächtnisnehmer den vermachten Gegenstand an den Nachvermächtnisnehmer herausgeben. Denkbar ist auch, dass der Nachvermächtnisnehmer zum Zuge kommt, nachdem ein bestimmtes Ereignis eingetreten ist.
- Das GELD- UND LEIBRENTENVERMÄCHTNIS kann mit einer speziellen Klausel an die Inflation angepasst werden, um der Geldentwertung zu entgehen.
- Bei dem ZWECKVERMÄCHTNIS verbindet der Verstorbene mit dem Vermächtnisgegenstand einen bestimmten Zweck, wie beispielsweise die Finanzierung eines Studiums für eine bestimmte Person (§ 2156 BGB). Der Bedachte kann dann insoweit Geldmittel von dem Erben verlangen, wie dies zur Erfüllung des Zwecks erforderlich ist, hier also sämtliche Studienkosten.
- Miterben kann der Testierende zusätzlich durch ein VORAUSVERMÄCHTNIS begünstigen (§ 2150 BGB). Das hat den Vorteil, dass die so begünstigten Miterben sofort nach dem Erbfall den vermachten Gegenstand fordern können und nicht auf die oft schwierige Einigung der vollständigen Auseinandersetzung der Erbengemeinschaft warten müssen.

6. Im Erbfall fehlende Vermächtnisgegenstände

Es kann passieren, dass ein Gegenstand zwar im Testament oder Erbvertrag vermacht wurde, dieser aber im Zeitpunkt des Erbfalls nicht mehr dem Verstorbenen gehörte. Vielleicht hat der Verstorbene den Gegenstand verkauft, verschenkt oder dieser ist verloren gegangen oder zerstört worden. Dann muss das Testament oder der Erbvertrag ausgelegt werden, ob der Bedachte stattdessen eine Ersatzleistung erhalten soll, beispielsweise bei einem Verkauf den Kaufpreis oder bei Zerstörung die Versicherungssumme.

Wenn durch die individuelle, in diesem Fall ergänzende Auslegung kein eindeutiges Ergebnis ermittelt werden kann (› Seite 51 f.), sind die gesetzlichen Auslegungsregeln zu beachten. Im Regelfall ist ein Vermächtnis unwirksam, wenn der Gegenstand im Zeitpunkt des Erbfalls nicht mehr in das Vermögen des Verstorbenen fällt (§ 2169 Absatz 1 BGB). Etwas anderes kann gelten, wenn nach dem Willen des Verstorbenen der Erbe dem Vermächtnisnehmer den Gegenstand besorgen soll (Verschaffungsvermächtnis nach § 2170 BGB). Wenn dem Verstorbenen ein Ersatzanspruch wegen eines untergegangenen Vermächtnisanspruches zusteht, erhält der Vermächtnisnehmer statt des eigentlich vermachten Gegenstandes diesen ERSATZANSPRUCH (§ 2169 Absatz 3 BGB).

§ 2169 BGB: Vermächtnis fremder Gegenstände

(1) Das Vermächtnis eines bestimmten Gegenstands ist unwirksam, soweit der Gegenstand zur Zeit des Erbfalls nicht zur Erbschaft gehört, es sei denn, dass der Gegenstand dem Bedachten auch für den Fall zugewendet sein soll, dass er nicht zur Erbschaft gehört.

(2) Hat der Erblasser nur den Besitz der vermachten Sache, so gilt im Zweifel der Besitz als vermacht, es sei denn, dass er dem Bedachten keinen rechtlichen Vorteil gewährt.

(3) Steht dem Erblasser ein Anspruch auf Leistung des vermachten Gegenstands oder, falls der Gegenstand nach der Anordnung des Vermächtnisses untergegangen oder dem Erblasser entzogen worden ist, ein Anspruch auf Ersatz des Wertes zu, so gilt im Zweifel der Anspruch als vermacht.

(4) Zur Erbschaft gehört im Sinne des Absatzes 1 ein Gegenstand nicht, wenn der Erblasser zu dessen Veräußerung verpflichtet ist.

Beispiel zum Ersatzanspruch:
Der Verstorbene ist durch einen Unfall mit seinem Auto tödlich verunglückt. Dieses Auto hatte er seinem besten Freund vermacht. Statt des Autos kann der Freund jetzt die Versicherungsleistung für das verunfallte Auto beanspruchen.

Es kommt auch vor, dass der Verstorbene einer Person ein bestimmtes Sparbuch vermacht hat (oder eine andere Forderung wie ein einer anderen Person gewährtes Darlehen). Nach der Errichtung des Testamentes mit dem Vermächtnis hinsichtlich des Sparbuchs ist eben das Sparbuch aufgelöst worden. Dann kann der Vermächtnisnehmer von dem Erben den Betrag beanspruchen, der auf dem Sparbuch war, auch wenn dieser Betrag nicht im Nachlass ist (§ 2173 BGB).

7. Wegfall des Vermächtnisses

Ein Vermächtnis fällt weg, wenn der Bedachte

- vorher verstirbt (§ 2160 BGB) und kein Ersatzvermächtnisnehmer bestimmt ist (§ 2190 BGB);
- in einem Vertrag mit dem Verstorbenen darauf verzichtet hat (§ 2352 BGB);
- ausschlägt (§§ 2180 Absatz 3, 1953 Absatz 1 BGB);
- eine aufschiebende Bedingung nicht erlebt (§§ 2177, 2074 BGB) oder
- wegen Zeitablaufs von 30 Jahren (§§ 2162, 2163 BGB).

Nach Ablauf der dreijährigen Verjährung kann der Vermächtnisanspruch ebenfalls nicht mehr durchgesetzt werden, wobei die Frist erst zum Jahresende beginnt („Silvesterverjährung").

Verjährung bei Grundstücksvermächtnissen:
Wer durch Vermächtnis ein Grundstück bekommt, kann sich Zeit lassen, dieses vom Erben zu verlangen: Das OLG München hat am 18. Februar 2021 entschieden, dass ein solches Vermächtnis erst nach 10 Jahren verjährt (Az. 33 W 92/21).

8. Vorausvermächtnis

Der Verstorbene kann zwar mehrere Personen zu seinen Erben eingesetzt haben, aber einen Erben ZUSÄTZLICH ZU SEINEM ERBTEIL nach seiner Erbquote mit einem speziellen Gegenstand begünstigen wollen. Dann kann ein Erbe zusätzlich mit einem speziellen Vermächtnis, dem Vorausvermächtnis, bedacht worden sein (§ 2150 BGB). Dann erhält er den vermachten Gegenstand zusätzlich zu seinem Erbteil. In der Praxis kommt es unter den Erben häufig zu Streit, ob ein Erbe tatsächlich einen Gegenstand neben seinem Erbteil, dann als Vorausvermächtnis, bekommen soll oder den Gegenstand zwar erhält, aber den Wert auf seinen Erbteil anrechnen lassen muss. Dann muss der Wille des Verstorbenen durch Auslegung festgestellt werden (› Seite 49 ff.).

Formulierungsvorschlag eines Testaments mit Vorausvermächtnis:
Ich setze meine Tochter und meinen Sohn zu Erben zu je ½ ein. Meine Tochter erhält als Vorausvermächtnis mein Mietshaus in Düsseldorf, das sie sich nicht auf ihren Erbteil anrechnen lassen muss.

II. Teilungsanordnungen

Wenn den Verstorbenen mehrere Personen beerben, kann dieser schon in seinem Testament und Erbvertrag angeordnet haben, dass bestimmte Miterben bestimmte Gegenstände aus seinem Vermögen erhalten sollen. Er kann beispielsweise zwei Erben zu gleichen Teilen einsetzen und durch Teilungsanordnungen bestimmen, dass Erbe A sein Wohnhaus und Erbe B sein Wertpapierdepot erhalten soll.

Formulierungsvorschlag für eine Testamentsklausel:
Im Wege der Teilungsanordnung bestimme ich: Meine Tochter Sabine erhält in Anrechnung auf ihren Erbteil mein Wohnhaus. Mein Sohn Andreas bekommt in Anrechnung auf seinen Erbteil das Wertpapierdepot bei der XY-Bank mit dem Bestand am Todestag.

Wenn der Wert des zugewiesenen Gegenstandes den Wert des Erbteils ÜBERSTEIGT, muss der Begünstigte aus seinem Privatvermögen innerhalb der Auseinandersetzung der Erbengemeinschaft einen Ausgleich an den anderen Miterben bezahlen.

Beispiel für einen Ausgleich:
Der Nachlass hat einen Wert von 100.000 EUR. A und B werden Erben zu jeweils ½, wobei A durch eine Teilungsanordnung das Bankkonto mit einem Wert von 60.000 EUR zugewiesen wurde. Miterbe A erhält demnach 10.000 EUR mehr als sein Anteil aufgrund seiner Erbquote am Nachlass rechnerisch ausmacht. Daher hat er aus seinem Eigenvermögen 10.000 EUR an den Miterben B zu entrichten.

In der Praxis kommen sehr häufig Fälle vor, in denen der Verstorbene testamentarisch oder erbvertraglich einzelnen Miterben einzelne Gegenstände zugewiesen hat. Juristische Fachbegriffe werden manchmal nicht oder in einer Weise verwandt, wie sie dem tatsächlichen Willen des Verstorbenen nicht entsprechen. Im Grundsatz kann es sich bei einer solchen Zuweisung entweder um eine Teilungsanordnung oder ein Vorausvermächtnis handeln. Wenn entweder die eindeutigen Bestimmungen im Testament oder ERBVERTRAG oder die Auslegung ergeben, dass ein Miterbe einen bestimmten Gegenstand im Wege eines Vorausvermächtnisses erhält, kann der Begünstigte diesen Gegenstand nehmen und damit zusätzlich zu seinem Erbanteil beanspruchen. Eine bloße Teilungsanordnung ist nur anzunehmen, wenn nach dem Willen des Verstorbenen

DEFINITION: ERBVERTRAG
Einen Erbvertrag können zwei und mehr Personen vor einem Notar abschließen. Testamentarische Anordnungen können für einen Erbvertragspartner bindend werden; sie werden als (erb-) vertragsmäßige Verfügungen bezeichnet. Dagegen sind einseitige Verfügungen, die auch in einem Erbvertrag enthalten sein können, jederzeit widerrufbar. Der andere Erbvertragspartner kann, muss aber nicht, in dem Erbvertrag auch für seinen Erbfall letztwillige Verfügungen anordnen.

die Zuweisung des betreffenden Gegenstandes den Wert der Beteiligung der einzelnen Miterben am Nachlass unberührt lassen soll. In diesem Fall wird der zugewiesene Gegenstand also voll auf den Erbteil entsprechend der Erbquote des betreffenden Miterben angerechnet.

Das maßgebliche Abgrenzungskriterium zwischen Teilungsanordnung und Vorausvermächtnis ist nach der Rechtsprechung des Bundesgerichtshofs, ob der Verstorbene einen Miterben gegenüber dem anderen begünstigen wollte. Für die Bewertung als Vorausvermächtnis muss der Verstorbene also einen Begünstigungswillen zugunsten desjenigen Miterben gehabt haben, dem er einen bestimmten Gegenstand zugewiesen hat.

Zur Veranschaulichung der ABGRENZUNG VON TEILUNGSANORDNUNG UND VORAUSVERMÄCHTNIS folgendes Beispiel: Der Nachlass besteht aus 200.000 EUR Barvermögen und einer Wohnung im Wert von 100.000 EUR, mithin insgesamt 300.000 EUR. Laut Testament beerben A und B den Verstorbenen zu jeweils ½. Weiter ist in dem Testament angeordnet: „A erhält meine Wohnung". Im Wege der Auslegung ist festzustellen, ob es sich hier um eine Teilungsanordnung oder ein Vorausvermächtnis handelt: Eine Teilungsanordnung führt dazu, dass Miterbe A zwar die Wohnung erhält, sich diesen Wert auf seinen Erbteil voll anzurechnen hat. Folglich kann er vom Barvermögen noch 50.000 EUR beanspruchen. Wenn der Verstorbene A hingegen ein Vorausvermächtnis aussetzen wollte, kann Miterbe A die Wohnung zunächst aus dem Nachlass fordern. Das Barvermögen haben A und B hälftig, also nach ihrer Erbquote, unter sich aufzuteilen. Miterbe A erhält Vermögen im Gesamtwert von 200.000 EUR. Diese Rechtsfolge tritt ein, wenn der Verstorbene seinen Miterben A besonders begünstigen wollte.

Denkbar ist auch eine Kombination aus Teilungsanordnung und Vorausvermächtnis, und zwar wenn der zugewiesene Gegenstand einen höheren Wert ausmacht als der rechnerische Erbteil des Begünstigten. Derjenige, dem dieser besonders werthaltige Gegenstand zugewiesen wurde, hat sich zunächst den Wert des zugewiesenen Gegenstandes auf seinen Erbanteil anzurechnen. Den darüber hinausgehenden Wert erhält er im Wege eines Vorausvermächtnisses. In diesem Fall hat er keinen Ausgleich aus seinem Eigenvermögen an den/die Miterben zu leisten.

BERATERTIPP ZU DER VERBINDLICHKEIT VON TEILUNGSANORDNUNGEN: Bei der Auseinandersetzung der Erbengemeinschaft sind die Miterben und auch der Testamentsvollstrecker, sofern einer eingesetzt ist, an die Teilungsanordnungen gebunden. Die Miterben können sich jedoch darüber hinwegsetzen, wenn alle zustimmen.

Berechnungsbeispiel für eine Kombination:
Angenommen, der Nachlass besteht aus einem Barvermögen von 100.000 EUR und einem Haus im Wert von 200.000 EUR. Der Verstorbene hat A und B zu seinen Erben zu jeweils ½ eingesetzt und A das Haus zugewiesen. Rechnerisch können A und B aufgrund der Erbquote jeweils

150.000 EUR beanspruchen. Möglich ist, dass Miterbe A sich den Wert des Hauses zunächst auf seinen rechnerischen Erbteil von 150.000 EUR anrechnen lassen muss. Hinsichtlich des Mehrwertes in Höhe von 50.000 EUR, den A eigentlich B gegenüber aus seinem Privatvermögen auszugleichen hätte, kann A ein Vorausvermächtnis angeordnet worden sein. Wenn der Verstorbene dagegen einen entsprechenden Begünstigungswillen zugunsten von A hatte, erhält Miterbe B lediglich 100.000 EUR.

Als eine andere Art der Teilungsanordnung kann der Verstorbene in seinem Testament oder Erbvertrag bestimmt haben, dass die Miterben die Erbengemeinschaft für eine bestimmte Zeit, längstens aber 30 Jahre nach dem Erbfall, nicht auseinandersetzen dürfen (Teilungsverbot, § 2044 BGB). Sind aber sämtliche Miterben einverstanden, können sie sich auch über diese Teilungsanordnung hinwegsetzen. Der Verstorbene kann nur durch einen Testamentsvollstrecker sicherstellen, dass sein Wille später auch tatsächlich umfänglich später beachtet wird.

III. Auflage

Der Verstorbene kann in seinem Testament oder Erbvertrag seine Erben oder Vermächtnisnehmer mit Auflagen beschwert haben (§§ 2192 ff. BGB). So kann er sie zu einer Leistung an Dritte oder zu einem bestimmten Tun oder Unterlassen verpflichtet haben.

Formulierungsvorschläge für Auflagen:
Mein Erbe hat meinen Hund zu pflegen.

Mein Vermächtnisnehmer A muss dem örtlichen Tierschutzverein 2.000 EUR spenden.

Mein Erbe hat mein Grab 20 Jahre lang zu pflegen.

Mein Erbe darf das geerbte Unternehmen fünf Jahre lang nach meinem Tod nicht veräußern.

Durch eine Auflage kann ein Erbe oder Vermächtnisnehmer sogar auch verpflichtet sein, einen Gegenstand aus seinem Eigenvermögen einer anderen Person herauszugeben. Wenn ein Erbe oder ein Vermächtnisnehmer die Auflage nicht befolgen möchte, muss er entweder die

Erbschaft oder das Vermächtnis ausschlagen. Andernfalls ist er verpflichtet, die Auflage zu befolgen. Eine Auflage, die auf eine zur Zeit des Erbfalls unmögliche oder verbotene Leistung gerichtet ist, ist unwirksam. So muss jemand eine Auflage nicht befolgen, nach der er eine Straftat zu begehen hat. Auch kann ein Verstorbener seinen Erben nicht verpflichtet haben, nach seinen Vorstellungen ein Testament oder einen Erbvertrag zu errichten.

Zu einem VERMÄCHTNIS besteht bei der Auflage EIN WESENTLICHER UNTERSCHIED: Ein Vermächtnisnehmer kann die Begünstigung von dem Erben beanspruchen und diese sogar beim Erben einklagen. Dem durch eine Auflage Begünstigten steht ein solcher Anspruch jedoch nicht zu. Allerdings kann jeder Erbe, auch ein testamentarisch oder erbvertraglich übergangener gesetzlicher Erbe, von dem mit der Auflage Beschwerten verlangen, dass dieser der Auflagenverpflichtung nachkommt (§ 2194 BGB). Dass die Auflage auch tatsächlich beachtet wird, sichert auch ein Testamentsvollstrecker.

Weitreichende Gestaltungsmöglichkeiten für Testierende
Das Kapitel zeigt Möglichkeiten auf, wie ein Testierender seinen letzten Willen umsetzen kann. Seinen Miterben muss er es nicht überlassen, wer welchen Gegenstand erhält. So kann er einzelnen Miterben einzelne Nachlassbestandteile zuweisen. Nur wenn sich die Erben einig sind, können sie sich darüber hinwegsetzen. Damit einzelne Miterben noch vor der Auseinandersetzung der gesamten Erbengemeinschaft an gewisse Vermögensgegenstände gelangen, kann ein Testierender dies durch Vorausvermächtnisse sicherstellen. Der Erbe ist dinglich am Nachlass beteiligt, muss sich um „alles“ kümmern, auch für die Nachlassverbindlichkeiten einstehen. Da hat es der Vermächtnisnehmer bequemer, denn er kann vom Erben den ihm vermachten Gegenstand einfach verlangen. Durch Vermächtnisse können testamentarisch und erbvertraglich einzelne Personen mit genau bestimmten Gegenständen oder Geldbeträgen bedacht werden, ohne dass diese irgendwelche Mitspracherechte im Zusammenhang mit dem Nachlass haben.

Vor- und Nacherbfolge

Dieses Kapitel behandelt den Erben auf Zeit, vielleicht solange er selbst lebt. Er wird dann als Vorerbe bezeichnet. Im Testament sind dann schon die Personen der Nacherben berufen, die zeitlich versetzt in den Genuss der Erbschaft gelangen. Das so geerbte Vermögen kann der Vorerbe dann nicht nach seinem Belieben verschenken oder vererben.

10. Vor- und Nacherbfolge

Eine im internationalen Vergleich besondere Gestaltungsoption des deutschen Erbrechts ist die Vor- und Nacherbschaft (§ 2100 BGB). Jemand kann damit den Verbleib seines Vermögens über mehrere Generationen oder verschiedene Erben nacheinander steuern. ZUR FUNKTIONSWEISE: Der eingesetzte Vorerbe wird zunächst Erbe des Verstorbenen. Er ist aber nur Erbe auf Zeit. Nach einem bestimmten Ereignis – oftmals der Tod des Vorerben – oder Zeitpunkt geht die Erbschaft endgültig auf den Nacherben über.

Formulierungsvorschlag für eine Vor- und Nacherbfolge:
Zu meinem Erben setze ich ... ein. Der Erbe ist jedoch nur Vorerbe. Zum Nacherben bestimme ich .... Der Nacherbfall tritt

- mit dem Tod des Vorerben; oder alternativ
- 10 Jahre nach meinem Erbfall; oder alternativ
- mit Bestehen der Meisterprüfung des Nacherben

ein.

Vor- und Nacherbe beerben jeweils den Verstorbenen, bilden aber zusammen keine Erbengemeinschaft. Nach dem Erbfall verfügt der Vorerbe neben seinem Eigenvermögen über ein Sondervermögen, eben die Erbschaft. Mit dem Nacherbfall geht dieses geerbte Sondervermögen von selbst und unmittelbar auf den Nacherben über (§ 2139 BGB). Davor verfügt der Nacherbe über eine echte Anwartschaft.

TOD DES VORERBEN: Wenn der Vorerbe stirbt und damit die Nacherbfolge eintritt, kommt es zu zwei Erbfällen: Das Eigenvermögen des Vorerben fällt an dessen gesetzliche, testamentarische oder erbvertragliche Erben. Das der Nacherbschaft unterliegende Sondervermögen geht an die Nacherben.

I. Gründe für die Anordnung der Vor- und Nacherbschaft

Durch diese Gestaltungsoption kann der Verstorbene sein Vermögen lange an seine Familie binden und vorher bestimmen, wer sein Vermögen später einmal bekommt. Die Vorerben können nämlich die so geerbten Vermögensgegenstände nicht selber nach ihrer Wahl vererben oder verschenken. Die Vor- und Nacherbschaft kann sogar doppelt angeordnet werden: Der Nacherbe ist dann wieder nur Vorerbe, der nur bis zum zweiten Nacherbfall Erbe ist. WEITERER VORTEIL BEI ÜBERSCHULDETEN ERBEN: Durch die Vor- und Nacherbschaft kann die Erbschaft vor Gläubigern des Vorerben oder vor Zugriffen von Sozialhilfeträgern geschützt werden. Auch bei EHEGATTEN ist die Vor- und Nacherbschaft manchmal beliebt: So ist der längerlebende Ehegatte zwar finanziell versorgt, kann aber das geerbte Vermögen etwa nach einer Wiederheirat nicht an den neuen Ehegatten vererben. Der längerlebende Ehegatte erhält dann nur die Erträge der Erbschaft. Die Erbschaft selbst darf er aber nicht verbrauchen – außer im Testament oder Erbvertrag ist etwas anderes bestimmt.

II. Zeitliche Beschränkung der Vorerbschaft

Das Gesetz sieht eine zeitliche Beschränkung für den Nacherbfall vor (§ 2109 BGB). So wird die Einsetzung eines Nacherben mit Ablauf von 30 Jahren nach dem Erbfall unwirksam. Der Vorerbe wird dann Vollerbe; die Nacherbschaft entfällt. Der Verstorbene kann also nicht anordnen, dass der Nacherbfall 35 Jahre nach seinem Erbfall eintritt. Ausnahmsweise bleibt die Einsetzung des Nacherben auch nach Ablauf von 30 Jahren wirksam (§ 2109 Absatz 1 BGB), wenn

- die Nacherbfolge durch ein bestimmtes Ereignis, wie beispielsweise den Tod des Vorerben, angeordnet ist und derjenige, in dessen Person das Ereignis eintreten soll, zur Zeit des Erbfalls lebt oder
- einem Vorerben oder einem Nacherben für den Fall, dass ihm ein Bruder oder eine Schwester geboren wird, der Bruder oder die Schwester als Nacherbe bestimmt ist.

Beratertipp zur Abgrenzung von Vor- und Nacherbschaft zu Vollerbschaft und Nießbrauch:
Manchmal muss durch Auslegung festgestellt werden, ob der Verstorbene tatsächlich die Vor- und Nacherbschaft anordnen wollte. So kann Wille des Verstorbenen auch sein, dass jemand bereits sofort Vollerbe (statt Nacherbe) wird und der vermeintliche Vorerbe tatsächlich nur den Nießbrauch an der gesamten Erbschaft zugewiesen bekommen hat. Sofern trotz der Auslegung weiterhin Unklarheit besteht, sind die verschiedenen gesetzlichen Auslegungs- und Ergänzungsregeln heranzuziehen (§§ 2101–2106, 2107 und 2269 BGB).

III. Rechtsposition des Vorerben

Mit dem Erbfall gehen Vermögen und Verbindlichkeiten des Verstorbenen auf den Vorerben über. Der Vorerbe hat ALLE RECHTE UND PFLICHTEN EINES „NORMALEN" ERBEN zu beachten, auch wenn er nur zeitlich beschränkter Erbe bis zum Nacherbfall ist. Er kann daher beispielsweise die geerbten Vermögensgegenstände verkaufen (§ 2112 BGB). Der Nacherbe wird in diesem Fall durch die SURROGATION geschützt: Wenn der Vorerbe einen Gegenstand verkauft hat, tritt an dessen Stelle der Veräußerungserlös (§ 2111 Absatz 1 BGB). Dieser geht also nicht in das Eigenvermögen des Vorerben über, sondern fällt anstelle des verkauften Gegenstandes in die Vorerbschaft. In die Vorerbschaft gelangt auch das, was der Vorerbe aufgrund eines zur Erbschaft gehörenden Rechts oder als Ersatz für Zerstörung, Beschädigung oder Entziehung eines Erbschaftsgegenstandes erhält (§ 2111 Absatz 1 BGB).

IV. Verfügungsbeschränkungen

Das Gesetz schränkt den Vorerben wie folgt ein:

- Er darf keine Gegenstände verschenken (§ 2113 Absatz 2 BGB).
- Er darf über Grundstücke oder grundstücksgleiche Rechte, wie etwa Grundschulden, nicht verfügen, außer der Nacherbe stimmt zu (§ 2113 Absatz 1 BGB).
- Auf Verlangen des Nacherben hat er bestimmte Wertpapiere zu hinterlegen, und zwar Inhaberpapiere und die mit Blankoindossament versehenen Orderpapiere (§ 2116 BGB).
- GELD ist mündelsicher anzulegen, so dass ein Verlust verhindert wird (§§ 2119, 1807 BGB). Dem Vorerben ist es also mit Barvermögen aus dem Nachlass nicht gestattet, an der Börse zu spekulieren.

V. Ordnungsgemäße Verwaltung durch den Vorerben

Der Vorerbe ist verpflichtet, die Erbschaft ordnungsgemäß zu verwalten (§ 2130 BGB). Er hat das Erbschaftsinteresse des Nacherben zu beachten, das auf Substanzerhaltung und -vermehrung gerichtet ist. Zu den Verwaltungsmaßnahmen gehört es auch, NACHLASSVERBINDLICHKEITEN ZU BEGLEICHEN. Wenn dafür nicht genügend Barvermögen im Nachlass vorhanden ist, darf der Vorerbe auch zu diesem Zweck Nachlassgegenstände veräußern. Dem Vorerben ist es auch gestattet, neue Verbindlichkeiten einzugehen und so beispielsweise ein DARLEHEN AUFZUNEHMEN. Bei bestimmten vom Vorerben vorzunehmenden Maßnahmen kann der Nacherbe verpflichtet sein, einzuwilligen (§ 2120 BGB).

VI. Nutzungen und Kosten der Vorerbschaft

Nach dem gesetzlichen Bild der Vor- und Nacherbschaft darf der Vorerbe die Substanz der Erbschaft nicht verbrauchen. So ist es ihm versagt, das Barvermögen für sich zu verwenden, also beispielsweise davon zu leben. Ähnlich wie beim Nießbrauch stehen ihm die Nutzungen der Erbschaft zu, die in sein Eigenvermögen fallen und die er nach seinem Belieben verwenden und verbrauchen kann. Hierzu zählen beispielsweise ZINSEN, MIETE, FRÜCHTE, GEWINNE BEI UNTERNEHMEN et cetera (§ 2111 Absatz 1, 100, 101 BGB). Im Gegenzug muss der Vorerbe die GEWÖHNLICHEN ERHALTUNGSKOSTEN, wie übliche Ausbesserungs- und Reparaturkosten, auf Erbschaftsgegenstände anfallende Steuern und Versicherungsprämien sowie Zinsen für Nachlassverbindlichkeiten tragen (§ 2124 Absatz 1 BGB). Außergewöhnliche Aufwendungen kann der Vorerbe aus der Erbschaft bestreiten, so etwa die neue Heizungsanlage oder die Instandsetzung eines Daches des zum Nachlass zugehörigen Hauses.

VII. Befreite Vorerbschaft

Von den meisten gesetzlichen Beschränkungen kann der VORERBE im Testament oder Erbvertrag von dem Verstorbenen BEFREIT worden sein. So kann es der Verstorbene dem Vorerben gestattet haben, auch das geerbte Vermögen als solches für sich zu verbrauchen oder auch Grundstücke zu verkaufen. Der Verstorbene kann in seinem Testament oder Erbvertrag angeordnet haben, dass der Vorerbe von sämtlichen Beschränkungen befreit ist, soweit dies gesetzlich möglich ist. Der Vorerbe kann nämlich von den folgenden Beschränkungen nicht befreit werden:

- vom Verbot von Schenkungen (§ 2113 Absatz 2 BGB);
- vom Surrogationsprinzip (§ 2111 BGB);
- von der Beschränkung der Eigengläubiger des Vorerben persönlich, dass diese nicht wegen Schulden des Vorerben in die Vorerbschaft vollstrecken können (§ 2115 BGB);
- von der Verpflichtung, ein Inventar über sämtliche Gegenstände und Verbindlichkeiten der Erbschaft zu erstellen und dies dem Nacherben zu geben (§ 2121 BGB);
- von der Verpflichtung, den Zustand der Erbschaft durch einen Sachverständigen feststellen zu lassen (§ 2122 Satz 2 BGB) und
- von der Verpflichtung des Vorerben, dem Nacherben später gegebenenfalls Schadensersatz zu leisten (§ 2138 Absatz 2 BGB).

VIII. Rechtsposition des Nacherben vor dem Nacherbfall

Der Nacherbe ist zwar mit dem Nacherbfall der Gesamtrechtsnachfolger des Verstorbenen (§ 2139 BGB). Zwischen dem ersten Erbfall und dem Nacherbfall hat er indes schon eine unentziehbare und gesicherte Rechtsposition inne, und zwar das ANWARTSCHAFTSRECHT auf die Nacherbschaft. Dieses Recht ist vererblich und auch übertragbar. Der Nacherbe kann also schon vor dem Nacherbfall das Anwartschaftsrecht verkaufen und verpfänden (notarielle Beurkundung erforderlich).

Dem Nacherben stehen vor Eintritt des Nacherbfalls folgende AUSKUNFTS-, PRÜFUNGS- UND MITBESTIMMUNGSRECHTE zu:

- Er kann vom Vorerben ein Nachlassverzeichnis mit sämtlichen Gegenständen verlangen (§ 2121 Absatz 1 BGB).
- Er kann auf seine eigenen Kosten den Zustand der zur Erbschaft gehörenden Sachen durch Sachverständige feststellen lassen (§ 2122 BGB).
- Er kann vom Vorerben einen Wirtschaftsplan verlangen, wenn sich im Nachlass ein Wald, ein Bergwerk oder dergleichen befindet (§ 2123 BGB).
- Er kann jederzeit Auskunft über den gegenwärtigen Zustand der Erbschaft verlangen, wenn der Vorerbe durch seine Verwaltung die Rechte des Nacherben möglicherweise erheblich verletzt (§ 2127 BGB).
- Wenn durch das Verhalten des Vorerben oder seine ungünstige Vermögenslage die Besorgnis einer erheblichen Verletzung der Rechte des Nacherben begründet wird, kann dieser vom Vorerben Sicherheitsleistung begehren (§ 2128 Absatz 1 BGB).

IX. Rechtsposition des Nacherben nach dem Nacherbfall

Durch den Vonselbsterwerb erwirbt der Nacherbe mit dem Nacherbfall die gesamte Erbschaft direkt vom Verstorbenen. Der Nacherbe kann von dem Vorerben oder dessen Erben die Herausgabe von Sachen verlangen (§ 2130 Absatz 1 BGB). Bei gewissen Pflichtverletzungen des Vorerben kann der Nacherbe von ihm Schadensersatz verlangen. Dagegen kann der Vorerbe ein Zurückbehaltungsrecht geltend machen, wenn er vom Nacherben Ersatz seiner Aufwendungen verlangen kann (§§ 2124–2126 BGB). Hat der Vorerbe Gegenstände der Erbschaft für sich verwendet, muss er dem Nacherben Wertersatz leisten (§ 2134 Satz 1 BGB). Ferner kann der Nacherbe vom Vorerben Rechenschaft (§ 2130 Absatz 2 BGB) und ein Bestandsverzeichnis verlangen (§ 260 BGB).

X. Erbschaftsteuer

Häufig wirkt sich die Vor- und Nacherbschaft erbschaftsteuerlich nachteilig aus. Sowohl der Vorerbfall und auch der Nacherbfall müssen getrennt besteuert werden. So wird zunächst der Vorerbe als Vollerbe besteuert (§ 6 Erbschaftsteuergesetz); dieser darf die Steuer mit Mitteln der Erbschaft zahlen. Im Zeitpunkt des ersten Erbfalls ist der Nacherbe noch nicht steuerpflichtig. Das ist erst mit Eintritt der Nacherbfolge der Fall. Dann muss der Nacherbe den Erwerb der Erbschaft mit den zu diesem Zeitpunkt vorhandenen Werten versteuern. Weiter ordnet § 6 Erbschaftsteuergesetz an:

- Tritt die Nacherbfolge durch den Tod des Vorerben ein, ist der Erwerb vom Vorerben zu versteuern. Auf Antrag ist das Verhältnis zum Verstorbenen maßgebend, so dass Freibeträge und Steuersatz komfortabler sein können.
- Tritt die Nacherbfolge aufgrund eines anderen Ereignisses ein (also nicht bei Tod des Vorerben), ist der Erwerb als vom Verstorbenen stammend zu versteuern (§ 6 Absatz 3 Erbschaftsteuergesetz). Dem Nacherben ist die vom Vorerben entrichtete Steuer anzurechnen, aber abzüglich desjenigen Betrages, der der tatsächlichen Bereicherung des Vorerben entspricht.

Erbfolge über Generationen
Durch das Rechtsinstitut der Vor- und Nacherbfolge hat es ein Testierender in der Hand, festzuhalten, wer sein Vermögen auch eine oder gar mehrere Generationen später erhält. Diese Erbeinsetzung ist bei einigen Eltern beliebt, die Sorge haben, dass ein nicht ganz so genehmes Schwiegerkind in den Genuss ihres Vermögens gelangen könnte. Ihr Kind setzen sie dann (nur) zum Vorerben ein, was bedeutet, dass dieses Kind nicht Schenkungen aus dem geerbten Vermögen machen oder es nach seinem Belieben vererben oder vermachen kann. Schon vorher ist rechtsverbindlich festgehalten worden, dass zumeist nach Ableben des Vorerben seine Kinder, also die Enkelkinder des eigentlichen Verstorbenen, das Vermögen erhalten. Der normale Vorerbe hat wirtschaftlich gesehen nur die Rechtstellung eines Nießbrauchsberechtigten. Wird er befreit, kann er das geerbte Vermögen für sich verbrauchen, darf es aber weiterhin nicht verschenken, vererben oder vermachen. Eine solche Gestaltung ist aber missbrauchsanfällig, denn der Vorerbe kann Vermögen einfach verschwinden lassen. Oftmals sind die Beteiligten zu

Recht mit einer solchen Begünstigung unzufrieden, da sie nicht frei handeln können. In solchen Fällen verkaufen oftmals die Nacherben ihre Aussicht auf die spätere Erbschaft an den Vorerben, der in vielen Fällen so zum unbeschränkten Alleinerben wird.

11

Testamentsvollstreckung

Der Testierende kann einen Testamentsvollstrecker berufen, der für die Abwicklung und Verteilung des Nachlasses an Erben und Vermächtnisnehmer verantwortlich ist. Auch kann eine Testamentsvollstreckung über lange Zeiträume angeordnet werden, was sicherstellt, dass die Erben nicht sofort über das Nachlassvermögen verfügen können. Das Kapitel beleuchtet die Sichtweisen sowohl des Testierenden als auch der Erben, denen durch eine Testamentsvollstreckung nur wenige Rechte verbleiben.

11. Testamentsvollstreckung

Bei einer Erbengemeinschaft sind Konflikte oftmals schon vorprogrammiert. Wenn jemand Streit unter seinen Erben vermeiden möchte, sollte er durch sein Testament oder seinen Erbvertrag einen Testamentsvollstrecker ernennen (§ 2197 BGB). Dem Testamentsvollstrecker obliegt dann alleine die ABWICKLUNG DES ERBES und die Verteilung auf die einzelnen Miterben. Diese können hierbei selber nicht mitwirken, so dass sie das Gefühl haben können, dass ihnen der Verstorbene die Auseinandersetzung nicht zugetraut hat. Manchmal fühlen sie sich sogar entmündigt. Deswegen sollte jemand, der eine Testamentsvollstreckung anordnen möchte, vorher seinen Erben erläutern, warum er sich für eine Testamentsvollstreckung entschieden hat. Schließlich profitieren die Miterben von einer Testamentsvollstreckung dadurch, dass bei Ernennung eines qualifizierten Testamentsvollstreckers das Erbe professionell von einer neutralen Person abgewickelt wird. Unter den erbenden Verwandten wird Streit vermieden. Auch bei Einsetzung eines Alleinerben kann sich die Testamentsvollstreckung anordnen: Es ist dann sichergestellt, dass Vermächtnisse ohne Schwierigkeiten erfüllt und Auflagen beachtet werden. Dem Alleinerben wird so die Last der Nachlassabwicklung abgenommen.

I. Einsetzung eines Testamentsvollstreckers

Im Testament oder Erbvertrag können ein oder mehrere Personen zu Testamentsvollstreckern namentlich bestimmt worden sein. Der Verstorbene kann auch nur grundsätzlich die Testamentsvollstreckung angeordnet haben und darüber hinaus, dass entweder eine bestimmte Person oder das Nachlassgericht jemanden zum Testamentsvollstrecker ernennen soll. Auch einem Miterben kann das Amt des Testamentsvollstreckers übertragen werden. Dies empfiehlt sich aber nicht, da er letztlich auch seine eigenen Interessen als Erbe vertritt und so mit einem Interessenkonflikt zu rechnen ist. Als Testamentsvollstrecker kann auch eine Bank oder Sparkasse ernannt werden. Der Verstorbene kann dem Testamentsvollstrecker genaue und sehr spezifizierte Vorgaben gemacht haben, wie er den Nachlass zu verwalten hat. Man spricht von Verwaltungsanordnungen.

Formulierungsvorschlag für die Einsetzung eines Testamentsvollstreckers

Ich ordne für meinen gesamten Nachlass Testamentsvollstreckung an. Zum Testamentsvollstrecker ernenne ich ... , ersatzweise .... Sofern auch die Ersatzperson das Amt nicht übernehmen kann oder wegfällt, soll das Nachlassgericht eine Person bestimmen. Aufgabe des Testamentsvollstreckers ist die Auseinandersetzung des Nachlasses unter den Miterben. Ergänzend zu den gesetzlichen Bestimmungen ordne ich an, dass er die Auseinandersetzung nach billigem Ermessen vornehmen soll. In der Eingehung von Verbindlichkeiten für den Nachlass ist der Testamentsvollstrecker nicht beschränkt. Von den Beschränkungen des § 181 BGB ist er befreit, er darf mithin mit sich selbst Geschäfte machen.

GEGENSTÄNDLICHE TESTAMENTSVOLLSTRECKUNG: Die Testamentsvollstreckung muss sich nicht zwingend auf den gesamten Nachlass beziehen. So kann der Verstorbene auch nur die Testamentsvollstreckung hinsichtlich der Erfüllung von Vermächtnissen oder nur hinsichtlich einzelner Gegenstände wie beispielsweise die Immobilien angeordnet haben. Er kann auch nur für einzelne Miterben die Testamentsvollstreckung anordnen, was sich bei minderjährigen Erben anbieten kann.

BERATERTIPP ZUR AUSLEGUNG:
Auch wenn in einem Testament oder in einem Erbvertrag nicht das Wort Testamentsvollstrecker oder Testamentsvollstreckung verwandt wurde, kann die Auslegung ergeben, dass eine Testamentsvollstreckung angeordnet ist.

II. Aufgaben und Befugnisse des Testamentsvollstreckers

Oftmals hat der Verstorbene in dem Testament oder Erbvertrag keine nähere Angabe zu dem Umfang der Testamentsvollstreckung gemacht, so dass der gesetzliche Regelfall der Abwicklungstestamentsvollstreckung vorliegt (§§ 2203–2207 BGB). Der Testamentsvollstrecker ist dann wie folgt verpflichtet:

- Er hat die angeordneten Aufgaben ZU ERFÜLLEN und Verwaltungsanordnungen umzusetzen (§ 2203 BGB).
- Er hat den NACHLASS ZU VERWALTEN (§ 2216 BGB). Dazu zählt etwa das Barvermögen sinnvoll anzulegen, die Wohnung, Abos und Mitgliedschaften zu kündigen, den Grabstein zu bestellen oder auch Immobilien zu verkaufen.

Mängel beim Hausverkauf:
Haben die Erben Kenntnis von Mängeln an einer Immobilie, die der Testamentsvollstrecker verkauft, muss dieser sich nach dem Bundesgerichtshof vom 19. März 2021 nicht dieses Wissen zurechnen lassen (Az. V ZR 158/19).

- Er muss die SCHULDEN des Verstorbenen BEGLEICHEN. Gleiches gilt auch für die Kosten der Beerdigung. Sofern hierfür das Barvermögen im Nachlass nicht ausreicht, darf der Testamentsvollstrecker sogar zu Lasten des Nachlasses Schulden aufnehmen – soweit dies zur ordnungsgemäßen Verwaltung erforderlich ist (§§ 2206, 2207 BGB).

- Zu den wichtigen Pflichten eines Testamentsvollstreckers gehört auch, die ERBSCHAFTSTEUERERKLÄRUNG ABZUGEBEN (§ 149 Abgabenordnung, § 31 Absatz 5 Satz 1 Erbschaftsteuergesetz). Der Steuerbescheid wird zwar dem Testamentsvollstrecker bekannt gemacht, er ist aber nicht befugt, dagegen Einspruch einzulegen. Dazu müsste er erst von den Erben bevollmächtigt sein. Die Erbschaftsteuer kann er mit Mitteln aus dem Nachlass bezahlen (§ 32 Absatz 1 Erbschaftsteuergesetz).

Der Testamentsvollstrecker kann bei Rechtsstreitigkeiten im Zusammenhang mit dem Nachlass Personen verklagen (§ 2212 BGB). Falls jemand den Nachlass verklagen möchte, kann er seine Klage wahlweise gegen den Testamentsvollstrecker oder gegen die Erben richten (§ 2213 BGB).

BERATERTIPP ZU BEVOLLMÄCHTIGTEN: Auch wenn der Testamentsvollstrecker sein Amt angenommen hat, kann ein personenverschiedener Bevollmächtigter den Verstorbenen, also nun den Nachlass, weiter und damit neben dem Testamentsvollstrecker vertreten.

AM ENDE hat der Testamentsvollstrecker die verbleibenden Vermögensgegenstände unter den Miterben aufzuteilen. Dabei hat er die Erbquoten und auch Teilungsanordnungen zu beachten. Ebenfalls kann er Ausgleichspflichten und auch Vorschenkungen des Verstorbenen an einzelne Miterben zu berücksichtigen haben (› Seite 198 ff.). Auf dieser Basis hat der Testamentsvollstrecker den Teilungsplan zu erstellen. Bevor er danach das verbleibende Vermögen verteilt, muss er die Erben hierzu anhören. Auch wenn es nicht erforderlich ist, dass die Erben diesem Teilungsplan zustimmen, sollte der Testamentsvollstrecker im eigenen Interesse darauf hinwirken. Dadurch reduziert er sein Risiko, später von den Miterben wegen einer eventuellen Pflichtverletzung in die Haftung genommen zu werden erheblich.

III. Beschränkungen des Testamentsvollstreckers

Die Befugnisse des Testamentsvollstreckers sind außerordentlich weitreichend. Er darf aber nicht Vermögensgegenstände aus dem Nachlass anderen Personen schenken, außer es entspricht einer sittlichen Pflicht oder wird aus Rücksicht auf den „Anstand“ vorgenommen (§ 2205 BGB). Ein solches Anstandsgeschenk kann bei Zuwendungen vielleicht an die langjährige Haushälterin oder Pflegekraft in Betracht kommen.

Eine weitere Beschränkung des Testamentsvollstreckers besteht darin, dass dieser mit sich selbst keine Geschäfte machen darf (§ 181 BGB). So ist dem Testamentsvollstrecker verwehrt, an sich selbst als Privatperson einen Gegenstand aus dem Nachlass wie beispielsweise das Auto zu verkaufen. Ein solcher Vertrag ist unwirksam; die Erben können den Kaufgegenstand zurückverlangen. Soll der Testamentsvollstrecker aber auch solche Geschäfte tätigen dürfen, kann ihm das bereits im Testament oder Erbvertrag gestattet werden.

IV. Zusätzliche Aufgaben bei der Dauertestamentsvollstreckung

Es kommt häufiger vor, dass jemand nicht möchte, dass seine Erben mehr oder weniger sofort nach dem Erbfall über den gesamten Erbteil verfügen können. Auch bei der zuvor beschriebenen Abwicklungstestamentsvollstreckung erhalten die Erben – je nach Umfang des Nachlasses – ihren Erbteil vielleicht nach 6 bis 24 Monaten nach dem Erbfall. Gerade wenn die Erben dann noch jung sind, besteht die Gefahr, dass sie verschwenderisch mit dem plötzlichen Vermögenszuwachs umgehen. Wenn jemand diese Gefahr sieht, sollte er die Testamentsvollstreckung über einen längeren Zeitraum anordnen. Man spricht von der Dauertestamentsvollstreckung (§ 2209 BGB). Der Verstorbene kann dann genau innerhalb einer Verwaltungsanordnung festgelegt haben, ob, und wenn ja, in welchem Umfang der Erbe jährlich bereits Vermögen und/oder Erträge aus dem Nachlass erhalten soll.

Bei der Dauervollstreckung, so der richtige Begriff, hat der Testamentsvollstrecker grundsätzlich zunächst die gleichen Aufgaben zu erledigen wie sie ihm bei der Abwicklungstestamentsvollstreckung obliegen. Er hat lediglich den Nachlass nicht sofort unter den Erben auseinanderzusetzen und an diese herauszugeben. Das ist erst bei der Beendigung der Dauertestamentsvollstreckung erforderlich, deren Zeitpunkt sich aus dem Testament oder Erbvertrag ergibt.

V. Haftung des Testamentsvollstreckers

BERATERTIPP ZUR HAFTUNG DES TESTAMENTSVOLLSTRECKERS:
Bei Rechtsgeschäften, die riskant sein können, ist dem Testamentsvollstrecker zu empfehlen, sich zuvor die Zustimmung der Erben einzuholen. Dann sind die Erben später gehindert, ihn in Regress zu nehmen.

Hat ein Testamentsvollstrecker seine Pflichten verletzt, ist er dem Erben zu Schadensersatz verpflichtet (§ 2219 BGB). Der Testamentsvollstrecker kann beispielsweise seine Pflichten verletzt haben,

- wenn er spekulative Wertpapiergeschäfte betreibt oder
- er einen Vermögensgegenstand weit unter Wert verkauft hat.

Erben können aber nur dann Schadensersatz durchsetzen, wenn der Testamentsvollstrecker vorsätzlich oder fahrlässig gehandelt hat.

VI. Rechte der Erben

Wenn ein Erbe mit der Testamentsvollstreckung beschwert ist, ist er in seinen Rechten erheblich beschränkt. Er darf die Nachlassgegenstände weder verkaufen noch verbrauchen. Ihm ist es sogar verwehrt, selber Auskünfte bei Banken und anderen Vertragspartnern des Verstorbenen einzuholen. Damit ein Erbe dem Testamentsvollstrecker nicht vollkommen ausgeliefert ist, sieht das Gesetz für ihn einige wenige Rechte gegenüber dem Testamentsvollstrecker vor.

Zu den ersten Pflichten des Testamentsvollstreckers nach Annahme des Amtes gehört es, dem Erben baldmöglichst ein VERZEICHNIS der zum Nachlass gehörenden Vermögensgegenstände und Verbindlichkeiten zukommen zu lassen (§ 2215 BGB). Hierzu ist der Testamentsvollstrecker auch dann verpflichtet, wenn er von den Erben nicht entsprechend aufgefordert wird. Wenn der Testamentsvollstrecker dieser Pflicht nicht von selbst nachkommt, sollten die Erben ihn hierzu auffordern. Bleibt der Testamentsvollstrecker nach wie vor untätig, können die Erben ihn verklagen, dass er ein Nachlassverzeichnis aufstellt und ihnen dieses gibt.

FRÜHZEITIGE HERAUSGABE EINIGER NACHLASSGEGENSTÄNDE an die Erben: Soweit ein Testamentsvollstrecker Gegenstände aus dem Nachlass nicht mehr benötigt, um die ihm aufgetragenen Aufgaben zu erfüllen, hat er diese dem Erben schon herauszugeben, bevor er die gesamte Testamentsvollstreckung beenden kann (§ 2217 BGB). Wenn der Testamentsvollstrecker beispielsweise einen Prozess führt, der nur einen kleinen Teil des Nachlasses betrifft, kann er verpflichtet sein, bereits einen Teil des Vermögens an die Erben herauszugeben. Die Erben können den Testamentsvollstrecker sogar entsprechend verklagen.

Über das Nachlassverzeichnis hinaus kann der Erbe vom Testamentsvollstrecker Auskünfte über dessen Tätigkeit, seine Verwaltungsmaßnahmen und über den Stand der Abwicklung verlangen (§§ 2218, 666 BGB). Bei einer LÄNGER DAUERNDEN TESTAMENTSVOLLSTRECKUNG kann der Erbe jährlich verlangen, dass der Testamentsvollstrecker ihm Rechenschaft leistet. Dieser hat dann einen Überblick über die einzelnen Einnahmen und Ausgaben zu geben (§ 2218 Absatz 2 BGB).

VII. Beginn und Ende des Amtes

Derjenige, der von dem Verstorbenen zum Testamentsvollstrecker bestimmt ist, ist nicht automatisch ab dem Todestag Testamentsvollstrecker. Vielmehr muss er die Annahme des Amtes ausdrücklich gegenüber dem Nachlassgericht erklären (§ 2206 BGB). Keiner ist aber verpflichtet, das Amt anzunehmen. Er kann auch ablehnen, was er dem Nachlassgericht mitteilen muss. Wenn jemand das Amt angenommen hat, endet dies:

- mit seinem Tod, da das Amt nicht vererblich ist (§ 2225 BGB);
- mit erfolgter Auseinandersetzung der Erbengemeinschaft;
- mit Ablauf einer vom Verstorbenen gesetzten Frist oder gesetzten Bedingung;
- mit der Kündigung des Testamentsvollstreckers, wozu er jederzeit berechtigt ist. Diese hat der Testamentsvollstrecker gegenüber dem Nachlassgericht zu erklären (§ 2226 BGB);
- mit ENTLASSUNG DURCH DAS NACHLASSGERICHT, nachdem die Erben oder Vermächtnisnehmer bei Gericht einen Entlassungsantrag gestellt haben. Der ist erfolgreich, wenn ein wichtiger Grund vorliegt (§ 2227 BGB). Dazu erforderliche Pflichtverletzungen können vorliegen, wenn der Testamentsvollstrecker nicht tätig wird, er das Nachlassverzeichnis nicht oder nur fehlerhaft errichtet hat oder er den Erben nicht gesetzlich vorgeschriebene Auskünfte erteilt. Mit der erfolgten Entlassung ist aber nicht gesagt, dass die Testamentsvollstreckung als solche beendet ist. Es muss dann geklärt werden, ob das Testament oder der Erbvertrag für diesen Fall bereits Vorkehrungen

getroffen hat oder ob es dem Willen des Verstorbenen entspricht, dass das Nachlassgericht einen Nachfolger benennt.

Beispiel zur Entlassung eines Testamentsvollstreckers:
Das OLG Saarbrücken hat durch Beschluss vom 28. Juli 2020 einen Testamentsvollstrecker entlassen (Az. 5 W 26/20). Dort herrschten im Verhältnis zum Erben unüberbrückbare persönliche Spannungen und ein weiteres gedeihliches Zusammenwirken aus Gründen, die auch in der Person des Testamentsvollstreckers liegen, war nicht zu erwarten.

VIII. Vergütung

BERATERTIPP FÜR DIE VERGÜTUNG DES TESTAMENTSVOLLSTRECKERS:
Zu empfehlen ist die Aufnahme einer Vergütungsregelung, die sich nach dem Zeitaufwand bemisst. Ferner sollte es dem Testamentsvollstrecker gestattet sein, eine Haftpflichtversicherung zulasten des Nachlasses abzuschließen.

Neben Auslagenersatz steht dem Testamentsvollstrecker eine – so heißt es im Gesetz – „angemessene Vergütung“ zu (§ 2221 BGB). Da die Berechnung der Höhe der Vergütung des Testamentsvollstreckers mithin gesetzlich nicht vorgeschrieben ist, empfiehlt es sich, bereits im Testament oder Erbvertrag zu fixieren, wie sich die Vergütung des Testamentsvollstreckers berechnet. Es kann auch der Vergütungsanspruch ausgeschlossen sein. Dies erhöht sicherlich nicht die Motivation einer Person, das oftmals zeitaufwändige und nervenaufreibende Testamentsvollstreckeramt zu übernehmen.

Wenn aber im Testament oder Erbvertrag nicht solche Vorkehrungen getroffen wurden, ist die Höhe der Vergütung anderweitig zu ermitteln. Hierfür sind der Umfang, die Dauer, die Schwierigkeit und auch der Wert des Nachlasses ausschlaggebend. Recht beliebt sind die sogenannten Vergütungsempfehlungen des Deutschen Notarvereins, die auch als „Neue Rheinische Tabelle“ bezeichnet werden. Die Höhe der Vergütung richtet sich nach dem Bruttonachlasswert, so dass Schulden nicht abzuziehen sind.

Nachlasswert	Vergütung in Prozent
bis 250.000,00 EUR	4 %
bis 500.000,00 EUR	3 %
bis 2,5 Mio. EUR	2,5 %
bis 5 Mio. EUR	2 %
über 5 Mio. EUR	1,5 %

Mindestens aber der höchste Betrag der Vorstufe.

Je nach Aufgaben und Umfang können Zuschläge verlangt werden, wobei die Gesamtvergütung nicht das Dreifache des Vergütungsgrundbetrages überschreiten soll.

Bei einer DAUERTESTAMENTSVOLLSTRECKUNG kann der Testamentsvollstrecker jährlich nach diesen Vergütungsempfehlungen ⅓ bis ½ % des in dem jeweiligen Jahr vorhandenen Nachlassbruttowertes oder – wenn höher – 2 bis 4 % des jährlichen Nachlassbruttoertrages verlangen. Da ein Unternehmen im Nachlass einen höheren Aufwand mit sich bringt, kann der Testamentsvollstrecker für seine Vergütung 10 % des jährlichen Reingewinns beanspruchen.

Der Testamentsvollstrecker kann diese Vergütung als Nachlassverbindlichkeit selbst am Ende dem Nachlass entnehmen. Daneben kann der Testamentsvollstrecker mit Nachlassmitteln auch von ihm für etwaig zu führende Prozesse beauftragte Rechtsanwälte oder für die Erstellung der Steuererklärungen beauftragte Steuerberater bezahlen.

IX. Nachlassgericht

Der Testamentsvollstrecker muss die Annahme, Kündigung und auch die Beendigung des Testamentsvollstreckeramtes dem Nachlassgericht gegenüber erklären. Bei dem Nachlassgericht kann er auch ein Testamentsvollstreckerzeugnis beantragen. Mit diesem kann er sich dann etwa Banken und weiteren Vertragspartnern des Verstorbenen gegenüber als Testamentsvollstrecker legitimieren. Das Verfahren des Testamentsvollstreckerzeugnisses ist ähnlich wie das des Erbscheins (› Seite 89 ff.).

Für die Beurkundung der eidesstattlichen Versicherung, die für den Antrag auf ein Testamentsvollstreckerzeugnis erforderlich ist, fällt eine Gebühr von 1,0 an (Nr. 23300 KV GNotKG nach Tabelle B, › Seite 272, unabhängig ob vor Gericht oder vor einem Notar). Zudem ist die Verfahrensgebühr von 1,0 für die Erteilung des Testamentsvollstreckerzeugnisses durch das Gericht zu entrichten (Nr. 12210 KV GNotKG nach Tabelle B, › Seite 272). Der Geschäftswert beläuft sich auf 20 % des Aktivnachlasswertes (§ 40 Absatz 5 GNotKG).

Beratertipp zum Testamentsvollstreckerzeugnis:
In manchen Fällen können Aufwand und Kosten eines Testamentsvollstreckerzeugnisses dadurch gespart werden, dass die Person des Testamentsvollstreckers bereits innerhalb einer Vorsorgevollmacht oder Generalvollmacht von dem Verstorbenen bevollmächtigt wurde. Dann kann dieser sich mit Hilfe der Vollmacht legitimieren. Auch die Ernennung eines Testamentsvollstreckers in einem notariellen Testament oder Erbvertrag erübrigt in vielen Fällen die Notwendigkeit eines Testamentsvollstreckerzeugnisses.

Dem Nachlassgericht steht gegenüber dem Testamentsvollstrecker weder ein Aufsichtsrecht noch eine Weisungsbefugnis zu. Der Testamentsvollstrecker muss dem Gericht auch keinen Bericht erstatten. Wenn der Erbe unzufrieden mit dem Testamentsvollstrecker ist und ein Entlassungsgrund vorliegt, kann der Erbe beim Nachlassgericht einen Entlassungsantrag stellen (§ 2227 BGB). Wenn mehrere Testamentsvollstrecker sich das Amt teilen und unterschiedlicher Meinung hinsichtlich einer zu treffenden Maßnahme sind, entscheidet hierüber das Nachlassgericht (§ 2224 BGB).

Regieren aus dem Grab heraus
Wer es böse formulieren möchte, spricht bei der Anordnung einer Testamentsvollstreckung von einer Entmündigung der Erben. Sie können nicht frei über den Nachlass entscheiden; der Testamentsvollstrecker hat eine sehr starke Rechtstellung inne. Andere Erben finden die Testamentsvollstreckung sehr bequem, da sie sich quasi um nichts kümmern müssen und nur die Hand aufhalten können. Ob eine Testamentsvollstreckung richtig ist, muss im Einzelfall entschieden werden. Wenn allerdings gemeinnützige Institutionen erben sollen, bietet sich regelmäßig an, dass der Testierende eine ihm genehme und sympathische Person zu seinem Testamentsvollstrecker ernennt.

12

Erbengemeinschaft

Erbt mehr als eine Person, besteht unweigerlich eine Erbengemeinschaft. Die Erben haben sich dann über alles zu einigen. Das bringt eine Menge Konfliktpotenzial. Die Rechtslage für alle Beteiligten wird in diesem Kapitel geschildert.

12. Erbengemeinschaft

Immer, wenn den Verstorbenen zwei und mehr Personen beerben, entsteht eine Erbengemeinschaft. Dabei ist es gleichgültig, ob die Miterben aufgrund des Gesetzes, eines Testamentes oder eines Erbvertrages zu Erben berufen sind. Die Erbengemeinschaft ist eine sogenannte Gesamthandsgemeinschaft. Der Nachlass geht ungeteilt auf die Miterben über und wird so GEMEINSCHAFTLICHES SONDERVERMÖGEN der Erben (§ 2032 BGB). Jedem Erben gehören also zwei Vermögensmassen, und zwar sein (bisheriges) Eigenvermögen und seine Beteiligung am Nachlass in Höhe seiner Erbquote als Sondervermögen.

Die Erbengemeinschaft lässt sich gut mit einem Unternehmen vergleichen. Das Unternehmen entspricht der Erbengemeinschaft und die Gesellschafter entsprechen den Miterben, die aber – anders als bei einem Unternehmen – nicht ihre Miterben aussuchen konnten. Aufgrund dieser Zufallsgemeinschaft aus Personen mit durchaus sehr unterschiedlichen Vorstellungen ist eine Erbengemeinschaft besonders konfliktträchtig. Die einzelnen Gegenstände der Erbengemeinschaft stehen nicht im Eigentum einzelner Miterben. Einem einzelnen Miterben gehört auch nicht ein Anteil an den einzelnen Gegenständen aus dem Nachlass in Höhe seiner Erbquote. Ein Miterbe darf demnach nicht alleine einen Nachlassgegenstand oder seinen Anteil daran ohne Abstimmung mit den Miterben verkaufen oder alleine nutzen (§ 2033 Absatz 2 BGB).

Da die Erbengemeinschaft nicht rechtsfähig und KEINE JURISTISCHE PERSON ist, kann sie weder Klagen beim Gericht einreichen noch verklagt werden. Vertrags- und Prozesspartei sind daher die einzelnen Miterben zusammen. Im Grundbuch werden die Namen der einzelnen Miterben mit dem Zusatz „in Erbengemeinschaft" eingetragen, und zwar ohne jeweils die einzelnen Erbquoten (§ 47 Grundbuchordnung). Die Grundbuchberichtigung kann von einem einzelnen Miterben beantragt werden und ist in den ersten beiden Jahren nach dem Erbfall gerichtsgebührenfrei.

Formulierungsvorschlag zur Grundbuchberichtigung:
An das Amtsgericht ..., Grundbuchamt

Sehr geehrte Damen und Herren,

im Grundbuch von ... war unsere verstorbene Mutter als Alleineigentümerin nachfolgenden Grundbesitzes eingetragen ... Ausweislich des in Kopie beiliegenden Erbscheins haben wir unsere Mutter beerbt. Wir beantragen hiermit die Berichtigung des Grundbuchs durch unsere Eintragung in Erbengemeinschaft.

Mit freundlichen Grüßen

Ein Erbe

Auf den Anteil eines jeden Erben finden die Vorschriften für den Alleinerben Anwendung, etwa für die Regeln des Vonselbsterwerbs, der Ausschlagung und der Annahme des Erbes (§1922 Absatz 2 BGB). Das bedeutet, dass jeder einzelne Miterbe für sich entscheiden kann, ob er seinen Erbteil annimmt oder diesen ausschlägt.

I. Wichtige Begriffe innerhalb der Erbengemeinschaft

Immer wieder kommen im Recht der Erbengemeinschaft folgende Begriffe vor:

- Die Erbengemeinschaft stellt ein Sondervermögen dar, in dem sämtliche Vermögensgegenstände und Verbindlichkeiten des Verstorbenen aufgehen. Die Miterben halten einen Anteil an diesem Sondervermögen in Höhe ihrer Erbquote. Daher sind einzelne Miterben nicht berechtigt, einzelne Vermögensgegenstände etwa an sich zu nehmen oder diese zu verkaufen. So etwas dürfen sie nur gemeinsam tun. Allen gehört alles, beschränkt aber durch die Rechte der anderen Miterben. Von diesem Sondervermögen ist das Eigenvermögen der Miterben abzugrenzen, bei dem es sich um die Vermögensgegenstände und Verbindlichkeiten handelt, die dem Miterben bereits vor dem Erbfall gehörten.
- Die Miterben haben bis zur Auflösung der Erbengemeinschaft den Nachlass zu verwalten. Je nach Art der Nachlassverwaltung müssen sie solche Entscheidungen einstimmig oder mit einfacher Mehrheit treffen. Spezielle Maßnahmen dürfen sie auch alleine durchführen.
- Fällt in den Nachlass ein Grundstück oder eine Immobilie, so kann jeder Miterbe alleine die TEILUNGSVERSTEIGERUNG über dieses Objekt bei dem Amtsgericht beantragen. Das Gericht lässt dann von einem Sachverständigen den Wert schätzen und führt die Versteigerung durch. Vom Antrag bis zur Versteigerung vergehen schnell 12 Monate.
- VOREMPFÄNGE, die ein Miterbe von dem Verstorbenen erhalten hat, können seinen Erbanspruch reduzieren. Zu solchen Vorempfängen

zählen GESCHENKE, Ausstattungen wie eine Unterstützung zum selbst genutzten Wohnhaus oder der Zuschuss zur Gründung eines eigenen Unternehmens und übermäßige Zuschüsse zum Unterhalt oder zur Ausbildung.
- Jede Erbengemeinschaft ist irgendwann von den Miterben aufzulösen. Man spricht von der AUSEINANDERSETZUNG. Nachdem die Verbindlichkeiten beglichen wurden, sind die noch verbleibenden Vermögensgegenstände unter den Miterben anhand deren Erbquote aufzuteilen. Jeder Miterbe hat das Recht, die anderen Miterben darauf zu verklagen, dem von ihm erstellten Teilungsplan zur Auseinandersetzung der Erbengemeinschaft zuzustimmen. Solche Klagen sind sehr riskant; zumeist kommen sie nicht durch. Besser ist es, wenn die Miterben sich gemeinsam und einvernehmlich einigen. Sie müssen dann einen AUSEINANDERSETZUNGSVERTRAG aufsetzen.

II. Verfügung über den Erbanteil

Zwar kann ein einzelner Miterbe nicht über einzelne Nachlassgegenstände verfügen, also einen solchen verkaufen oder verschenken – auch nicht hinsichtlich seines Anteils. Stattdessen kann er über seinen Anteil an der Erbengemeinschaft ganz oder teilweise verfügen, also an einen Dritten übertragen oder diesen belasten (§ 2033 Absatz 1 BGB). Ein solcher Vertrag bedarf der notariellen Form (§ 2033 Absatz 1 BGB). Der Erwerber tritt in die Rechtsposition des veräußernden Miterben ein.

Beispiel zur Verfügung über den Erbanteil:
Ein Miterbe mit einer Erbquote von 50 % kann entweder seinen gesamten hälftigen Anteil verkaufen oder beispielsweise nur die Hälfte davon. Danach wären er und der erwerbende Dritte jeweils zu 25 % an der Erbengemeinschaft beteiligt.

Bei einem Verkauf steht den anderen Miterben ein Vorkaufsrecht zu (§ 2034 BGB; zusätzliche Regelungen in den §§ 2371 ff. BGB). Dadurch gibt das Gesetz den anderen Miterben die Möglichkeit zu verhindern, dass eine fremde, unerwünschte Person in die Erbengemeinschaft eintritt. Der veräußernde Miterbe hat seine Miterben über den Verkauf zu informieren; diese Pflicht wird durch die Mitteilung des Käufers ersetzt. Die Miterben können dann innerhalb von 2 Monaten ihr Vorkaufsrecht gegenüber dem verkaufenden Miterben erklären. Sofern der Erbanteil bereits auf den Käufer übertragen wurde, ist das Vorkaufsrecht gegenüber dem Käufer zu erklären. Vorkaufsberechtigt sind die übrigen Miterben gemeinsam. Erst nachdem die übrigen Erben auf ihr Vorkaufsrecht verzichtet haben, kann ein einzelner Miterbe dieses Recht für sich alleine ausüben.

Als Verfügung kommt nicht nur ein Verkauf oder eine Schenkung in Betracht, sondern auch eine PFANDRECHTSBESTELLUNG, beispielsweise zugunsten einer finanzierenden Bank (§ 1273 BGB) oder die Einräumung eines Nießbrauchs (§ 1068 BGB). Mit der Verpfändung erwirbt der Pfandrechtsgläubiger das Recht auf Mitverwaltung und -verfügung sowie auf Mitwirkung bei der Auseinandersetzung.

BERATERTIPP FÜR VERSCHULDETE MITERBEN UND SOZIALHILFEEMPFÄNGER: Gläubiger eines Miterben können dessen Anteil an einer Erbengemeinschaft (teilweise) pfänden. Wenn ein Sozialhilfeempfänger geerbt hat, können die Voraussetzungen für den Bezug von Sozialhilfe nicht mehr vorliegen. Er muss sich in jedem Fall mit dem Sozialamt verständigen.

III. Verwaltung des Nachlasses

In der Zeit bis zur Auflösung der Erbengemeinschaft verwalten die Miterben den Nachlass gemeinschaftlich (§ 2038 Absatz 1 BGB). Jeder Miterbe ist verpflichtet, bei den zur Erhaltung des Nachlasses erforderlichen Maßnahmen mitzuwirken. Die Verwaltung umfasst alle tatsächlichen und rechtlichen Maßnahmen, die zur Verwahrung, Sicherung und Vermehrung sowie zur Gewinnung der Nutzung und Begleichung der Verbindlichkeiten des Nachlasses erforderlich oder geeignet sind. Bei der Verwaltung ist zwischen dem Innen- und dem Außenverhältnis zu unterscheiden, also zwischen der internen Entscheidungsfindung und der anschließenden Umsetzung.

§ 2038 BGB: Gemeinschaftliche Verwaltung des Nachlasses

(1) Die Verwaltung des Nachlasses steht den Erben gemeinschaftlich zu. Jeder Miterbe ist den anderen gegenüber verpflichtet, zu Maßregeln mitzuwirken, die zur ordnungsmäßigen Verwaltung erforderlich sind; die zur Erhaltung notwendigen Maßregeln kann jeder Miterbe ohne Mitwirkung der anderen treffen.

(2) Die Vorschriften der §§ 743, 745, 746, 748 finden Anwendung. Die Teilung der Früchte erfolgt erst bei der Auseinandersetzung. Ist die Auseinandersetzung auf längere Zeit als ein Jahr ausgeschlossen, so kann jeder Miterbe am Schluss jedes Jahres die Teilung des Reinertrags verlangen.

1. Die Entscheidungsfindung (Innenverhältnis)
Die Anforderung an die Entscheidungsfindung unter den Miterben hängt von der Art der Verwaltungsmaßnahme ab. Es ist zwischen folgenden Arten zu unterscheiden (§ 2038 BGB):

- Maßnahmen der laufenden Verwaltung,
- Maßnahmen der außerordentlichen Verwaltung, also grundlegende Angelegenheiten sowie
- Notverwaltungsmaßnahmen bei besonderer Dringlichkeit.

Zu den LAUFENDEN VERWALTUNGSMASSNAHMEN (sogenannte ordnungsgemäße Verwaltung) zählen beispielsweise

- Vertragsschlüsse mit Handwerkern wegen Reparaturen und Instandhaltungsmaßnahmen von Gegenständen aus dem Nachlass,
- Forderungs- und Mietzinseinziehung,
- Anfechtung beispielsweise eines Wohnungseigentümerbeschlusses,
- Widerruf einer von dem Verstorbenen erteilten Vollmacht,
- Verbindlichkeiten der Erbengemeinschaft zu bezahlen,
- Wohnungen zu vermieten,
- Barvermögen und Wertpapiere anzulegen,
- Regelungen zur Benutzung von Nachlassgegenständen zu vereinbaren sowie
- Pflichtteilsansprüche zu beziffern und auszuzahlen.

Eine solche MASSNAHME der laufenden Verwaltung muss nach objektiver vernünftiger Betrachtung der Art und Zweckbestimmung des Gegenstandes entsprechen, ZUR ORDNUNGSGEMÄSSEN VERWALTUNG ERFORDERLICH sein und das Interesse aller Miterben berücksichtigen (§ 2038 Absatz 1 Satz 2 Halbsatz 1 BGB). Dadurch darf keine wesentliche Veränderung eintreten, da ansonsten eine Maßnahme der außerordentlichen Verwaltung vorliegt (› Seite 189). Ob eine Maßnahme zur laufenden oder zur außerordentlichen Verwaltung zählt, ist jeweils eine Einzelfallentscheidung.

Für eine wirksame Entscheidung ist der Beschluss DER MEHRHEIT DER MITERBEN erforderlich (§§ 2038 Absatz 2 Satz 1, 745 BGB). Die Stimmenmehrheit richtet sich nicht nach Köpfen, sondern nach den jeweiligen Erbteilen, die sich in der Regel nach den ERBQUOTEN bestimmen. Beschlüsse der Erbengemeinschaft sind sogar mündlich möglich; es empfiehlt sich aber die Schriftform. Im Idealfall werden von Zeit zu Zeit die Miterben zu einer gemeinsamen Versammlung eingeladen, bei der die anstehenden Verwaltungsmaßnahmen besprochen und beschlossen werden.

Formulierungsvorschlag eines Protokolls der Erbenversammlung:
Sämtliche Miterben waren anwesend, und zwar ...

Im Einverständnis sämtlicher Miterben hat Miterbe ... den Vorsitz übernommen.

Miterbe ... führte zu TOP 1 aus: ... Daraufhin beschlossen die Miterben einstimmig, dass das Mietverhältnis gekündigt werden soll. Herr ... wird beauftragt und bevollmächtigt, alle erforderlichen Schritte zu unternehmen.

Miterbe ... führte zu TOP 2 aus: ... Die Miterben beschlossen mit einer Mehrheit von 75 %, dass die Heizung im Gebäude ... erneuert werden soll. Miterbe ... wird beauftragt, entsprechende Angebote einzuholen.

Jeder Miterbe ist verpflichtet, an den Entscheidungen mitzuwirken. Ist er überstimmt, muss er bei der Umsetzung mitwirken, soweit dies erforderlich ist. Anderenfalls kann er sich schadensersatzpflichtig machen. Ein Miterbe, der gegen einen Beschluss stimmt, kann gegebenenfalls von den anderen Miterben auf Zustimmung verklagt werden. Ein Miterbe kann bei der Beschlussfassung ausgeschlossen sein, wenn ein INTERESSENWIDERSTREIT zwischen ihm und der Erbengemeinschaft vorliegt. Das kann der Fall sein, wenn er der Erbengemeinschaft Geld schuldet und die Entscheidung ansteht, diese Forderung gegen ihn – gegebenenfalls auch gerichtlich – durchzusetzen, oder wenn er mit der Erbengemeinschaft einen Mietvertrag abgeschlossen hat, den einige Erben kündigen möchten.

AUSSERORDENTLICHE VERWALTUNGSMASSNAHMEN haben für den Nachlass eine ERHEBLICHE WIRTSCHAFTLICHE BEDEUTUNG, wie beispielsweise

- zumeist die Veräußerung einer Immobilie oder
- die Umwandlung eines geerbten Unternehmens in eine andere Branche.

Ein solcher Beschluss muss unter den Miterben einstimmig gefasst werden (§ 2038 Absatz 1 Satz 1, § 745 Absatz 3 BGB).

Wenn ein Rohr eines Hauses gebrochen ist oder das Dach brennt, kann ein Miterbe selbstverständlich sofort tätig werden, ohne dass die anderen Miterben zustimmen müssen. Bei diesen NOTVERWALTUNGSMASSNAHMEN handelt es sich um Dringlichkeitsfälle im Rahmen der ordnungsgemäßen Verwaltung. Jeder Miterbe kann dann alleine entscheiden (§ 2038 Absatz 1 BGB).

BERATERTIPP ZU EINVERNEHMLICHEN ENTSCHEIDUNGEN: Oftmals werden aber Vertragspartner der Erbengemeinschaft die Unterschrift von allen Miterben fordern. Banken möchten, dass sämtliche Miterben Überweisungsformulare unterschreiben. In der Praxis ist es daher einfacher, wenn sämtliche Miterben eine Entscheidung mittragen und ausführen. In einer Erbengemeinschaft sollten die Miterben daher – soweit irgendwie möglich – einvernehmliche Entscheidungen treffen.

2. Umsetzung der Entscheidung (Außenverhältnis)
Hat eine Erbengemeinschaft einen Mehrheitsbeschluss hinsichtlich einer laufenden Verwaltungsmaßnahme gefasst, kann die Mehrheit den Beschluss auch umsetzen. Beispielsweise können sie einen Vertrag mit einem Handwerker über Renovierungsarbeiten schließen, Überweisungen durch die Bank veranlassen oder einen Rechtsanwalt beauftragen, vielleicht eine Forderung einzutreiben. Ein überstimmter Miterbe muss also nicht erst auf Unterschriftsleistung verklagt werden, wenn er sich weigert mitzuwirken.

3. Aufwendungsersatzansprüche
Wird ein Miterbe aufgrund eines wirksamen Beschlusses der Erbengemeinschaft oder wegen einer Notverwaltungsmaßnahme tätig, kann er für die entstehenden Aufwendungen einen Vorschuss (§ 669 BGB) oder nachträglich Aufwendungsersatz (§ 670) verlangen. Kosten und Lasten der Verwaltung werden nach dem Verhältnis der Erbteile verteilt (§§ 2038 Absatz 2, 748 BGB). Grundsätzlich hat die Erbengemeinschaft dem Miterben, der Geld verauslagt hat, aus ihren liquiden Mitteln Ersatz zu leisten. Ist das Barvermögen aufgebraucht, kann der Miterbe spätestens bei der Auseinandersetzung der Erbengemeinschaft Ersatz verlangen. Unter Umständen braucht er aber so lange nicht zu warten und kann sogar direkt von den einzelnen Miterben Zahlung verlangen. Sie müssen dann aus ihrem Eigenvermögen Zahlung leisten.

Beispiel zum Aufwendungsersatz:
Die Erbengemeinschaft besteht aus der Witwe und den vier Töchtern des Verstorbenen aus erster Ehe. Die Witwe wohnt weiterhin im nachlasszugehörigen Wohnhaus und bezahlt zunächst Grundsteuer und die Prämien der Gebäudeversicherung. Ihre Aufwendungen kann sie sich nicht von der Erbengemeinschaft ersetzen lassen, da die Konten leer sind. In diesem Fall hat das Amtsgericht Neuss die Töchter verurteilt, der Witwe ihre Aufwendungen in Höhe ihrer jeweiligen Erbquote zu ersetzen (Urteil vom 5. Februar 2008 – Az. 75 C 4850/07).

4. Verfügungen über Nachlassgegenstände
Verfügen dürfen Erben nur gemeinschaftlich (§ 2040 Absatz 1 BGB). Hierfür einige Beispiele:

- Übereignung eines verkauften Nachlassgegenstandes,
- Kündigung eines Mietvertrages,
- Aufrechnung mit einer zum Nachlass gehörenden Forderung gegen eine Nachlassverbindlichkeit,
- Erlass oder Abtretung einer Forderung oder
- Rücktritt oder Anfechtung von Verträgen.

§ 2040 BGB: Verfügung über Nachlassgegenstände, Aufrechnung

(1) Die Erben können über einen Nachlassgegenstand nur gemeinschaftlich verfügen.

(2) Gegen eine zum Nachlass gehörende Forderung kann der Schuldner nicht eine ihm gegen einen einzelnen Miterben zustehende Forderung aufrechnen.

Im Regelfall müssen sämtliche Miterben vor dieser Verfügung einwilligen; eine nachträgliche Genehmigung ist in einigen Fällen möglich (§§ 182 ff. BGB). Wenn aber eine solche Verfügung einen Mehrheitsbeschluss der Erbengemeinschaft über eine Maßnahme der laufenden Verwaltung umsetzen soll, wird vertreten, dass dann nicht sämtliche Miterben bei dieser Verfügung mitwirken müssen.

VERFÜGUNGEN GEGENÜBER DER ERBENGEMEINSCHAFT: Wenn ein Mieter der Erbengemeinschaft gegenüber kündigen möchte, muss er sämtlichen Miterben die Kündigung zugehen lassen. Das Gleiche gilt auch bei einem Rücktritt von einem Vertrag, gegebenenfalls auch bei einer Anfechtung.

5. Nutzung der Nachlassgegenstände

Der Gebrauch der Nachlassgegenstände steht allen Miterben anteilig und gemeinschaftlich zu. Ein nachlasszugehöriges Wohnhaus oder Auto dürfen so alle Miterben im Hinblick auf ihre Erbquote nutzen, soweit der Mitgebrauch durch die anderen Miterben hierdurch nicht beeinträchtigt wird (§§ 2038 Absatz 2, 743 Absatz 2 BGB). Die Festlegung der Art und Weise des Gebrauchs unterliegt als Maßnahme der laufenden Verwaltung der Mehrheitsentscheidung der Erbengemeinschaft.

6. Erträge der Nachlassgegenstände

Die Erträge der Nachlassgegenstände fallen in den Nachlass, so Dividenden von Aktien oder Mietzinsen von vermieteten Wohnungen. Diese Einnahmen werden grundsätzlich auf die einzelnen Miterben erst bei der Auseinandersetzung der Erbengemeinschaft verteilt. Wenn jedoch die Auseinandersetzung länger als ein Jahr ausgeschlossen ist, kann jeder Miterbe am Jahresende die Teilung des Reinertrages verlangen (§ 2038 Absatz 2 BGB).

7. Kosten der Nachlassgegenstände

Sämtliche Kosten und Lasten der Erbengemeinschaft sind aus den Mitteln der Erbengemeinschaft zu begleichen. Letztlich trägt jeder Miterbe diese Verbindlichkeiten in Höhe seiner jeweiligen Erbquote. Das betrifft auch die Aufwendungen eines Miterben, die aufgrund eines wirksamen Beschlusses der Erbengemeinschaft ausgelöst wurden (§§ 669, 670 BGB).

IV. Üblicher Streitfall: Die Nutzung des Hauses des Verstorbenen

Ein typischer Fall: Der Verstorbene hinterlässt seiner Ehefrau und seinen Kindern im Wesentlichen sein Wohnhaus und etwas Barvermögen. Zwischen der Witwe und den Kindern entbrennt ein Streit über die Frage, ob die Witwe das Wohnhaus weiterhin nutzen darf, ob sie „Miete" zu entrichten hat und wer die Lasten und Kosten des Wohnhauses zu übernehmen hat.

1. Ohne eine Vereinbarung

Solange die Miterben keine Regelung über die Benutzung und die Lastentragung getroffen haben, dürfen sie grundsätzlich alle dieses Wohnhaus nutzen. Solange die miterbenden Kinder aber ihr Recht auf Mitgebrauch nicht geltend gemacht haben, ist der Alleingebrauch durch die Witwe zulässig. Viele glauben, dass die nutzende Witwe „automatisch" „Miete" zu bezahlen und die Lasten des Hauses zu übernehmen hat. Das ist falsch.

Vielmehr müssen die Lasten des Hauses, wie Gebäudeversicherung und Grundsteuer, aus Mitteln der Erbengemeinschaft bezahlt werden. Erst wenn ein Kind geltend gemacht hat, dass es das Wohnhaus auch nutzen möchte und die nutzende Witwe sich weigert, dies zuzulassen, kann das ausgeschlossene Kind Schadensersatz verlangen (Bundesgerichtshof, Urteil vom 29. Juni 1966 – Az. V ZR 163/63).

BERATERTIPP ZUR NUTZUNG DES HAUSES OHNE NUTZUNGSREGELUNG:
Der nichtnutzende Miterbe sollte baldmöglichst nach dem Erbfall geltend machen, dass er das Wohnhaus mitbenutzen möchte – zumindest aus taktischen Gründen. Daraufhin sollte der nutzende Miterbe mitteilen, dass der Anspruchsteller jederzeit in das Haus einziehen kann. Anderenfalls kann der ausgeschlossene Miterbe „Miete" von dem nutzenden Miterben als Schadensersatz verlangen, da er die Mitbenutzung nicht gewährt hat.

2. Vereinbarung über individuelle Nutzung

Oftmals entspricht es nicht dem Willen der einzelnen Miterben, wenn nur die Witwe das Wohnhaus nutzt und die Lasten dieses Wohnhauses mittelbar über die Erbengemeinschaft von sämtlichen Miterben in Höhe ihrer jeweiligen Erbquote getragen werden. Die Erbengemeinschaft kann dann einen Beschluss über die Nutzung und über die Lastentragung des Wohnhauses fassen; es handelt sich um einen Beschluss der laufenden Verwaltung (§ 2038 Absatz 1 Satz 2 Halbsatz 1 BGB). Der örtliche Mietspiegel – soweit vorhanden – kann Anhaltspunkte für die Zahlungen bieten, die die nutzende Witwe an die Kinder zu leisten hat.

Formulierungsvorschlag für einen Nutzungsbeschluss:
Die Witwe bewohnt das Gebäude ... alleine. Im Gegenzug obliegt ihr, die üblichen Lasten wie erwa Versicherung, Grundsteuer, Strom, Müllabfuhr zu tragen. Sie hat ferner monatlich je 200 EUR an die Miterben ... und ... für die Nutzung zu entrichten. Soweit Renovierungsmaßnahmen erforderlich sind, treffen die Miterben gemeinsam eine Entscheidung.

3. Anspruch auf individuelle Nutzungsvereinbarung

Unter ganz besonderen Umständen kann ein Miterbe eine Regelung zur Nutzung und Lastentragung von den übrigen Miterben verlangen – und dies sogar einklagen, und zwar

- wenn die Erbengemeinschaft hierzu keinen Beschluss oder keine Vereinbarung getroffen hat;
- wenn die bestehende Regelung lückenhaft ist oder
- wenn eine nachträgliche wesentliche Änderung der tatsächlichen Verhältnisse eingetreten ist.

Die verlangte Regelung muss VERNÜNFTIGER INTERESSENABWÄGUNG unter den Miterben und BILLIGEM ERMESSEN entsprechen (§ 745 Absatz 2 BGB). Hat die Witwe bereits zu Lebzeiten mit ihrem verstorbenen Ehemann in dem nachlasszugehörigen Wohnhaus gewohnt, steht ihr weiterhin das Recht zum alleinigen Gebrauch zu. Wenn die anderen Miterben fordern, ins Haus einzuziehen, verstieße diese Forderung gegen billiges Ermessen. Es würde den Interessen sämtlicher Beteiligten entsprechen, wenn die Witwe eine Nutzungsentschädigung an die nichtnutzenden Miterben zahlt. Dazu sollten die nichtnutzenden Miterben die Witwe zur Zahlung einer Nutzungsentschädigung auffordern, die den örtlichen Gegebenheiten entspricht. Der örtliche Mietspiegel bietet eine gute Argumentationsgrundlage.

Formulierungsvorschlag für Schreiben an die nutzende Witwe:

Liebe Stiefmutter,

seit dem Erbfall bewohnst Du das Haus, das Teil der Erbengemeinschaft ist. Dadurch schließt Du mich von meinem Recht der Nutzung aus. Deiner alleinigen Nutzung widerspreche ich. Gleichwohl bin ich mit Deiner Weiternutzung einverstanden, wenn Du neben den laufenden Kosten der Erbengemeinschaft eine angemessene Nutzungsentschädigung bezahlst. Die ortsübliche, monatliche Miete für eine vergleichbare Immobilie in dieser Lage beträgt 1.200 EUR. Ich bitte Dich, ab dem 1. April 2021 diesen Betrag auf das Konto der Erbengemeinschaft anzuweisen.

Schöne Grüße

Die Stieftochter

Reagiert die Witwe auf eine solche Forderung nicht, kann sie von den anderen Miterben verklagt werden – entweder auf Zustimmung zu der Benutzungsregelung oder direkt auf Zahlung. Das Gericht entscheidet dann, in welcher Höhe eine Nutzungsentschädigung angemessen ist.

BERATERTIPP ZUR ENTSCHEIDUNGSFINDUNG BEZÜGLICH DES WOHNHAUSES:

Der Erbengemeinschaft ist dringend zu empfehlen, sich am „runden Tisch“ über eine Regelung hinsichtlich der Nutzung und der Lastentragung des Wohnhauses zu einigen. Klagen auf Zustimmung zu solchen Regelungen oder direkt auf Zahlung sind durchaus riskant – und verderben die Stimmung unter den Miterben. Eine baldige, einvernehmliche Auseinandersetzung der Erbengemeinschaft rückt in weite Ferne.

V. Einziehung von Nachlassforderungen

Stehen der Erbengemeinschaft gegen Dritte oder gegen Miterben Forderungen zu, so ist jeder Miterbe alleine berechtigt, diese Ansprüche des Nachlasses außergerichtlich und sogar gerichtlich geltend zu machen (§ 2039 Satz 1 BGB). Es ist nicht erforderlich, dass zuvor ein entsprechender Beschluss der Erbengemeinschaft getroffen wurde. Der einzelne Miterbe klagt im eigenen Namen. Er kann aber die Zahlung nur an die Erbengemeinschaft verlangen, nicht hingegen auf sein Privatkonto. Besteht kein Konto auf Namen des Verstorbenen mehr oder auf Namen der Erbengemeinschaft, so ist Zahlung zur Hinterlegung bei dem Amtsgericht zu fordern. So scheitert die Geltendmachung von Nachlassforderungen nicht an der Gleichgültigkeit von Miterben und stellt sicher, dass auch Ansprüche gegen einzelne Miterben durchgesetzt werden können.

Formulierungsvorschlag für den Einzug einer Nachlassforderung:
Sehr geehrte Frau ...,

ich habe meinen Vater zu ¼ beerbt. Der Anlage können Sie eine beglaubigte Kopie des Erbscheins entnehmen. Ich habe festgestellt, dass meinem verstorbenen Vater gegen Sie eine Forderung in Höhe von 10.000 EUR zusteht, die mittlerweile fällig ist. Ich fordere Sie auf, diesen Betrag spätestens bis zum ... auf das Konto der Erbengemeinschaft bei der Sparkasse ..., IBAN ..., anzuweisen.

Mit freundlichen Grüßen

Ein Miterbe

VI. Die Haftung der Miterben

Für sämtliche Nachlassverbindlichkeiten haften die Miterben als Gesamtschuldner (§§ 2058, 421 BGB). Daher steht es jedem Nachlassgläubiger frei, von einem Miterben nach seiner Wahl den vollen Betrag zu fordern oder einzuklagen. Der Miterbe, der die gesamte Forderung gezahlt hat, kann danach die anderen Miterben in Regress nehmen (§ 426 BGB).

Die Haftung von Miterben für Nachlassverbindlichkeiten richtet sich nach folgenden drei Phasen:

- VOR DER ANNAHME DER ERBSCHAFT kann ein Miterbe von einem Gläubiger nicht gerichtlich in Anspruch genommen werden (§ 2058 BGB).
- BIS DIE ERBENGEMEINSCHAFT NOCH NICHT AUSEINANDERGESETZT und aufgelöst ist, bildet der Nachlass gesamthänderisches Sondervermögen der Miterben. Der Miterbe ist in dieser Zeit berechtigt, die Leistung aus seinem Eigenvermögen zu verweigern (§ 2059 Absatz 1 Satz 1 BGB). Ein Nachlassgläubiger kann sich aussuchen,
  - ob er einen oder mehrere Miterben für die gesamte Schuld verklagt (Gesamtschuldklage, § 2058 BGB) oder
  - alle sich widersetzenden Miterben auf Duldung der Zwangsvollstreckung in den Nachlass verklagt (§ 2059 Absatz 2 BGB).
- Ist die Erbengemeinschaft aufgeteilt, kann ein Nachlassgläubiger einen Miterben nach seiner Wahl in Anspruch nehmen. Ein in Anspruch genommener Miterbe kann die anderen Miterben in Höhe ihrer jeweiligen Erbquote in Anspruch nehmen.

VII. Auskunftspflichten

Grundsätzlich stehen Miterben untereinander keine Auskunftsansprüche hinsichtlich des Bestandes des Nachlasses zu. Ein Miterbe kann also von einem anderen Miterben nicht verlangen, dass dieser ein Verzeichnis über sämtliche Nachlassgegenstände und -verbindlichkeiten erstellt. Schließlich kann sich jeder Miterbe selbst Auskunft einholen, beispielsweise unter Vorlage eines Erbscheins bei der Bank über die Konten des Verstorbenen. Im engen Rahmen besteht unter den Erben eine Auskunftspflicht aus Treu und Glauben (§ 242 BGB), der Umfang ist aber sehr umstritten.

Ein Miterbe kann jedoch anderen zur Auskunft verpflichtet sein, wenn er beispielsweise für den Verstorbenen als Bevollmächtigter für diesen Geschäfte vorgenommen oder mit ihm in einer Wohnung – auch nur zeitweise – zusammengelebt hat (§ 2028 BGB). Haben Kinder als Miterben von dem Verstorbenen Vorschenkungen erhalten, die nunmehr Auswirkungen auf ihren Erbteil haben, so sind sie untereinander diesbezüglich auskunftspflichtig (§ 2057 BGB). Wenn die Erbengemeinschaft einen einzelnen Miterben beauftragt hat, für die Erbengemeinschaft Geschäfte vorzunehmen, so hat der beauftragte Miterbe den anderen Miterben Auskunft und Rechenschaft zu leisten (§ 666 BGB).

BERATERTIPP ZU AUSKÜNFTEN UNTER MITERBEN: Zu empfehlen ist zur friedlichen Erbauseinandersetzung, dass die Miterben sich nicht darüber streiten, wer zu welchen Auskünften verpflichtet ist. Vielmehr ist es effektiver, wenn der informierte Miterbe ein Nachlassverzeichnis erstellt. Das ist dann die Grundlage für die Erbauseinandersetzung.

VIII. Vorbereitungen zur Erbauseinandersetzung

Das Gesetz sieht vor, dass die Miterben die Erbengemeinschaft auseinanderzusetzen und mithin die Vermögensgegenstände unter sich aufzuteilen haben. Um dieses Ziel zu erreichen, sind Vorbereitungsmaßnahmen erforderlich.

1. Aufschub oder Ausschluss der Erbauseinandersetzung
Die Auseinandersetzung der Erbengemeinschaft ist aufgeschoben oder ausgeschlossen, wenn die Erbteile der Miterben beispielsweise durch eine anstehende Geburt noch unbestimmt sind, die Miterben eine entsprechende Regelung durch Vertrag getroffen haben oder der Verstorbene den Ausschluss im Testament angeordnet hat (§ 2044 BGB, maximal 30 Jahre). Über eine solche Anordnung können sich die Erben einstimmig hinwegsetzen.

§ 2044 BGB: Ausschluss der Auseinandersetzung
(1) *Der Erblasser kann durch letztwillige Verfügung die Auseinandersetzung in Ansehung des Nachlasses oder einzelner Nachlassgegenstände ausschließen oder von der Einhaltung einer Kündigungsfrist abhängig machen. Die Vorschriften des § 749 Abs. 2, 3, der §§ 750, 751 und des § 1010 Abs. 1 finden entsprechende Anwendung.*
(2) *Die Verfügung wird unwirksam, wenn 30 Jahre seit dem Eintritt des Erbfalls verstrichen sind. Der Erblasser kann jedoch anordnen, dass die Verfügung bis zum Eintritt eines bestimmten Ereignisses in der Person eines Miterben oder, falls er eine Nacherbfolge oder ein Vermächtnis anordnet, bis zum Eintritt der Nacherbfolge oder bis zum Anfall des Vermächtnisses gelten soll. Ist der Miterbe, in dessen Person das Ereignis eintreten soll, eine juristische Person, so bewendet es bei der dreißigjährigen Frist.*

2. Fahrplan der Auseinandersetzung
Bevor die Erbengemeinschaft auseinandergesetzt werden kann, ist Folgendes zu veranlassen:

- Sämtliche Aktiva und Passiva sollten in ein VERZEICHNIS aufgenommen sein.
- Die VERBINDLICHKEITEN der Erbengemeinschaft müssen beglichen werden (§ 2046 BGB). Wenn hierzu die Kontenguthaben des Nachlasses nicht ausreichen, müssen entweder die Miterben Geld aus

ihrem Eigenvermögen vorschießen oder es müssen einzelne Nachlassgegenstände verkauft werden.

- Die Ansprüche der VERMÄCHTNISNEHMER (› Seite 146 ff.) sowie der PFLICHTTEILSBERECHTIGTEN (› Seite 210) müssen erfüllt werden. Gleiches gilt auch für etwaige Vorausvermächtnisse zugunsten von einzelnen Miterben.
- Hat der Verstorbene einzelne Nachlassgegenstände bestimmten Miterben durch TEILUNGSANORDNUNGEN in seinem Testament oder Erbvertrag zugewiesen (› Seite 153 ff.), so sind diese Anordnungen von der Erbengemeinschaft zu beachten. Einvernehmlich können sich die Miterben darüber aber hinwegsetzen.
- Soweit danach noch Nachlassgegenstände vorhanden sind, sind diese im Grundsatz in Natur zu teilen. Barvermögen kann so auf die einzelnen Miterben in Höhe ihrer jeweiligen Erbquote verteilt werden.

Beispiel zur Teilung:
Von 10 gleichen Tellern erhalten beide Miterben jeweils fünf Stück.

- Sofern eine Teilung in Natur nicht möglich ist oder eine einvernehmliche Regelung nicht getroffen werden kann, müssen die Nachlassgegenstände „versilbert" werden. Die Miterben sollten einvernehmlich versuchen, dass diese Gegenstände verkauft werden oder dass einzelne Miterben diese Gegenstände unter Anrechnung auf ihren Erbteil erhalten. Schwierig ist häufig die Wertbestimmung. Dann sollten Sachverständige den Wert schätzen. Einigen sich die Miterben nicht, müssen diese Gegenstände versteigert werden. Grundstücke werden im Wege der Teilungsversteigerung verwertet (§ 180 Zwangsversteigerungsgesetz). Jeder Miterbe ist alleine berechtigt, einen entsprechenden Antrag beim Amtsgericht zu stellen. Bewegliche Gegenstände werden über die Vorschriften über den Pfandverkauf verwertet (§§ 1228 ff. BGB), zumeist durch öffentliche Versteigerung.
- Persönliche und familiäre Urkunden bleiben Gesamteigentum, wenn sich die Miterben über die Zuteilung nicht einigen können (§ 2047 Absatz 2 BGB).

Formulierungsvorschlag für einen Antrag auf Teilungsversteigerung:
An das Amtsgericht (...), Vollstreckungsabteilung

Antrag auf Teilungsversteigerung

Grundbesitz (genaue Bezeichnung)

Sehr geehrte Damen und Herren,

hiermit beantrage ich als Miterbe die Teilungsversteigerung des sich aus dem Betreff ergebenden Grundbesitzes zur Aufhebung der Gemeinschaft.

Der ursprüngliche Eigentümer, mein Vater, ... , ist am 3. Mai 2021 verstorben und gesetzlich von seiner Ehefrau, meinem Bruder und mir beerbt worden. Die Einzelheiten gehen aus dem in Kopie beigefügten Erbschein hervor.

Der Verstorbene hat einen Ausschluss der Auseinandersetzung der Erbengemeinschaft nicht angeordnet. Auch wir Erben haben einen solchen Ausschluss nicht vereinbart.

Der Grundbesitz steht leer. Die Erbengemeinschaft ist leider zerstritten; wir konnten uns auf keinen Käufer einigen. Die Teilungsversteigerung ist notwendig, um die Erbengemeinschaft auseinandersetzen zu können.

Mit freundlichen Grüßen

Ein Miterbe

IX. Die Auswirkungen von Vorempfängen des Verstorbenen an seine Kinder

Hat der Verstorbene einzelnen Kindern aus verschiedenen Gründen Vorempfänge gewährt, können sich diese Begünstigungen im Rahmen der Erbauseinandersetzung für die begünstigten Miterben reduzierend auswirken. Diese Ausgleichspflichten kommen aber nur unter Kindern des Verstorbenen in Betracht (§§ 2050, 2052 BGB). Folgende Vorempfänge können im Rahmen der Erbauseinandersetzung zu beachten sein:

- Die Tochter kann eine Aussteuer/Mitgift erhalten haben oder der Sohn eine Anschubfinanzierung zum Aufbau seines Unternehmens.

Als AUSSTATTUNGEN gelten die Zuwendungen, die Kinder mit Rücksicht auf ihre Heirat oder auf eine selbstständige Lebensstellung von ihren Eltern erhalten (§ 1624 BGB). Diese wirken sich bei der Erbauseinandersetzung aber nur dann aus, soweit der Verstorbene bei der Zuwendung nichts anderes angeordnet hat (§ 2050 Absatz 1 BGB).

- Auszugleichen sind Zuschüsse zum Lebensunterhalt und Aufwendungen für die Berufsausbildung, soweit sie über das Maß hinausgegangen sind, das nach den Lebensverhältnissen des Verstorbenen üblich ist (§ 2050 Absatz 2 BGB). Ausgleichspflichtig können so die Zuschüsse zu einem Promotionsstudium sein, wenn die Eltern in eher ärmlichen Verhältnissen leben. Die Erfüllung der gesetzlichen Unterhaltspflichten schließt eine Ausgleichungspflicht aus (§§ 1601 ff. BGB).
- SCHENKUNGEN, soweit der Verstorbene bei der Schenkung die Ausgleichung angeordnet hat (§ 2050 Absatz 3 BGB). Eine solche Anordnung kann später nicht nachgeholt werden. In der in Schenkungsverträgen von Immobilien durchaus üblichen Formulierung „im Wege der vorweggenommenen Erbfolge" ist eine solche Ausgleichung zu sehen. Bei einer Schenkung kann der Schenker auch gesagt haben: „Die Schenkung erfolgt unter Anordnung der Ausgleichung auf den Erbteil."

§ 2050 BGB: Ausgleichungspflicht für Abkömmlinge als gesetzliche Erben

(1) *Abkömmlinge, die als gesetzliche Erben zur Erbfolge gelangen, sind verpflichtet, dasjenige, was sie von dem Erblasser bei dessen Lebzeiten als Ausstattung erhalten haben, bei der Auseinandersetzung untereinander zur Ausgleichung zu bringen, soweit nicht der Erblasser bei der Zuwendung ein anderes angeordnet hat.*

(2) *Zuschüsse, die zu dem Zwecke gegeben worden sind, als Einkünfte verwendet zu werden, sowie Aufwendungen für die Vorbildung zu einem Beruf sind insoweit zur Ausgleichung zu bringen, als sie das den Vermögensverhältnissen des Erblassers entsprechende Maß überstiegen haben.*

(3) *Andere Zuwendungen unter Lebenden sind zur Ausgleichung zu bringen, wenn der Erblasser bei der Zuwendung die Ausgleichung angeordnet hat.*

Kinder haben sich diese Vorempfänge ihres verstorbenen Elternteils dann später bei der Erbauseinandersetzung anrechnen zu lassen, sofern die gesetzliche Erbfolge eintritt (§ 2050 BGB). Das Gleiche gilt im Zweifel nach der Auslegungsregel des § 2052 BGB, wenn der Verstorbene die Erben genau nach der gesetzlichen Erbfolge eingesetzt hat oder die Erbteile der bedachten Kinder dem gesetzlichen Verhältnis entsprechen.

Ausschluss durch Testament:
Wenn der Verstorbene durch Testament ausgeschlossen hat, dass ein Kind von ihm den Unterstützungsbonus nach § 2257a BGB bei der Erbauseinandersetzung verlangen kann und so mehr als seine Erbquote bekommt, so ist das wirksam (Bundesgerichtshof, Hinweisbeschluss vom 24. März 2021, Az. IV ZR 269/20).

1. Methode zur Berechnung der Auswirkungen von Vorempfängen
Nach folgender Methode fließen Vorempfänge in die Ermittlung der Höhe der jeweiligen Erbteile der Kinder ein:

- ERMITTLUNG DES NETTONACHLASSES: Da der überlebende Ehegatte nicht ausgleichspflichtig ist, erhält er seinen Erbteil vorweg. Dieser wird bei der weiteren Berechnung nicht mehr berücksichtigt. Ist der Erblasser verwitwet oder ledig, fällt dieser Prüfungsschritt weg.
- BILDUNG DES AUSGLEICHUNGSNACHLASSES: Der Wert aller auszugleichenden Vorempfänge muss durch einen Gutachter den Zeitpunkt ermittelt werden, als der Verstorbene jeweils den Vorempfang gemacht hat (§ 2055 Absatz 1 BGB). Dieser Gutachterwert ist wiederum an die Inflation bis zum Tag des Erbfalls zu indexieren, was zu einer Erhöhung führt (› Seite 273 ff). Alle indexierten Zuwendungen von allen Kindern werden dem Nettonachlass hinzugerechnet. Man erhält so den Wert des „Ausgleichungsnachlasses".
- BERECHNUNG DES AUSGLEICHUNGSERBTEILS: Aus dem Ausgleichungsnachlass wird über die Erbquoten der jeweilige Erbteil der Abkömmlinge in Geld berechnet. Der Ausgleichungsnachlass wird dazu mit der Erbquote eines Kindes multipliziert. Von diesem Betrag sind alle indexierten Vorempfänge abzuziehen, die das Kind erhalten hat, für das gerade der Ausgleichungserbteils berechnet wird. Der so ermittelte Wert steht dem einzelnen Kind als Ausgleichungserbteil zu.
- Übersteigt der Gesamtbetrag aller Vorempfänge den Wert seines Ausgleichungserbteils, so erhält das betreffende Kind nichts mehr aus dem Nachlass; es muss aber weder etwas an die übrigen Miterben herausgeben noch in den Nachlass nachschießen (§ 2056 Satz 1 BGB).

Berechnungsbeispiel zu ausgleichungspflichtigen Vorempfängen:
Der Nachlasswert des E beträgt 200.000 EUR. Gesetzliche Erben sind seine Witwe zu ½ und die 3 Kinder A, B und C zu je ⅙. A hat von E 20.000 EUR mit dem Hinweis, dass dieser Betrag später bei der Erbauseinandersetzung zu berücksichtigen ist, und B anlässlich seiner Geschäftsgründung 30.000 EUR erhalten (bereits indexierte Werte).

Da die Ausgleichung nur unter Abkömmlingen erfolgt, erhält W vorab 100.000 EUR.

Nunmehr werden dem auf die Kinder entfallenen Nettonachlass von 100.000 EUR die ausgleichungspflichtigen Vorempfänge von 20.000 EUR und 30.000 EUR hinzugerechnet. Der Ausgleichungsnachlass hat mithin einen Wert von 150.000 EUR, der mit der Erbquote von ⅓ multipliziert wird. Warum nur ⅓ und nicht ⅙? Einfach: Der hälftige Erbteil der Witwe von ½ ist in dieser Phase längst angezogen. 150.000 EUR * Erbquote von ⅓ ergibt 50.000 EUR. Von diesen 50.000 EUR hat sich nun jedes Kind separat seinen Vorempfang abziehen zu lassen: A erhält 50.000 EUR – 20.000 EUR = 30.000 EUR, B 50.000 EUR – 30.000 EUR = 20.000 EUR und C 50.000 EUR.

2. Auswirkungen von Unterstützungsleistungen zugunsten des Verstorbenen

Hat ein Kind im Haushalt oder Geschäft des Verstorbenen besonders geholfen oder besondere Pflegeleistungen dem Verstorbenen gegenüber erbracht, ohne eine angemessene Entschädigung dafür erhalten zu haben, erhöht sich innerhalb der Ausgleichung dessen Erbteil. Zum Ausgleich kann das betreffende Kind einen angemessenen Geldbetrag beanspruchen (§ 2057a BGB). Wenn ein Kind vorverstorben ist und ein Enkel den Verstorbenen gepflegt oder geholfen hat, kann das Enkelkind einen Bonus beanspruchen.

§ 2057a BGB: Ausgleichungspflicht bei besonderen Leistungen eines Abkömmlings

(1) *Ein Abkömmling, der durch Mitarbeit im Haushalt, Beruf oder Geschäft des Erblassers während längerer Zeit, durch erhebliche Geldleistungen oder in anderer Weise in besonderem Maße dazu beigetragen hat, dass das Vermögen des Erblassers erhalten oder vermehrt wurde, kann bei der Auseinandersetzung eine Ausgleichung unter den Abkömmlingen verlangen, die mit ihm als gesetzliche Erben zur Erbfolge gelangen; § 2052 gilt entsprechend. Dies gilt auch für einen Abkömmling, der den Erblasser während längerer Zeit gepflegt hat.*

(2) *Eine Ausgleichung kann nicht verlangt werden, wenn für die Leistungen ein angemessenes Entgelt gewährt oder vereinbart worden ist oder soweit dem Abkömmling wegen seiner Leistungen ein Anspruch aus anderem Rechtsgrund zusteht. Der Ausgleichungspflicht steht es nicht entgegen, wenn die Leistungen nach den §§ 1619, 1620 erbracht worden sind.*

(3) *Die Ausgleichung ist so zu bemessen, wie es mit Rücksicht auf die Dauer und den Umfang der Leistungen und auf den Wert des Nachlasses der Billigkeit entspricht.*

(4) Bei der Auseinandersetzung wird der Ausgleichungsbetrag dem Erbteil des ausgleichungsberechtigten Miterben hinzugerechnet. Sämtliche Ausgleichungsbeträge werden vom Wert des Nachlasses abgezogen, soweit dieser den Miterben zukommt, unter denen die Ausgleichung stattfindet.

Berechnungsbeispiel bei Unterstützungsleistungen:
Der Nachlasswert beträgt 100.000 EUR. Gesetzliche Erben sind die Kinder A und B zu je ½. B kann wegen seiner Mitarbeit im Geschäft des Verstorbenen 10.000 EUR verlangen. Zur Berechnung sind die auszugleichenden 10.000 EUR vom Nachlasswert abzuziehen, so dass 90.000 EUR verbleiben. Davon erhält jeder Miterbe ½, also 45.000 EUR. Zum Anteil von B sind noch die 10.000 EUR hinzuzurechnen, so dass B 55.000 EUR und A nur 45.000 EUR bekommt.

X. Optionen der Beendigung

Jeder Miterbe kann jederzeit die Auseinandersetzung verlangen (§ 2042 Absatz 1 BGB). Dies ist natürlich nicht der Fall, wenn eine Testamentsvollstreckung angeordnet ist. Dieser Auseinandersetzungsanspruch verjährt nicht. Es bestehen verschiedene Möglichkeiten, die Erbengemeinschaft auseinanderzusetzen.

1. Abschichtung

Bevor die gesamte Erbengemeinschaft auseinandergesetzt wird, kann ein einzelner Miterbe Interesse daran haben, frühzeitig auszuscheiden. Im Gegenzug kann er eine Abfindung von den anderen Miterben erhalten. Sein Anteil an der Erbengemeinschaft wächst den verbleibenden Miterben an. Sind beispielsweise vier Miterben zu jeweils ¼ an der Erbengemeinschaft beteiligt und scheidet einer aus, steht den verbleibenden Miterben jeweils ein Anteil von ⅓ an der Erbengemeinschaft zu.

Einen gesetzlichen Anspruch auf Abschichtung gibt es nicht; diese Lösung muss also unter den Miterben ausgehandelt werden. Ein solcher Abschichtungsvertrag muss sogar dann nicht von einem Notar beurkundet werden, wenn Grundstücke in den Nachlass fallen. Dennoch ist der Gang zum Notar empfehlenswert. Die Abfindung kann sowohl aus dem Nachlass als auch aus dem Eigenvermögen der verbleibenden Miterben geleistet werden. Bleibt nach der Abschichtung nur ein Miterbe, so wird dadurch die Erbengemeinschaft beendet.

2. Auseinandersetzungsvertrag

Wenn die Miterben einig sind, können sie untereinander einen Auseinandersetzungsvertrag abschließen. Diesen Vertrag können sie formfrei abschließen, wobei sich zumindest die einfache Schriftform empfiehlt. Die Beurkundung durch einen Notar ist aber dann erforderlich, wenn in den Nachlass auch Immobilien oder GmbH-Anteile fallen.

Es ist auch möglich, einen solchen Vertrag zunächst erst über einen Teil des Nachlasses abzuschließen. Da Barvermögen bei Banken und Sparkassen recht einfach unter den Miterben geteilt werden kann, kann so bereits kurz nach dem Erbfall der Nachlass zunächst teilweise auseinandergesetzt werden. Die Miterben profitieren davon, da sie recht frühzeitig bereits in den Genuss von Nachlassteilen kommen.

3. Vermittlung durch einen Notar

Ein Miterbe kann einen Notar beauftragen, die Auseinandersetzung zu vermitteln (§ 363 Absatz 1 FamFG). Zuständig für diesen Auftrag (Antrag) ist jeder Notar, der seinen Amtssitz in dem Bezirk des Amtsgerichts hat, in dem der Verstorbene seinen letzten gewöhnlichen Aufenthalt hatte (§ 344 Absatz 4a FamFG). Ein Notar darf aber keine Entscheidungen über Streitpunkte treffen, sondern hat lediglich vermittelnde und beurkundende Funktion. Von dieser guten Möglichkeit wird in der Praxis nur selten Gebrauch gemacht. Übrigens waren hierzu bis zum Jahr 2013 die Nachlassgerichte zuständig.

4. Erbauseinandersetzungsklage

Wenn die Miterben sich nicht einigen können, kann jeder Miterbe eine Erbauseinandersetzungsklage bei Gericht einreichen. Zuvor muss dazu der Miterbe einen genauen Teilungsplan ausgearbeitet haben, wie sämtliche Vermögensgegenstände unter den Miterben aufgeteilt werden sollen. Dann hat der Miterbe einen anderen Miterben auf Zustimmung zu verklagen. Solche Klagen haben aber nur selten Aussicht auf Erfolg, da sämtliche Gegenstände und Verbindlichkeiten der Erbengemeinschaft aufgeführt sein müssen. Wird eine Position vergessen, ist die Klage bereits abzuweisen.

Beratertipp zur Prozesstaktik:
Im Hinblick auf das hohe Klagerisiko einer Erbauseinandersetzungsklage sollten einzelne Streitpunkte durch eine Feststellungsklage geklärt werden. Sind die Miterben beispielsweise unterschiedlicher Auffassung, ob der Verstorbene ein Vorausvermächtnis oder eine Teilungsanordnung in seinem Testament oder Erbvertrag angeordnet hat, kann ein Miterbe den anderen Miterben auf die Feststellung verklagen, dass es sich um eine Teilungsanordnung handelt. Nach der gerichtlichen Entscheidung über diese Streitfrage einigen die Miterben sich über die Auseinandersetzung häufig ohne eine gerichtliche Entscheidung.

Erbengemeinschaft als Zwangsgemeinschaft
Eine Erbengemeinschaft ist oftmals deswegen konfliktträchtig, da es sich um eine Zwangsgemeinschaft handelt. Die einzelnen Miterben haben sich nicht gegenseitig ausgesucht. Sie haben oftmals unterschiedlichste Vorstellungen über die Verwaltung und Auseinandersetzung des Nachlasses. Wer finanzstark und nicht auf rasche Leistungen aus der Erbengemeinschaft angewiesen ist, kann die anderen Erben aushungern und so Druck auf sie ausüben. Letztlich sind die Miterben auch gezwungen, sich zu einigen. Die Auseinandersetzung durch ein gerichtliches Verfahren ist langwierig und so kleinschichtig, dass Erbauseinandersetzungsklagen nur selten erfolgreich sind. So müssen inzidenter eine Vielzahl von streitigen Fragen entschieden werden. Ist eine Erbengemeinschaft unumgänglich, kann es sich im Einzelfall anbieten, einen Testamentsvollstrecker zur Verwaltung und zur Auseinandersetzung einzusetzen. Das Beste ist allerdings, dass der Testierende nur eine Person zu seinem Alleinerben berufen hat. Andere Personen können durch Vermächtnisse begünstigt werden. So verfügen die Vermächtnisnehmer über klagefähige Ansprüche des Erben, dürfen aber bei der Nachlassverwaltung nicht bestimmen, so dass letztlich viele Konflikte vermieden werden.

13

Pflichtteil von enterbten Angehörigen

Seine Kinder und seinen Ehegatten kann ein Testierender nicht leer ausgehen lassen. Enterbt er sie, steht diesen der Pflichtteilsanspruch zu, der sich sowohl auf das Nachlassvermögen als auch auf gewisse Schenkungen bezieht. Es handelt sich um einen Zahlungsanspruch gegenüber dem Erben.

13. Pflichtteil von enterbten Angehörigen

Wenn der Verstorbene einen sehr nahen Angehörigen testamentarisch oder erbvertraglich enterbt hat, steht diesem sein Pflichtteilsanspruch zu. Dabei ist es gleichgültig,

- ob der Verstorbene in seinem Testament oder Erbvertrag angeordnet hat, dass dieser Angehörige nichts erbt, oder
- den Angehörigen nur konkludent enterbt hat, indem er andere Personen zu seinen Erben eingesetzt hat, und daher dieser Angehörige leer ausgeht.

Dem Enterbten steht ein reiner GELDZAHLUNGSANSPRUCH zu; Gegenstände aus dem Nachlass kann er nicht beanspruchen. Nur im Wege eines Vergleichs können sich Erbe und Pflichtteilsberechtigter auf die Übertragung von Gegenständen einigen. Die Berechnung der konkreten Höhe des Pflichtteilsanspruchs erfolgt in drei Schritten:

- Die Pflichtteilsquote wird als Bruchteil bestimmt.
- Der Wert des pflichtteilsrelevanten Nachlasses wird ermittelt (Aktiva abzüglich Passiva). Vorempfänge wie Schenkungen sind zu berücksichtigen (› Seite 233 ff.).
- Die Pflichtteilsquote von dem modifizierten Nachlasswert ergibt die Höhe des Geldzahlungsanspruchs.

OB DAS PFLICHTTEILSRECHT „GERECHT“ IST, wird seit Langem kontrovers diskutiert. Es ist durchaus schwierig nachzuvollziehen, dass Kinder aus dem Nachlass ihrer Eltern auch dann einen Teil fordern können, wenn seit Langem kein Kontakt bestand und sie sich entfremdet hatten. Doch das Bundesverfassungsgericht stellte das Pflichtteilsrecht noch 2005 unter Verfassungsschutz (Beschluss vom 19. April 2005 – Az. 1 BvR 1644/00 und 1 BvR 188/03); eine Mindestteilhabe am Nachlass des Verstorbenen müsse aufgrund der Grundrechte gesichert sein.

I. Wichtige Begriffe des Pflichtteilsrechts

Immer wieder kommen im Pflichtteilsrecht folgende Begriffe vor:

- Mit seiner PFLICHTTEILSQUOTE partizipiert der enterbte Angehörige an dem Vermögen des Verstorbenen. Diese beläuft sich auf die Hälfte der gesetzlichen Erbquote.

- PFLICHTTEILSBERECHTIGT ist derjenige, der enterbt ist und bei dem weitere Voraussetzungen vorliegen; er kann seinen Pflichtteil fordern.
- Der ORDENTLICHE PFLICHTTEIL bezieht sich auf das Vermögen des Verstorbenen, das im Erbfall vorhanden ist (§ 2303 BGB, › Seite 219 ff.). Das Vermögen wird als REALER NACHLASS bezeichnet.
- Aufgrund des PFLICHTTEILSERGÄNZUNGSANSPRUCHS kann ein Pflichtteilsberechtigter mit seiner Pflichtteilsquote an lebzeitigen Schenkungen des Verstorbenen an andere Personen partizipieren (§§ 2325 ff. BGB, › Seite 233 ff.). Sämtliche Schenkungen werden unter dem Begriff FIKTIVER NACHLASS zusammengefasst.
- Je nach Konstellation kann ein Ehegatte, der entweder enterbt ist oder der die testamentarische bzw. erbvertragliche Begünstigung ausgeschlagen hat, den KLEINEN PFLICHTTEIL sowie den tatsächlichen Zugewinnausgleichsanspruch oder alternativ nur den GROSSEN PFLICHTTEIL verlangen.
- Wem testamentarisch oder erbvertraglich eine zu niedrige Erbquote oder ein Vermächtnis ausgesetzt wurde, kann gegebenenfalls eine Ergänzung verlangen. Diese wird als PFLICHTTEILSRESTANSPRUCH bezeichnet (§§ 2305, 2307 BGB, › Seite 231 ff.). Damit hat der Gesetzgeber sichergestellt, dass Pflichtteilsberechtigte tatsächlich vom Wert her mindestens ihren Pflichtteil erhalten.

II. Wer kann den Pflichtteil fordern?

Nur sehr nahe, enterbte Angehörige des Verstorbenen sind berechtigt, den Pflichtteil zu fordern:

- KINDER und gegebenenfalls Enkel (§ 2303 Absatz 1 BGB). Ein lebendes Kind schließt den Anspruch des Enkels aus (§ 2309 BGB). Wenn der Sohn enterbt ist und beim Erbfall seines Vaters noch lebt, kann dessen Sohn, also der Enkelsohn vom Verstorbenen, nicht den Pflichtteil verlangen. Ist der Vater vorverstorben, ist sein Sohn als Enkel des Verstorbenen pflichtteilsberechtigt. Auch adoptierte, einseitige und nichteheliche Kinder sind wie eheliche Kinder pflichtteilsberechtigt.
- Der EHEGATTE, außer die Ehe bestand im Zeitpunkt des Erbfalls infolge Scheidung (§§ 1564 ff. BGB) nicht mehr oder wenn zur Zeit des Todes des Verstorbenen die Voraussetzungen für die Scheidung der Ehe gegeben waren und der Verstorbene die Scheidung beantragt oder ihr zugestimmt hatte (§ 1933 BGB, › Seite 22 f.).

Entsprechendes gilt für EINGETRAGENE, GLEICHGESCHLECHTLICHE LEBENSPARTNER (§ 10 Absatz 6 Lebenspartnerschaftsgesetz).
- Die ELTERN, wenn der Verstorbene keine Kinder hatte (§ 2303 Absatz 2, § 2309 BGB).

BERATERTIPP ZUM ZEITPUNKT DER ANSPRÜCHE AUF DAS VERMÖGEN DER ELTERN:
Kinder verfügen erst nach dem Tod ihrer Eltern über Ansprüche auf deren Vermögen, nicht aber schon vor dem Erbfall. Zu Lebzeiten ihrer Eltern können Kinder nur auf freiwilliger Basis mit jeweils ihren Elternteilen einen Erb- oder Pflichtteilsverzicht gegen eine Abfindung verhandeln.

Diese Personen können aber nur dann den Pflichtteil beanspruchen, wenn sie nach dem Gesetz erben würden. KEIN PFLICHTTEILSRECHT steht nicht adoptierten Stiefkindern, Stiefeltern, Geschwistern, Großeltern, Onkeln, Tanten, Nichten, Neffen und nichtehelichen Lebensgefährten des Verstorbenen zu.

ENTERBUNG ERFORDERLICH: Den pflichtteilsberechtigten Personen steht ihr Pflichtteilsanspruch nur dann zu, wenn sie infolge eines Testaments oder eines Erbvertrags von der Erbfolge ausgeschlossen sind (Ausnahmen zu beachten, so der belastete Erbe nach § 2306 BGB). Nicht möglich ist also, dass ein Kind ein Wahlrecht hat, wenn es unbeschränkter Erbe ist. Auch wenn einem Pflichtteilsberechtigten testamentarisch der Pflichtteil zugewandt wurde, ist er pflichtteilsberechtigt und nicht Erbe (Auslegungsregel nach § 2304 BGB).

Formulierungsvorschlag zur Enterbung:

Meinen Sohn ... setze ich auf den Pflichtteil.
Ich enterbe meinen Sohn ... .

AUSSCHLUSS DES PFLICHTTEILSANSPRUCHS MÖGLICH: Bei folgenden Konstellationen kann ein eigentlich Pflichtteilsberechtigter nicht seinen Pflichtteil fordern:

- bei ERBUNWÜRDIGKEIT (§§ 2339, 2345 Absatz 2 BGB, › Seite 62 f.);
- bei einem zu Lebzeiten des Verstorbenen abgeschlossenen ERB- ODER PFLICHTTEILSVERZICHT (§ 2346 BGB);
- der Pflichtteil kann testamentarisch „IN GUTER ABSICHT“ ENTZOGEN werden (§ 2338 BGB). So kann der Verstorbene den Pflichtteil eines Abkömmlings, der in gefährlicher Weise verschwenderisch lebt oder sich hoch verschuldet hat, beschränken, indem er ihn den Verfügungsbeschränkungen des Vorerbens unterwirft (› Seite 160 ff.) oder die Verwaltung des Pflichtteils durch einen Testamentsvollstrecker anordnet (› Seite 172 ff.).
- bei AUSSCHLAGUNG der Erbschaft durch den Erben. Wichtige Ausnahmen hiervon gelten für die Zugewinngemeinschaft (§ 1371 BGB) sowie für die Konstellationen nach § 2306 BGB (› Seite 237 ff.) sowie nach § 2307 BGB (› Seite 233).

Ein eigentlich Pflichtteilsberechtigter kann den Pflichtteil dann nicht fordern, wenn der Verstorbene ihm den Pflichtteil per Testament oder Erbvertrag entzogen hat. Die ENTZIEHUNG DES PFLICHTTEILS ist nach § 2333 BGB möglich, wenn der Pflichtteilsberechtigte

- dem Verstorbenen, dem Ehegatten des Erblassers, einem anderen Abkömmling oder einer dem Verstorbenen ähnlich nahestehenden Person NACH DEM LEBEN TRACHTET;
- sich eines Verbrechens oder eines schweren vorsätzlichen Vergehens gegen eine der oben bezeichneten Personen schuldig macht;
- die ihm dem Verstorbenen gegenüber gesetzlich obliegende Unterhaltspflicht böswillig verletzt; oder
- wegen einer VORSÄTZLICHEN STRAFTAT zu einer Freiheitsstrafe von mindestens einem Jahr ohne Bewährung rechtskräftig verurteilt wird und die Teilhabe des Abkömmlings am Nachlass deshalb FÜR DEN VERSTORBENEN UNZUMUTBAR ist. Gleiches gilt, wenn die Unterbringung des Abkömmlings in einem psychiatrischen Krankenhaus oder in einer Entziehungsanstalt wegen einer ähnlich schwerwiegenden vorsätzlichen Tat rechtskräftig angeordnet wird.

Beispiel zur testamentarischen Pflichtteilsentziehung:
Je schwerer die Straftat des Pflichtteilsberechtigten war, desto knapper muss ein Testierender ausführen, dass es für ihn unzumutbar ist, wenn diesem noch der Pflichtteilsanspruch zukommt (OLG Oldenburg vom 8. Juli 2020, Az. 3 W 40/20). Bei der Freiheitsstrafe kommt es nicht auf die Gesamtstrafe, sondern auf eine Einzelstrafe an, hat das OLG Köln am 21. Januar 2021 betont (Az. 24 U 144/20).

Beratertipp bei überschuldeten Pflichtteilsberechtigten oder Sozialhilfeempfängern:
Ist ein Überschuldeter enterbt, kann er von seinen Gläubigern nicht gezwungen werden, seinen Pflichtteilsanspruch einzufordern. Erst dann könnten die Gläubiger in den Pflichtteilsanspruch vollstrecken. Eine vorsorgliche Pfändung ist aber möglich (§ 852 ZPO). Auch bei einer Privatinsolvenz kann er nicht gezwungen werden, seinen Pflichtteil geltend zu machen.
Träger der Sozialhilfe sind übrigens nicht darauf angewiesen, dass der Sozialhilfeempfänger seinen Pflichtteilsanspruch geltend macht. Sie können sich den Pflichtteilsanspruch auch gegen den Willen durch Bescheid überleiten lassen und dann von den Erben Zahlung verlangen (§ 93 Absatz 1 Sozialgesetzbuch XII).

III. Wer muss den Pflichtteilsanspruch bezahlen

Der Pflichtteilsberechtigte muss seinen Pflichtteilsanspruch von dem Alleinerben oder von den Miterben fordern. Auch bei einer Testamentsvollstreckung ist der Pflichtteilsanspruch gegen den Erben geltend zu machen (§ 2213 Absatz 1 Satz 3 BGB). Je nach Ausgangslage ist es möglich, dass vom Verstorbenen Beschenkte an Pflichtteilsberechtigte zu zahlen haben (§ 2329 BGB, › Seite 234 ff.). MITERBEN tragen die Pflichtteilslast grundsätzlich nach dem VERHÄLTNIS IHRER ERBTEILE (zu den Ausnahmen: § 2320 Absatz 1 BGB). Erfreulich für die Erben: Durch ihre Verbindlichkeiten aufgrund des Pflichtteilsrechts müssen sie weniger Erbschaftsteuer bezahlen (› Seite 260 ff.). Die Einreden aus § 2319 BGB und aus § 2328 BGB stellen sicher, dass den Erben aus dem Nachlass zumindest ihr eigener ordentlicher Pflichtteils- und ihr eigener Pflichtteilsergänzungsanspruch verbleibt.

IV. Pflichtteilsquote und ordentlicher Pflichtteil

Die PFLICHTTEILSQUOTE beträgt die Hälfte der gesetzlichen Erbquote (§ 2303 Absatz 1 Satz 2 BGB). Der anteilige Nachlasswert in Höhe der Pflichtteilsquote von dem realen Nachlass stellt den ordentlichen Pflichtteil dar. Es ist demnach stets die FIKTIVE GESETZLICHE ERBQUOTE eines Pflichtteilsberechtigten zu ermitteln. Hierbei sind einige Besonderheiten des Pflichtteilsrechts zu beachten. So werden folgende Personen mitgezählt:

Beispiel zur Pflichtteilsquote:
Eine Witwe mit einem Vermögen von 100.000 EUR hinterlässt Sohn und Tochter. Ihren Sohn hat sie zum Alleinerben eingesetzt und damit ihre Tochter enterbt. Beide Kinder wären nach dem Gesetz zu Erben zu je ½ berufen. Der Tochter steht daher eine Pflichtteilsquote von ¼ zu, die sie von dem Nachlasswert von 100.000 EUR verlangen kann. Ihr Bruder hat ihr also 25.000 EUR zu zahlen.

- die enterbt sind,
- die die Erbschaft ausgeschlagen haben,
- die für erbunwürdig erklärt wurden (§ 2310 Satz 1 BGB) und

- die einen lebzeitigen, notariellen Pflichtteilsverzicht erklärt haben (§ 2346 Absatz 2 BGB).

Dagegen werden folgende Personen nicht mitgezählt:

- die vor dem Verstorbenen gestorben sind,
- die einen lebzeitigen, notariellen Erbverzicht erklärt haben (§ 2310 Satz 2 BGB; Achtung: anders bei nur notariellem Pflichtteilsverzicht) und
- die als nichteheliche Kinder mit ihrem verstorbenen Vater einen lebzeitigen Erbausgleich durchgeführt haben (nur bei Altfällen, › Seite 19).

Darüber hinaus wirkt sich der Güterstand des Verstorbenen auf die Pflichtteilsquote der Beteiligten aus, wenn der andere Ehegatte länger lebt.

1. Auswirkungen der Zugewinngemeinschaft

Der Verstorbene hat kein Testament oder Erbvertrag hinterlassen und lebte ohne Ehevertrag mit seinem Ehegatten, also in dem gesetzlichen Güterstand der ZUGEWINNGEMEINSCHAFT. Dem längerlebenden Ehegatten steht dann ein Wahlrecht zu:

DEFINITION: ZUGEWINNGEMEINSCHAFT
Haben Ehegatten keinen notariellen Ehevertrag abgeschlossen, leben sie in einer Zugewinngemeinschaft. Das bedeutet, dass trotz der Heirat jedem jeweils sein eigenes Vermögen gehört. Ein Vermögensausgleich findet erst bei Beendigung der Ehe statt, entweder durch Tod oder Scheidung.

- Er kann die Erbschaft annehmen, so dass er bei vorhandenen Kindern eine Erbquote von 50 % erhält.
- Er kann die Erbschaft ausschlagen und aufgrund einer Besonderheit bei der Zugewinngemeinschaft dennoch seinen Pflichtteil beanspruchen (§ 1371 Absatz 3 BGB). Grundsätzlich verliert nämlich ein pflichtteilsberechtigter (Mit-)Erbe mit seiner Ausschlagung das Recht auf seinen Pflichtteil. Eine Ausnahme bilden Ehegatten, die in der Zugewinngemeinschaft lebten. Der Ehegatte, der ausgeschlagen hat, kann den sogenannten KLEINEN PFLICHTTEIL verlangen. Dieser beläuft sich auf ⅛, wenn es Kinder oder Enkel gibt, ansonsten auf ¼. Daneben kann der längerlebende Ehegatte den konkreten Zugewinnausgleichsanspruch fordern – wie bei einer Scheidung (§ 1378 BGB). Nur wenn dem längerlebenden Ehegatten ein hoher ZUGEWINNAUSGLEICHSANSPRUCH zusteht, kann es sich für ihn rechnen, auszuschlagen („taktische Ausschlagung"). Hat der Verstorbene hingegen seinen Ehegatten per Testament oder Erbvertrag bereits enterbt, steht er nicht vor der Wahl: Er kann dann von den Erben des vorverstorbenen Ehegatten den tatsächlichen Zugewinn und daneben den kleinen Pflichtteil, also ⅛ bei Kindern und ¼ bei keinen Kindern, fordern.

§ 1371 BGB: Zugewinnausgleich im Todesfall

(1) Wird der Güterstand durch den Tod eines Ehegatten beendet, so wird der Ausgleich des Zugewinns dadurch verwirklicht, dass sich der gesetzliche Erbteil des überlebenden Ehegatten um ein Viertel der Erbschaft erhöht; hierbei ist unerheblich, ob die Ehegatten im einzelnen Falle einen Zugewinn erzielt haben.

(2) Wird der überlebende Ehegatte nicht Erbe und steht ihm auch kein Vermächtnis zu, so kann er Ausgleich des Zugewinns nach den Vorschriften der §§ 1373 bis 1383, 1390 verlangen; der Pflichtteil des überlebenden Ehegatten oder eines anderen Pflichtteilsberechtigten bestimmt sich in diesem Falle nach dem nicht erhöhten gesetzlichen Erbteil des Ehegatten.

(3) Schlägt der überlebende Ehegatte die Erbschaft aus, so kann er neben dem Ausgleich des Zugewinns den Pflichtteil auch dann verlangen, wenn dieser ihm nach den erbrechtlichen Bestimmungen nicht zustünde; dies gilt nicht, wenn er durch Vertrag mit seinem Ehegatten auf sein gesetzliches Erbrecht oder sein Pflichtteilsrecht verzichtet hat.

(4) Sind erbberechtigte Abkömmlinge des verstorbenen Ehegatten, welche nicht aus der durch den Tod dieses Ehegatten aufgelösten Ehe stammen, vorhanden, so ist der überlebende Ehegatte verpflichtet, diesen Abkömmlingen, wenn und soweit sie dessen bedürfen, die Mittel zu einer angemessenen Ausbildung aus dem nach Absatz 1 zusätzlich gewährten Viertel zu gewähren.

Beispiel für den Zugewinnausgleichsanspruch:
Ehemann und Ehefrau haben bei Eheschließung jeweils ein Anfangsvermögen von Null. Am Ende hat die Ehefrau 500.000 EUR und der Ehemann 100.000 EUR erwirtschaftet. Die beiden „Zugewinne" ergeben zusammen 600.000 EUR, davon die Hälfte 300.000 EUR. Damit beide jeweils hälftig an dem Zugewinn des anderen Ehegatten partizipieren, erhält der Ehemann zu seinen bisherigen 100.000 EUR als Zugewinnausgleich noch von seiner Ehefrau 200.000 EUR. Danach haben beide jeweils 300.000 EUR.

BERATERTIPP ZUR BERECHNUNG DES KLEINEN PFLICHTTEILSANSPRUCHS:
Immer, wenn der längerlebende Ehegatte den tatsächlichen Zugewinn beanspruchen kann, ist diese Forderung als erstes von dem Nachlass abzuziehen. Erst von dem verbleibenden Restvermögen errechnet sich der kleine Pflichtteilsanspruch.

Wenn die Pflichtteilsquote beispielsweise der Kinder festzustellen ist, muss sich der längerlebende Ehegatte zuvor entschieden haben, ob er die Erbschaft ausschlägt oder annimmt. Schlägt er aus, erhöht sich die Pflichtteilsquote der Kinder. Dann kann sich aber auch das Nachlassvermögen durch den abgezogenen Zugewinnausgleichsanspruch vermindert haben. Das Gleiche gilt übrigens für den Fall, in dem der längerlebende Ehegatte weder (Mit-)Erbe noch Vermächtnisnehmer wird. Auch dann erhöhen sich die Pflichtteilsquoten der Kinder, da dem Ehegatten fiktiv gesetzlich nur eine Erbquote von ¼ zustände. ¾ stehen so bei gesetzlicher Erbfolge für die Kinder zur Verfügung.

BEISPIELE FÜR DIE ZUGEWINNGEMEINSCHAFT:

- EHEFRAU SCHLÄGT AUS: Der Verstorbene hinterlässt seine Ehefrau (Zugewinngemeinschaft), zwei Kinder und kein Testament oder Erbvertrag. Gesetzlich erben die Ehefrau ½ und die Kinder je ¼. Schlägt die Ehefrau aus, erben die Kinder zu je ½. Sie müssen aber ihrer Mutter den tatsächlichen Zugewinnausgleich und den kleinen Pflichtteilsanspruch von ⅛ aus dem Nachlass zahlen.
- EHEFRAU IST ENTERBT: Der Ehemann setzt seine Geliebte zur Alleinerbin ein und enterbt Ehefrau und beide Kinder. Die Kinder können jeweils eine Pflichtteilsquote von 3/16 beanspruchen; die Ehefrau bekommt den konkreten Zugewinnausgleichsanspruch und den kleinen Pflichtteil von ⅛.

BERATERTIPP ZUR AUSSCHLAGUNGSFRIST: Der längerlebende Ehegatte muss sich zügig nach dem Erbfall entscheiden, ob er ausschlagen soll. Ihm steht hierfür nur die 6-wöchige Frist zur Verfügung (› Seite 84 ff.). Hat er zuvor wie ein Erbe agiert, hat er die Erbschaft durch schlüssiges Verhalten angenommen. Dann muss er erst die Annahme anfechten, bevor eine Ausschlagung wirksam wird.

GROSSER PFLICHTTEIL: Wenn dem längerlebenden Ehegatten ein Erbteil oder Vermächtnis zugewandt wurde, der vom Wert her niedriger ist als der sogenannte „große Pflichtteil", kann er die Aufstockung auf den großen Pflichtteil verlangen (§ 2305 in Verbindung mit § 1371 Absatz 2 BGB). Der „große Pflichtteil" errechnet sich nach der Hälfte der Erbquote: Sind Kinder vorhanden, steht dem längerlebenden Ehegatten gesetzlich die Hälfte der Erbschaft zu (¼ als gesetzliche Erbquote gem. § 1931 Absatz 1 Satz 1 1. Fall BGB und ¼ für den pauschalen Zugewinnausgleich gem. § 1931 Absatz 3 in Verbindung mit 1371 Absatz 1 BGB). Der große Pflichtteil beträgt in diesem Fall ¼. Wenn keine Kinder oder Enkel vorhanden sind, beträgt der große Pflichtteil ⅜ (die Hälfte von ¾).

Beispiel zum großen Pflichtteil:
Der Verstorbene, der seine Ehefrau und zwei Kinder hinterlässt, hat in seinem Testament angeordnet, dass ihn die Kinder zu je ½ beerben und die Ehefrau das Barvermögen von 50.000 EUR als Vermächtnis erhält. Die Ehefrau kann dann zum einen die 50.000 EUR verlangen und zum anderen die Aufstockung auf ihren großen Pflichtteil von ¼. Bei einem Nachlasswert von 500.000 EUR steht ihr als großer Pflichtteil 125.000 EUR zu. Neben dem Vermächtnis bekommt sie weitere 75.000 EUR.

ALTERNATIV kann der unzureichend als Erbe oder Vermächtnisnehmer bedachte Ehegatte die Erbschaft oder das Vermächtnis ausschlagen (§ 1371 BGB). Dann stehen ihm der kleine Pflichtteil und der tatsächliche Zugewinn zu.

DEFINITION: GÜTERTRENNUNG
Durch einen notariellen Ehevertrag können Ehegatten Gütertrennung vereinbaren. Dann müssen sie unterschiedliche Vermögenswerte bei einer Scheidung nicht ausgleichen. Keiner muss dem anderen einen Zugewinnausgleich zahlen.

2. Auswirkungen der Gütertrennung und der Gütergemeinschaft
Bei den Güterständen der GÜTERTRENNUNG und GÜTERGEMEINSCHAFT ist der Pflichtteilsanspruch des pflichtteilsberechtigten Abkömmlings von einer Enterbung des Ehegatten und der Ausschlagung durch den Ehegatten unabhängig. Bei der Gütertrennung und auch der Gütergemeinschaft steht dem überlebenden Ehegatten kein Zugewinnausgleichsanspruch zu.

Beispiel zum Pflichtteil bei Gütertrennung:
Die Ehegatten haben die Gütertrennung vereinbart. Der Ehemann stirbt; Ehefrau und zwei Kinder verbleiben. Ein Kind ist enterbt. Gesetzlich würden Ehefrau und Kinder jeweils zu 1/3 erben. Die Pflichtteilsquote eines Kindes beträgt 1/6.

3. Überblick der Pflichtteilsquoten in Abhängigkeit der Güterstände
Die Tabelle geht in der Zeile Zugewinngemeinschaft bei den Pflichtteilsquoten der Kinder davon aus, dass der längerlebende Ehegatte erbt. Schlägt hingegen dieser aus oder ist enterbt, beläuft sich der Pflichtteil eines Kindes bei einem Kind auf 3/8, bei zwei Kindern auf 3/16 und bei 3 Kindern auf 1/8. Der Pflichtteil des Zugewinn-Ehegatten neben Kindern beläuft sich nur dann auf 1/4, wenn er entweder eine geringe Erbquote erbt oder ein kleines Vermächtnis erhält. Ist er hingegen enterbt oder schlägt aus, erhält er nur den kleinen Pflichtteil von 1/8 und seinen konkreten Zugewinnausgleich.

<table>
<tr><th>Güterstand</th><th colspan="3">Pflichtteil je Kind (wenn der Verstorbene im Erbfall verheiratet war und der längerlebende Ehegatte (Mit-)Erbe oder Vermächtnisnehmer wurde)</th><th colspan="3">Pflichtteil des Ehegatten (neben Abkömmlingen)</th></tr>
<tr><td></td><td>bei 1 Kind</td><td>bei 2 Kindern</td><td>bei 3 Kindern</td><td colspan="3"></td></tr>
<tr><td>Gesetzlicher Güterstand (= Zugewinngemeinschaft)</td><td>1/4</td><td>1/8</td><td>1/12</td><td colspan="3">1/8 (kleiner Pflichtteil)
1/4 (großer Pflichtteil)</td></tr>
<tr><td></td><td></td><td></td><td></td><td>bei 1 Kind</td><td>bei 2 Kindern</td><td>bei 3 und mehr Kindern</td></tr>
<tr><td>Gütertrennung</td><td>1/4</td><td>1/6</td><td>1/8</td><td>1/4</td><td>1/6</td><td>1/8</td></tr>
<tr><td>Gütergemeinschaft</td><td>3/8</td><td>3/16</td><td>3/24</td><td colspan="3">1/8</td></tr>
</table>

V. Das dem ordentlichen Pflichtteil unterliegende Vermögen

Als REALER NACHLASS wird die Zusammensetzung des Vermögens des Verstorbenen im Zeitpunkt des Erbfalls bezeichnet. Der Pflichtteilsanspruch berechnet sich in Höhe der Pflichtteilsquote auf Basis des Gesamtwertes (§ 2303 BGB), und zwar Aktiva abzüglich Passiva.

- Zu den AKTIVA zählen beispielsweise Immobilien, Kontenguthaben, Wertpapierdepots, Möbel, Autos, Schmuck und Edelmetalle.
- Bei den PASSIVA sind sämtliche Verbindlichkeiten anzusetzen, die entweder am Todestag schon bestanden (wie ein Darlehen), die mit dem Erbfall entstehen oder zumindest deren Wurzel der Verstorbene gesetzt hat (wie etwa die Beerdigungskosten, spezielle Gebühren des Nachlassgerichts sowie etwaig ausstehende, noch nicht festgesetzte Einkommensteuer). Nicht zu den Passiva gehören Verbindlichkeiten aufgrund Vermächtnisse, aufgrund zu zahlender Erbschaftsteuer, aufgrund des „Dreißigsten" (§ 1969 BGB, › Seite 27) oder die Pflichtteilsansprüche selbst.

Grabpflegekosten:
Jahrelange Grabpflegekosten sowie Vermächtnisse und Auflagen reduzieren nicht die Pflichtteilsansprüche. Das hat der Bundesgerichtshof am 26. Mai 2021 zugunsten von Pflichtteilsberechtigte entschieden (Az. IV ZR 174/20).

VI. Bewertung der Vermögensgegenstände

Für die Bewertung jedes einzelnen Vermögensgegenstandes ist jeweils der Verkehrswert im Zeitpunkt des Erbfalls maßgeblich (§ 2311 Absatz 1 BGB). Der Verkehrswert entspricht dem Erlös, der bei einem fiktiven Verkauf erzielt würde, und wird auch als gemeiner Wert bezeichnet. Wertsteigerungen und Wertminderungen nach dem Erbfall bleiben unberücksichtigt. Unerheblich sind Wertbestimmungen, die der Verstorbene getroffen hat. BARVERMÖGEN, WERTPAPIERE UND AKTIEN sind mit dem Wert im Zeitpunkt des Erbfalls anzusetzen.

BERATERTIPP ZUR BEWERTUNG DER VERMÖGENSGEGENSTÄNDE: Die Beträge können im Regelfall den Mitteilungen an die Erbschaftsteuerstelle nach § 33 Erbschaftsteuergesetz entnommen werden, zu denen die Kreditinstitute verpflichtet sind (› Seite 267). Der Erbe kann das jeweilige Kreditinstitut um eine Kopie bitten.

Wenn ein Gegenstand nicht veräußert werden soll, ist der Wert durch Sachverständige zu schätzen (§ 2311 Absatz 2 Satz 1 BGB). Bei HAUSRAT, MÖBEL, SCHMUCK et cetera ist zu empfehlen, zunächst im Nachlassverzeichnis überschlägige Pauschalbeträge anzusetzen. Verlangt aber der Pflichtteilsberechtigte eine Wertermittlung durch einen Sachverständigen, muss der Erbe ein solches Verkehrswertgutachten einholen.

Sachverständige ermitteln den Verkehrswert von GRUNDSTÜCKEN unter folgenden Maßgaben:

- Der Wert UNBEBAUTER GRUNDSTÜCKE wird durch den Vergleichswert nach den Bodenrichtwerten ermittelt.
- Für eigen genutzte EIN- UND ZWEIFAMILIENHÄUSER sowie Eigentumswohnungen ist der Sachwert heranzuziehen, der sich aus dem Bodenwert des Grundstücks und dem Herstellungswert der Gebäude und Außenanlagen zum Stichtag berechnet.
- Der Wert von FREMD VERMIETETEN IMMOBILIEN wird nach dem Ertragswert geschätzt. Der Ertragswert setzt sich aus dem Bodenwert und aus dem Ertragswert für die Gebäude und Außenanlagen zusammen, deren jährlicher Reinertrag über eine Rentenformel zum Rentenbarwert kapitalisiert wird.

BERATERTIPP ZUR BEWERTUNG VERÄUSSERTER VERMÖGENSGEGENSTÄNDE: Sofern Nachlassgegenstände zeitnah nach dem Erbfall veräußert werden, richtet sich der anzusetzende Wert nach dem erzielten KAUFPREIS. Bei einem Grundstücksverkauf kann dieser Wert noch bei einem Verkauf von mindestens zwölf Monaten nach dem Erbfall anzusetzen sein. Vom Kaufpreis sind unvermeidbare VERÄUSSERUNGSKOSTEN wie gegebenenfalls Maklercourtage ABZUSETZEN.

Ein LANDGUT kann mit dem niedrigen Ertragswert zu bewerten sein (§ 2312 BGB; siehe auch für einige Bundesländer § 12 Höfeordnung). Bei MITTLEREN UND GRÖSSEREN UNTERNEHMEN erfolgt die Unternehmensbewertung zumeist durch das Ertragswertverfahren, gegebenenfalls korrigiert durch den Substanzwert. KLEINE UNTERNEHMEN, die von der Person des Inhabers abhängig sind, werden zumeist durch Addition des Substanzwertes und des Goodwills bewertet. Bei Unternehmen, die aufgelöst werden, wird der Liquidationswert herangezogen. Der ABFINDUNGSANSPRUCH des Verstorbenen ist nur dann maßgebend, wenn er seine Gesellschafterstellung vor dem Stichtag gekündigt hat.

Besonderheiten bestehen bei ungewissen oder noch nicht fälligen Vermögensgegenständen oder Verbindlichkeiten. Diese werden zunächst nicht bei der Wertermittlung berücksichtigt (§ 2313 BGB). Erst später ist ein Ausgleich vorzunehmen, entweder der Erbe hat noch etwas zu zahlen oder der Pflichtteilsberechtigte hat erhaltenes Geld dem Erben zurückzuerstatten.

VII. Konkrete Durchsetzung von Pflichtteilsansprüchen

Damit der Pflichtteilsberechtigte sich über die Zusammensetzung des Nachlasses ein Bild machen und damit die Höhe seines Zahlungsanspruches berechnen kann, stehen ihm gegen den Erben oder gegen die Erbengemeinschaft der Auskunfts- und der Wertermittlungsanspruch zu (§ 2314 Absatz 1 BGB). Erhält er ein nicht sorgfältig erstelltes Nachlassverzeichnis, kann er von dem Erben verlangen, dass dieser die Vollständigkeit des Nachlassverzeichnisses per Eides Statt versichert.

§ 2314 BGB: Auskunftspflicht des Erben

(1) Ist der Pflichtteilsberechtigte nicht Erbe, so hat ihm der Erbe auf Verlangen über den Bestand des Nachlasses Auskunft zu erteilen. Der Pflichtteilsberechtigte kann verlangen, dass er bei der Aufnahme des ihm nach § 260 vorzulegenden Verzeichnisses der Nachlassgegenstände zugezogen und dass der Wert der Nachlassgegenstände ermittelt wird. Er kann auch verlangen, dass das Verzeichnis durch die zuständige Behörde oder durch einen zuständigen Beamten oder Notar aufgenommen wird.

(2) Die Kosten fallen dem Nachlass zur Last.

1. Der Auskunftsanspruch

Der Erbe muss dem Pflichtteilsberechtigten Auskunft über sämtliche Aktiva und Passiva des realen Nachlasses im Zeitpunkt des Erbfalls geben (§ 2314 Absatz 1 Satz 1 BGB). Damit der Pflichtteilsberechtigte zudem die Höhe des Pflichtteilsergänzungsanspruchs (› Seite 233 ff.) berechnen kann, muss der Erbe ihm auch die Schenkungen des Verstorbenen aus den letzten zehn Jahren vor dem Erbfall sowie gewisse Vorempfänge nach §§ 2315 ff. BGB mitteilen (fiktiver Nachlass). Soweit bei Lebensversicherungen die Versicherungssumme nicht in den Nachlass fällt, da ein Bezugsberechtigter bestimmt ist, handelt es sich um eine in der Praxis häufig vorkommende Schenkung (› Seite 139 ff.). Behält sich der Verstorbene bei einer Schenkung den Nießbrauch oder ein Wohnrecht vor oder hat er etwas an seinen Ehegatten verschenkt, sind diese Schenkungen unabhängig von der 10-Jahresfrist anzugeben. Bei den Vorempfängen nach §§ 2315 ff. BGB handelt es sich unter anderem um Ausstattungen wie die Aussteuer/Mitgift oder Zuschüsse zur Existenzgründung an die Kinder des Verstorbenen und auch um Schenkungen.

Formulierungsvorschlag für die Geltendmachung von Pflichtteilsansprüchen:

Sehr geehrte Alleinerbin,
aufgrund des Erbvertrages bin ich von meinem Vater enterbt worden. Mir stehen daher der Pflichtteils- und der Pflichtteilsergänzungsanspruch mit einer Quote von ¼ zu.

Ich mache meinen Auskunftsanspruch gemäß § 2314 BGB geltend. Ich darf Sie daher bitten, über den Bestand des Nachlasses meines Vaters umfassend Auskunft zu erteilen und mir ein Bestandsverzeichnis vorzulegen, das insbesondere die folgenden Angaben umfasst:

- alle beim Erbfall vorhandenen Aktiva, also bewegliche und unbewegliche Vermögensgegenstände sowie Forderungen;
- alle beim Erbfall vorhandenen Nachlassverbindlichkeiten (Erblasser- und Erbfallschulden);
- alle lebzeitigen Zuwendungen des Erblassers, die in den Anwendungsbereich des § 2325 BGB fallen könnten, also insbesondere Schenkungen;
- alle unter Abkömmlingen ausgleichungspflichtigen Zuwendungen im Sinne des § 2050 ff. BGB, die der Erblasser zu seinen Lebzeiten einem seiner Abkömmlinge gewährt hat und
- alle Lebensversicherungen und sonstigen Verträge zugunsten Dritter.

Alle Nachlassgegenstände bitte ich mit Wertangaben zu versehen und wenn möglich Quittungen und Belege vorzulegen. Den Wertermittlungsanspruch mache ich gegebenenfalls noch gesondert geltend. Ich bitte Sie, mir das vorstehend näher spezifizierte Bestandsverzeichnis umgehend, spätestens aber bis zum ... (ca. 6 Wochen nach Briefversand) zuzuleiten. Innerhalb der gleichen Frist bitte ich mitzuteilen, ob der Güterstand der Zugewinngemeinschaft im Zeitpunkt des Erbfalls bestand. Grundsätzlich bin ich berechtigt, bei der Erstellung des Nachlassverzeichnisses hinzugezogen zu werden. Hiervon mache ich zunächst keinen Gebrauch. Darüber hinaus behalte ich mir zum jetzigen Zeitpunkt das Recht vor, ein notarielles Nachlassverzeichnis zu verlangen.
Zudem mache ich hiermit unbeziffert meinen ordentlichen Pflichtteils- und Pflichtteilsergänzungsanspruch nach §§ 2303, 2325 BGB geltend. Ich erwarte eine Zahlung bis zum ... (ca. 6 Wochen nach Briefversand) auf mein Konto mit der IBAN ... .

Mit freundlichen Grüßen
Der Pflichtteilsberechtigte

Die zu erteilende Auskunft bezieht sich auf alle Tatsachen und Rechtsverhältnisse, die die Höhe des Pflichtteils einschließlich einer etwaigen Pflichtteilsergänzung beeinflussen. Dabei muss der Erbe sich fehlende Kenntnisse soweit wie möglich verschaffen.

Formulierungsvorschlag für die Erteilung von Auskünften:
Verzeichnis über den Nachlass von ...
verwitwet gestorben am 12. Januar 2022

I. AKTIVA	
1. Einfamilienhaus Rosenweg 50 in Musterdorf	
120 qm Wohnfläche, 600 qm Grundstück, Baujahr 1960	
(sowie weitere Angaben)	
2. Oldenburgische Landesbank AG	
Girokonto Nr ...	22.000 EUR
Depot	
50 Aktien Volkswagen (...)	5.111 EUR
10 Aktien Telekom (...)	500 EUR
3. Schmuck	
Manschettenknöpfe, Gold, Armbanduhr Rolex (...)	
Taschenuhr (...)	
4. Hausrat und persönliche Gegenstände (....)	
5. PKW Mercedes Benz, Modell ..., Baujahr, ...	
II. PASSIVA	
1. Erblasserschulden	
1.1 Hausdarlehen (...)	75.000 EUR
1.2 Handwerkerrechnung (...)	2.550 EUR
1.3 Rechnung des Arztes ...	154 EUR
2. Erbfallschulden	
2.1 Beerdigungskosten (genaue Auflistung)	3.000 EUR
2.2 Grabstein	
2.3 Beerdigungskaffee	350 EUR
2.4 Wertermittlungsgutachten für Haus	1.899 EUR

III. FIKTIVER NACHLASS (SCHENKUNGEN)	
1. Schenkung am 24. Oktober 2000 an Enkelkind	10.000 EUR
2. Spende an den Tierschutzverein am 2. November 1999	1.500 EUR
3. Geburtstagsgeschenke (...)	

BERATERTIPP ZU WERTANGABEN IM VERZEICHNIS: Hat der Pflichtteilsberechtigte wie in dem obigen Formulierungsvorschlag nur den Auskunftsanspruch und (noch) nicht den Wertermittlungsanspruch (siehe nachfolgend) geltend gemacht, muss das Verzeichnis zwar keine WERTANGABEN enthalten. Soweit aber dem Erben ungefähre Angaben von Werten bekannt sind, sollte er diese bereits zur effektiven Abwicklung mitteilen.

ZUR FORM DES NACHLASSVERZEICHNISSES: Der Pflichtteilsberechtigte kann ein einfaches privatschriftliches und/oder ein amtliches Verzeichnis verlangen. Das privatschriftliche Verzeichnis erstellt der Erbe allein, und zwar zweckmäßigerweise in Tabellenform. Das amtliche Verzeichnis wird durch einen Notar oder durch ein Amtsgericht aufgenommen. Zudem kann der Pflichtteilsberechtige verlangen anwesend zu sein, wenn der Erbe das Verzeichnis erstellt (§ 2314 Absatz 1 BGB). Den Auskunftsanspruch kann der Pflichtteilsberechtigte auch gegen einen Beschenkten direkt geltend machen, der nicht auch Erbe ist.

2. Ergänzende Informationsbeschaffung

Auch wenn im Grundsatz der Pflichtteilsberechtigte nur über den Erben Auskünfte einholen kann, so bestehen zwei Ausnahmen:

- bei Immobilien kann er Einsicht in das Grundbuch nehmen und sogar Abschriften verlangen (§§ 12, 12a Grundbuchordnung) sowie
- bei Unternehmen kann er Einsicht in das Handels- und Unternehmensregister nehmen (§ 9 Handelsgesetzbuch).

3. Wertermittlungsanspruch

Dem Pflichtteilsberechtigten steht gegen den Erben der Anspruch auf Wertermittlung der Gegenstände aus dem Nachlassverzeichnis zu (§ 2314 Absatz 1 Satz 2 BGB). Zu diesem Zweck muss er alle Unterlagen und Informationen vorlegen, die für die konkrete Wertermittlung der Nachlassgegenstände bedeutsam sind. Darüber hinaus kann der Pflichtteilsberechtigte verlangen, dass der Erbe für einzelne oder sämtliche Gegenstände Sachverständige beauftragt, die den Wert der Gegenstände zu ermitteln haben. Der von dem Erben ausgewählte SACHVERSTÄNDIGE muss qualifiziert und unabhängig sein, nicht aber unbedingt öffentlich bestellt und vereidigt. Maßgebender Wert ist derjenige am Todestag (§ 2311 BGB).

Formulierungsvorschlag für den Wertermittlungsanspruch:
Sehr geehrter Herr Erbe,

den Eingang des Nachlassverzeichnisses darf ich dankend bestätigen. Wegen der Immobilie und des Schmuckes mache ich meinen Wertermittlungsanspruch geltend, so dass Sie mir Unterlagen wie etwa einen Grundbuchauszug, Grundrisse, Mietverträge, Schnittzeichnungen, Baubeschreibung und weitere Informationen zu den wertbestimmenden Faktoren zuzusenden haben. Bitte holen Sie zudem ein ausführliches Wertermittlungsgutachten von einem neutralen und qualifizierten Gutachter ein und übersenden mir dieses innerhalb eines Monats.

Mit freundlichen Grüßen

Der Pflichtteilsberechtigte

Bei der BEWERTUNG VON SCHENKUNGEN des Verstorbenen ist der Wert sowohl vom Tag der Schenkung als auch vom Todestag zu bestimmen, wobei der Wert per Schenkung zu indexieren ist. Der niedrigere Wert ist maßgebend (§ 2325 Absatz 2 Satz 2 BGB). Eine Ausnahme besteht bei verbrauchbaren Sachen, wozu Geld zählt. Hier ist der Wert vom Tag der Schenkung ausschlaggebend, der noch an die Inflation anzupassen ist. Durch diese Indexierung erhöht sich der Wert, der für die Berechnung des Pflichtteilsergänzungsanspruchs heranzuziehen ist.

4. Eidesstattliche Versicherung

Der Pflichtteilsberechtigte kann bezüglich des Auskunftsanspruchs die eidesstattliche Versicherung des Erben verlangen, wenn anzunehmen ist, dass die Auskunft nicht mit der erforderlichen Sorgfalt vorgenommen worden ist (§ 2314 Absatz 1 Satz 2, § 260 Absatz 2 BGB). Das kann der Fall sein, wenn die Angaben widersprüchlich sind, wiederholt korrigiert oder schleppend erteilt werden. Bevor der Erbe die eidesstattliche Versicherung abgibt, kann er etwaige FALSCHE ODER UNVOLLSTÄNDIGE ANGABEN BERICHTIGEN. Nach Abgabe der eidesstattlichen Versicherung kann der Pflichtteilsberechtigte keinen Anspruch auf weitere Auskunft geltend machen.

5. Kosten

Die Kosten der Erstellung der Verzeichnisse und der Wertermittlung, also vor allem die der Sachverständigen, werden als Nachlassverbindlichkeiten in den Passiva des Nachlassverzeichnisses berücksichtigt (§ 2314 Absatz 2 BGB). Damit hat der Pflichtteilsberechtigte sich an diesen Kosten in Höhe seiner Pflichtteilsquote zu beteiligen. Die

Kosten der Abgabe der eidesstattlichen Versicherung hingegen trägt der Pflichtteilsberechtigte allein (§ 261 Absatz 3 BGB).

VIII. Reduzierung des Pflichtteilsanspruchs aufgrund von Vorempfängen – Anrechnung und Ausgleichung

Gewisse Vorempfänge, die der Pflichtteilsberechtigte von dem Verstorbenen erhalten hat, reduzieren seinen Pflichtteilsanspruch. Auch wenn ein Kind des Verstorbenen diesen gepflegt hat, kann das den Pflichtteilsanspruch beeinflussen.

1. Anrechnung auf den Pflichtteil

Hat der Verstorbene dem Pflichtteilsberechtigten etwas geschenkt, kann der Wert dieses Geschenkes in voller Höhe den Pflichtteilsanspruch reduzieren. Das ist dann der Fall, wenn der Verstorbene vor oder bei der Schenkung gegenüber dem Beschenkten erklärt hat, dass dieser sich das Geschenk auf seinen Pflichtteil später anzurechnen hat (§ 2315 BGB). Maßgebend ist der Wert des Geschenks im Zeitpunkt der Schenkung. Durch die Anpassung an die Geldentwertung ist beispielsweise bei einer Geldschenkung nicht nur der geschenkte Betrag anzusetzen, sondern zudem ein Zuschlag.

§ 2315 BGB: Anrechnung von Zuwendungen auf den Pflichtteil

(1) Der Pflichtteilsberechtigte hat sich auf den Pflichtteil anrechnen zu lassen, was ihm von dem Erblasser durch Rechtsgeschäft unter Lebenden mit der Bestimmung zugewendet worden ist, dass es auf den Pflichtteil angerechnet werden soll.

(2) Der Wert der Zuwendung wird bei der Bestimmung des Pflichtteils dem Nachlass hinzugerechnet. Der Wert bestimmt sich nach der Zeit, zu welcher die Zuwendung erfolgt ist.

(3) Ist der Pflichtteilsberechtigte ein Abkömmling des Erblassers, so findet die Vorschrift des § 2051 Abs. 1 entsprechende Anwendung.

Formulierungsvorschlag für die Anrechnung auf den Pflichtteil:
Der Wert der Schenkung ist auf den Pflichtteil anzurechnen.

BERATERTIPP ZUR NACHTRÄGLICHEN ANRECHNUNG:
Nach der Zuwendung kann eine – auch teilweise – Anrechnung nur noch in einem notariell beurkundeten Vertrag mit dem Beschenkten angeordnet werden (§§ 2346 ff. BGB).

BERECHNUNGSMETHODE: Die Anrechnung wird für jeden Pflichtteilsberechtigten separat berechnet. Im ersten Schritt ist zu ermitteln, auf welche Höhe sich der Pflichtteilsanspruch des betroffenen Pflichtteilsberechtigten beläuft (ordentlicher Pflichtteilsanspruch und Pflichtteilsergänzungsanspruch). Im zweiten Schritt wird der indexierte Wert der

Schenkung von dem im ersten Schritt berechneten Pflichtteilsanspruch abgezogen. Einen eventuellen negativen Betrag muss der beschenkte Pflichtteilsberechtigte nicht herausgeben.

Beispiel zur Pflichtteilsanrechnung:
Der verwitwete Vater von A, B und C verstirbt. Seiner Geliebten hinterlässt er als Alleinerbin einen Nachlass im Wert von 50.000 EUR. A muss sich 10.000 EUR und B 4.000 EUR anrechnen lassen. Diese Beträge waren den Kindern mit dem Hinweis geschenkt worden, dass sie sich diese auf ihren Pflichtteil anrechnen lassen müssen (Die Anpassung an die Inflation wird zur Vereinfachung des Beispiels nicht berücksichtigt).

LÖSUNG:
Die gesetzliche Erbquote der Kinder beträgt ⅓, so dass deren Pflichtteilsquote jeweils ⅙ beträgt. Für jeden Pflichtteilsberechtigten muss separat ein fiktiver Nachlasswert durch Addition des tatsächlichen Nachlasswertes mit dem Anrechnungsbetrag errechnet werden. Davon erhält der Pflichtteilsberechtigte seine Pflichtteilsquote, jedoch wird der Anrechnungsbetrag noch abgezogen. Im Einzelnen:

Pflichtteil von A: (50.000 EUR + 10.000 EUR): 6 – 10.000 EUR = 0 EUR
Pflichtteil von B: (50.000 EUR + 4.000 EUR): 6 – 4.000 EUR = 5.000 EUR
Pflichtteil von C: 50.000 EUR: 6 = 8.333,33 EUR

2. Pflichtteil nach auszugleichenden Vorempfängen
BESTIMMTE VOREMPFÄNGE des Verstorbenen AN SEINE KINDER beeinflussen die Höhe der Pflichtteilsansprüche etwaiger einzelner enterbter Kinder, indem diese zur AUSGLEICHUNG führen. Dafür müssen im Zeitpunkt des Erbfalls noch mindestens zwei Kinder oder bei deren Vorversterben Enkel vorhanden sein (§ 2316 Absatz 1, §§ 2050 ff. BGB). Für den Pflichtteil des Ehegatten oder der Eltern des Verstorbenen sind diese Vorschriften nicht relevant, da die Ausgleichung nur unter den Abkömmlingen, also Kindern und ersatzweise Enkeln, stattfindet. Folgende Zuwendungen sind OHNE EINGREIFEN EINER ZEITGRENZE ausgleichungspflichtig:

- AUSSTATTUNGEN (§ 2050 Absatz 1, § 1624 BGB). Hierzu zählen beispielsweise der Zuschuss zum selbstbewohnten Haus oder Existenzgründung wie für den Aufbau eines Unternehmens. Die Ausgleichung von Ausstattungen ist im Pflichtteilsrecht zwingend und kann nicht ausgeschlossen werden (§ 2316 Absatz 3 BGB).
- ÜBERMASSZUSCHÜSSE zu den Einkünften und Aufwendungen für die Vorbildung zu einem Beruf an die Abkömmlinge, soweit diese die Vermögensverhältnisse des Erblassers über das entsprechende Maß

übersteigen (§ 2050 Absatz 2 BGB). Je nach den Vermögensverhältnissen des Verstorbenen können dazu die Kosten eines Studiums oder einer Promotion zählen.
- SCHENKUNGEN, bei denen der Verstorbene vor oder bei der Zuwendung an sein Kind ERKLÄRT HAT, dass diese auf den Erbteil später AUSZUGLEICHEN sind (§ 2050 Absatz 3 BGB). Diese Ausgleichungsbestimmung kann sich auch aus den Umständen ergeben. So wird bei der Formulierung von „im Wege der vorweggenommenen Erbfolge" im Schenkungsvertrag angenommen, dass damit die Schenkung auszugleichen ist.

§ 2316 BGB: Ausgleichungspflicht

(1) Der Pflichtteil eines Abkömmlings bestimmt sich, wenn mehrere Abkömmlinge vorhanden sind und unter ihnen im Falle der gesetzlichen Erbfolge eine Zuwendung des Erblassers oder Leistungen der in § 2057a bezeichneten Art zur Ausgleichung zu bringen sein würden, nach demjenigen, was auf den gesetzlichen Erbteil unter Berücksichtigung der Ausgleichungspflichten bei der Teilung entfallen würde. Ein Abkömmling, der durch Erbverzicht von der gesetzlichen Erbfolge ausgeschlossen ist, bleibt bei der Berechnung außer Betracht.

(2) Ist der Pflichtteilsberechtigte Erbe und beträgt der Pflichtteil nach Absatz 1 mehr als der Wert des hinterlassenen Erbteils, so kann der Pflichtteilsberechtigte von den Miterben den Mehrbetrag als Pflichtteil verlangen, auch wenn der hinterlassene Erbteil die Hälfte des gesetzlichen Erbteils erreicht oder übersteigt.

(3) Eine Zuwendung der in § 2050 Abs. 1 bezeichneten Art kann der Erblasser nicht zum Nachteil eines Pflichtteilsberechtigten von der Berücksichtigung ausschließen.

(4) Ist eine nach Absatz 1 zu berücksichtigende Zuwendung zugleich nach § 2315 auf den Pflichtteil anzurechnen, so kommt sie auf diesen nur mit der Hälfte des Wertes zur Anrechnung.

BERECHNUNGSMETHODE:

- Schritt 1: Ist ein längerlebender Ehegatte des Verstorbenen vorhanden, sind die Erbansprüche dieses Ehegatten vom Nachlasswert abzuziehen. Das ergibt den gekürzten Nachlass.
- Schritt 2: Von dem gegebenenfalls im ersten Schritt gekürzten Nachlasswert sind sämtliche ausgleichungspflichtigen Zuwendungen mit dem Wert hinzuzurechnen, den sie im Zeitpunkt der Zuwendung hatten.
- Schritt 3: Der so ermittelte, also dann wieder erhöhte Nachlasswert wird durch die Zahl der Abkömmlinge dividiert.

- Schritt 4: Von diesem Wert muss sich jeder Pflichtteilsberechtigte seine auszugleichenden Zuwendungen anrechnen lassen.
- Schritt 5: Davon die Hälfte ergibt die jeweilige Pflichtteilsforderung eines jeden Pflichtteilsberechtigten.

Berechnungsbeispiel zu auszugleichenden Vorempfängen:
Die Mutter hinterlässt ihren alleinerbenden Ehemann und ihre enterbten Kinder A, B und C. Der Nachlasswert beträgt 100.000 EUR. A muss eine Ausstattung von 10.000 EUR und B eine auszugleichende Geldschenkung von 6.000 EUR (§ 2050 Absatz 3 BGB) ausgleichen. (Die Anpassung an die Inflation wird zur Vereinfachung des Beispiels nicht berücksichtigt; › Seite 273).

LÖSUNG:
Schritt 1: Die 100.000 EUR sind um die Erbansprüche des Vaters in Höhe der Hälfte des Nachlasswertes zu kürzen; es verbleiben 50.000 EUR (gekürzter Nachlass).

Schritt 2: Sämtliche auszugleichenden Zuwendungen sind dem gekürzten Nachlass hinzuzurechnen, so dass zu dem gekürzten Nachlasswert von 50.000 EUR noch 10.000 EUR und 6.000 EUR hinzuzuschlagen sind. Das ergibt einen erhöhten Nachlasswert von 66.000 EUR.

Schritt 3: Auf dieser Grundlage ergibt sich für A, B und C ein fiktiver gesetzlicher Erbteil von 66.000 EUR: 3 = 22.000 EUR.

Schritt 4: Unter Berücksichtigung der ausgleichungspflichtigen Zuwendungen stünde

A ein Erbteil von 22.000 EUR – 10.000 EUR = 12.000 EUR,
B von 22.000 EUR – 6.000 EUR = 16.000 EUR und
C von 22.000 EUR zu (sogenannter Ausgleichungserbteil).

Schritt 5: Da der Pflichtteil die Hälfte des Wertes des Ausgleichungserbteils beträgt, erhält

A 12.000 EUR: 2 = 6.000 EUR,
B 16.000 EUR: 2 = 8.000 EUR und
C 22.000 EUR: 2 = 11.000 EUR.

Ein Abkömmling, der durch lebzeitige Zuwendungen mehr erhalten hat als ihm nach dem Pflichtteilsrecht zusteht, ist nicht zur Herausgabe des Mehrbetrags verpflichtet (§ 2316 Absatz 1 Satz 1, § 2056 Satz 1 BGB). Wenn der Verstorbene bei einer Schenkung SOWOHL die AUSGLEICHUNG auf den Erbteil ALS AUCH die ANRECHNUNG auf den Pflichtteil angeordnet hat, sind beide Berechnungsmethoden zu kombinieren (§ 2316 Absatz 4 BGB). Die Gesetzesregelung vermeidet einen ungerechten doppelten Abzug.

3. Ausgleichungspflichten bei besonderer Mitarbeit oder Pflegetätigkeit

Hatte ein Kind dem verstorbenen Elternteil besondere Leistungen zugewandt, ohne dafür ein (angemessenes) Entgelt erhalten zu haben, kann es von den Geschwistern nach dem Erbfall einen Ausgleich verlangen. Die Leistungen des Kindes müssen im besonderen Maße dazu beigetragen haben, das Vermögen des Verstorbenen zu erhalten oder zu vermehren. Das kann bei einer MITARBEIT IM HAUSHALT, bei PFLEGEDIENSTEN, bei Unterstützung im GESCHÄFT des Verstorbenen sowie durch erhebliche Geldleistungen geschehen. Die Höhe des Ausgleichungsbetrags ist nach Billigkeitsgesichtspunkten nach der Dauer sowie Umfang der Leistung und dem Wert des Nachlasses zu bemessen (§ 2057a Absatz 3 BGB) und im Streitfall vom Gericht festzusetzen. Dieser Betrag ist auch bei der Pflichtteilsberechnung zu berücksichtigen (§ 2316 Absatz 1 BGB).

BERECHNUNGSMETHODE:

- Schritt 1: Ist ein längerlebender Ehegatte des Verstorbenen vorhanden, sind vom Nachlasswert die Erbansprüche dieses Ehegatten abzuziehen. Das ergibt den gekürzten Nachlass.
- Schritt 2: Von dem gegebenenfalls im ersten Schritt gekürzten Nachlasswert ist der Wert der Hilfe dem Verstorbenen gegenüber abzuziehen.
- Schritt 3: Der so ermittelte, also dann nochmals reduzierte Nachlasswert wird durch die Zahl der Abkömmlinge geteilt.
- Schritt 4: Davon die Hälfte ergibt die jeweilige Pflichtteilsforderung eines jeden Pflichtteilsberechtigten.

Berechnungsbeispiel zu Ausgleichungspflichten bei Pflegetätigkeit:
Die verwitwete Mutter aus dem Rheinland war schwer an Krebs erkrankt und die Tochter pflegte sie liebevoll. Der Sohn wohnte seit Jahren in Bayern und unterhielt nur einen zurückhaltenden Kontakt zu seiner Mutter. Die testamentarisch zur Alleinerbin eingesetzte Tochter erbt 100.000 EUR. Ihre Pflegeleistungen sind mit 10.000 EUR anzusetzen. Der Sohn macht Pflichtteilsansprüche geltend.

LÖSUNG:
Schritt 1: Nicht erforderlich, da kein längerlebender Ehegatte vorhanden.

Schritt 2: Der Nachlasswert von 100.000 EUR wird um den Wert der Pflegeleistung – 10.000 EUR – reduziert. Es verbleiben 90.000 EUR.

Schritt 3: 90.000 EUR durch zwei Kinder ergibt einen fiktiven Erbteil von jeweils 45.000 EUR.

Schritt 4: Die Hälfte des fiktiven Erbteils des Sohnes ergibt dessen Pflichtteil, mithin 22.500 EUR.

IX. Pflichtteil trotz Erbteil oder Vermächtnis zugunsten des Pflichtteilsberechtigten

Das Pflichtteilsrecht setzt voraus, dass der betreffende Angehörige ENTERBT wurde. Der Verstorbene könnte die Mindestbeteiligung des Angehörigen durch das Pflichtteilsrecht dadurch umgehen, indem er ihn als Erben (oder als Vermächtnisnehmer) einsetzt, der Wert der Begünstigung aber unterhalb des Pflichtteilsanspruchs liegen würde. Hier hat das Gesetz mit dem Pflichtteilsrestanspruch Vorkehrungen getroffen.

1. Pflichtteilsrestanspruch des Erben

Der Pflichtteilsberechtigte kann mit einer zu niedrigen Erbquote eingesetzt sein. Dann kann er neben seinem Erbteil die „Auffüllung" bis zu seinem Pflichtteilsanspruch verlangen. Der Pflichtteilsberechtigte kann seinen PFLICHTTEILSRESTANSPRUCH immer dann verlangen, wenn ihm ein Erbteil hinterlassen ist, der unter seinem Pflichtteil liegt (§ 2305 BGB). Der Anspruch besteht in der Höhe der Differenz zwischen dem ihm hinterlassenen Erbteil und dem ordentlichen Pflichtteil. Bei der Berechnung des Wertes des hinterlassenen Erbteils werden Beschwerungen wie Vermächtnisse oder aus Auflagen nicht berücksichtigt (§ 2305 Absatz 2 BGB).

BERATERTIPP ZUR GELTENDMACHUNG DES VOLLEN PFLICHTTEILS:
Der Pflichtteilsberechtigte kann nicht seine kleine Erbschaft ausschlagen und dann den vollen Pflichtteil geltend machen. Das ist nur in den Fällen des § 2306 BGB (› Seite 237 f.) und gegebenenfalls bei Ehegatten möglich, die in der Zugewinngemeinschaft gelebt haben (› Seite 215 ff.).

Beispiel zum Pflichtteilsrestanspruch:
Die Tochter des Verstorbenen ist durch Testament als Erbin in Höhe von $\frac{1}{6}$ eingesetzt. Wenn ihre Pflichtteilsquote $\frac{1}{4}$ beträgt, kann sie zu dem Sechstel noch den Wert von $\frac{1}{12}$ des Nachlasses verlangen ($\frac{1}{12} + \frac{1}{6} = \frac{1}{4}$).

2. Pflichtteilsrestanspruch des Vermächtnisnehmers
Wenn der Verstorbene den Pflichtteilsberechtigten nur mit einem Vermächtnis bedacht hat, stehen diesem zwei Möglichkeiten zur Verfügung (§ 2307 BGB):

- Er kann das Vermächtnis ausschlagen und den vollen Pflichtteil verlangen.
- Er kann das Vermächtnis annehmen und, wenn dessen Wert hinter dem Wert des Pflichtteils zurückbleibt, die Differenz zwischen dem Wert des Vermächtnisses und des Pflichtteils verlangen. So erhält er rechnerisch seinen Pflichtteilsanspruch in voller Höhe.

Die Ausschlagung eines Vermächtnisses wird gegenüber dem Erben erklärt (§ 2180 Absatz 2 BGB), was auch durch schlüssiges Verhalten erfolgen kann. Für Vermächtnisse besteht keine Ausschlagungsfrist.

§ 2307 BGB: Zuwendung eines Vermächtnisses
(1) *Ist ein Pflichtteilsberechtigter mit einem Vermächtnis bedacht, so kann er den Pflichtteil verlangen, wenn er das Vermächtnis ausschlägt. Schlägt er nicht aus, so steht ihm ein Recht auf den Pflichtteil nicht zu, soweit der Wert des Vermächtnisses reicht; bei der Berechnung des Wertes bleiben Beschränkungen und Beschwerungen der in § 2306 bezeichneten Art außer Betracht.*
(2) *Der mit dem Vermächtnis beschwerte Erbe kann den Pflichtteilsberechtigten unter Bestimmung einer angemessenen Frist zur Erklärung über die Annahme des Vermächtnisses auffordern. Mit dem Ablauf der Frist gilt das Vermächtnis als ausgeschlagen, wenn nicht vorher die Annahme erklärt wird.*

Formulierungsvorschlag zur Ausschlagung des Vermächtnisses und zur Geltendmachung des Pflichtteils:
Sehr geehrte Frau Erbin,

der verstorbene ... hat mir durch sein Testament vom 12. März 2014 sein Auto vermacht. Hiermit schlage ich das mir hinterlassene Vermächtnis aus, um meinen Pflichtteil geltend zu machen. Hierzu erhalten Sie ein separates Schreiben.

Mit freundlichen Grüßen

Der Pflichtteilsberechtigte

X. Pflichtteilsergänzungsansprüche

Der PFLICHTTEILSBERECHTIGTE PARTIZIPIERT nicht nur an dem Nachlassvermögen, sondern auch AN LEBZEITIGEN SCHENKUNGEN des Verstorbenen. Diese Schenkungen werden als fiktiver Nachlass bezeichnet und zusammengefasst. Hintergrund des sogenannten Pflichtteilsergänzungsanspruchs gem. § 2325 BGB ist, dass der Pflichtteilsanspruch eines enterbten nahen Angehörigen nicht dadurch umgangen können werden soll, indem der Erblasser sein Vermögen durch vorherige Schenkungen reduziert.

Schenkungen bleiben nur dann unberücksichtigt, wenn sie mehr als zehn Jahre vor dem Erbfall gemacht wurden (§ 2325 Absatz 3 BGB) oder wenn es sich um Pflicht- und Anstandsschenkungen (§ 2330 BGB) handelt, wie beispielsweise Geburtstagsgeschenke. Unter Ehegatten gilt die 10-Jahresfrist nur im Fall der Scheidung; sie läuft ab dem Zeitpunkt der Rechtskraft der Scheidung. Hat der Schenker sich etwa den Nießbrauch bei einer Schenkung vorbehalten, beginnt die Frist ebenfalls nicht anzulaufen. Schenkungen aus dem ersten Jahr vor dem Tod werden mit 100 %, aus dem zweiten Jahr mit 90 %, aus dem dritten Jahr mit 80 % et cetera angesetzt (§ 2325 Absatz 3 BGB). So reduziert sich der Pflichtteilsergänzungsanspruch stetig.

§ 2325 BGB: Pflichtteilsergänzungsanspruch bei Schenkungen

(1) *Hat der Erblasser einem Dritten eine Schenkung gemacht, so kann der Pflichtteilsberechtigte als Ergänzung des Pflichtteils den Betrag verlangen, um den sich der Pflichtteil erhöht, wenn der verschenkte Gegenstand dem Nachlass hinzugerechnet wird.*

(2) *Eine verbrauchbare Sache kommt mit dem Werte in Ansatz, den sie zur Zeit der Schenkung hatte. Ein anderer Gegenstand kommt mit dem Werte in Ansatz, den er zur Zeit des Erbfalls hat; hatte er zur Zeit der Schenkung einen geringeren Wert, so wird nur dieser in Ansatz gebracht.*

(3) *Die Schenkung wird innerhalb des ersten Jahres vor dem Erbfall in vollem Umfang, innerhalb jedes weiteren Jahres vor dem Erbfall um jeweils ein Zehntel weniger berücksichtigt. Sind zehn Jahre seit der Leistung des verschenkten Gegenstandes verstrichen, bleibt die Schenkung unberücksichtigt. Ist die Schenkung an den Ehegatten erfolgt, so beginnt die Frist nicht vor der Auflösung der Ehe.*

DER ERBE muss dem Pflichtteilsberechtigten seinen Pflichtteilsergänzungsanspruch BEZAHLEN. Der Erbe, der selbst zu dem pflichtteilsberechtigten Personenkreis gehört, braucht aber nur so viel zu zahlen, als dass ihm von seinem Erbteil wertmäßig mindestens das verbleibt, was er auch als Pflichtteil und als Pflichtteilsergänzung fiktiv beanspruchen könnte (§ 2328 BGB). Wenn dem Erben ein solches Verweigerungsrecht zusteht und der Pflichtteilsergänzungsanspruch noch nicht in voller Höhe aus dem Nachlass bezahlt wird, kann der Pflichtteilsberechtigte die offene Differenz bei dem zuletzt Beschenkten einfordern (§ 2329 BGB).

VEREINFACHTE BERECHNUNGSMETHODE: Jede einzelne (indexierte) Schenkung wird abhängig von dem Schenkungsjahr mit einem Teilwert angesetzt. Diese einzelnen Teilwerte werden addiert. Vom Gesamtwert der Teile der indexierten und ergänzungspflichtigen Schenkungen (= fiktiver Nachlass) kann der Pflichtteilsberechtigte in Höhe seiner Pflichtteilsquote Zahlung beanspruchen.

Berechnungsbeispiel zum Pflichtteilsergänzungsanspruch:
Der verwitwete Verstorbene hat 6 Monate vor seinem Tod einer Stiftung 10.000 EUR und 6,5 Jahre vor seinem Tod einer Freundin ebenfalls 10.000 EUR geschenkt (die Werte sind bereits indexiert). Sein einziges Kind hat er enterbt, so dass ihm eine Pflichtteilsquote von 50 % zusteht.

LÖSUNG:
Die Schenkung an die Stiftung ist mit 100 % und die Schenkung an die Freundin mit 30 % zu berücksichtigen. Von dem Gesamtwert von 13.000 EUR erhält das Kind aufgrund seiner Pflichtteilsquote 6.500 EUR.

IST DER NACHLASS ÜBERSCHULDET, führt die vereinfachte Berechnung zu falschen Ergebnissen. In diesem Fall sind zunächst der Wert des realen Nachlasses für den ordentlichen Pflichtteilsanspruch und der Wert des fiktiven Pflichtteilsanspruchs zu berechnen. Beide Werte sind zu addieren. Davon partizipiert der Pflichtteilsberechtigte in Höhe seiner Pflichtteilsquote. Es handelt sich dann um seinen gesamten Pflichtteilsanspruch. Wird davon der ordentliche Pflichtteil abgezogen, ergibt dies die Höhe des Pflichtteilsergänzungsanspruchs.

Berechnungsbeispiel bei überschuldetem Nachlass:
Sachverhalt wie zuvor, nur hat der Verstorbene Schulden von 5.000 EUR hinterlassen. Der Gesamtwert der Schenkungen von 13.000 EUR reduziert sich um die Verbindlichkeiten von 5.000 EUR. Von dem verbleibenden Betrag von 8.000 EUR erhält das enterbte Kind 4.000 EUR. Davon ist der

ordentliche Pflichtteil abzuziehen, der hier aufgrund der Überschuldung null beträgt. Das Kind erhält also lediglich 4.000 EUR.

Wenn der Pflichtteilsberechtigte selbst ein Geschenk von dem Verstorbenen erhalten hat (EIGENGESCHENK), hat er sich dieses auf seinen Pflichtteilsergänzungsanspruch anrechnen zu lassen (§ 2327 BGB). Hierzu bedarf es keiner Anordnung des Verstorbenen und es besteht nicht die sonst übliche 10-Jahresfrist.

Berechnungsbeispiel zur Anrechnung von Eigengeschenken:
Die verwitwete Mutter setzt ihren Geliebten zu ihrem Alleinerben ein und enterbt so ihre Tochter und ihren Sohn. 12 Jahre vor ihrem Tod hatte sie ihrem Sohn 1.000 EUR und zwei Monate vor ihrem Tod hatte sie ihrem Geliebten 10.000 EUR geschenkt.

LÖSUNG:
Den Kindern steht jeweils eine Pflichtteilsquote von 25 % zu. Für die Berechnung ihrer Pflichtteilsergänzungsansprüche werden beide Schenkungen addiert, so dass der Wert des fiktiven Nachlasses 11.000 EUR beträgt. Die Tochter erhält wegen ihrer Pflichtteilsquote von 25 % 2.750 EUR. Der Sohn hat sich jedoch von „seinen" 2.750 EUR das Geldgeschenk von 1.000 EUR anrechnen zu lassen, so dass er 1.750 EUR erhält.

Auch dem Erben kann ein Pflichtteilsergänzungsanspruch zustehen (§ 2326 BGB). Dazu muss dem pflichtteilsberechtigten Erben die Hälfte oder weniger des gesetzlichen Erbteils als Erbteil oder Vermächtnis hinterlassen worden sein. Der Anspruch richtet sich regelmäßig gegen die Miterben bzw. subsidiär gegen den Beschenkten (§ 2329 Absatz 1 Satz 2 BGB). Da dieser Pflichtteilsergänzungsanspruch keine Enterbung voraussetzt, kann der auch nach Ausschlagung der Erbschaft verlangt werden.

Oftmals schenkt ein Elternteil einem Kind eine Immobilie und behält sich den Nießbrauch vor. Dann ist Vater bzw. Mutter faktisch weiterhin Eigentümer, weil er bzw. sie die Immobilie weiterhin entweder selber nutzen oder wahlweise vermieten kann; der Mietzins steht weiterhin den Schenkern zu, die aber auch die Kosten zu tragen haben. Ein Schenker kann die Immobilie aber nicht mehr anderweitig vererben, verschenken oder verkaufen. Das Kind ist im Grundbuch als Eigentümer verzeichnet; es ist der rechtliche Eigentümer. Schon früh hat der Bundesgerichtshof entschieden, dass in einem solchen Fall die 10-Jahresfrist des § 2325 BGB nicht anfängt zu laufen. So spürt der Schenker nicht den Vermögensverlust.

Die Rechtsprechung hat zur Berechnung von Zahlungsansprüchen des Pflichtteilsberechtigten nach § 2325 BGB folgende Methode entwickelt. Da das Gesetz auf den niedrigeren Wert abstellt („Niederwertprinzip"), sind durch einen Gutachter der Wert im Zeitpunkt der Schenkung und der Wert im Zeitpunkt des Erbfalls erforderlich. Aufgrund der erforderlichen Anpassung an die Inflation erhöht sich der Wert im Zeitpunkt der Schenkung (› Seite 273).

- Ist der Gutachterwert im Zeitpunkt des Erbfalls niedriger als der im Zeitpunkt der Schenkung, ist dieser Grundlage der Berechnung. Der Nießbrauchsvorbehalt wirkt sich in diesem Fall nicht (reduzierend) aus.
- Ist der Gutachterwert im Zeitpunkt der Schenkung trotz der Erhöhung durch die Anpassung an die Inflation im Vergleich zu dem Wert zum Erbfall niedriger, wird von diesem der kapitalisierte Nießbrauch abgezogen. Auch die Berechnung dieses Wertes ist höchst umstritten. Grundsätzlich ist von der statistischen Lebenserwartung des Nießbrauchsberechtigten auszugehen, außer es liegt eine erkrankungsbedingt geringere Lebenserwartung vor, die bei der Schenkung bekannt war.
- Im Normalfall erfolgt die Kapitalisierung nach dem „Schreiben betr. Berechnung einer lebenslänglichen Nutzung oder Leistung; Vervielfältiger für Bewertungsstichtage" des Bundesfinanzministeriums (§ 14 Absatz 1 Satz 4 BewG). Das Schreiben für Bewertungen ab dem 1. Januar 2021 datiert auf den 28. Oktober 2020 (BStBl. I S. 1048; › Seite 275 ff.). Entscheidend sind die Kapitalisierungsfaktoren, die für den Zeitpunkt der Schenkung gelten.
- Bei Bestimmung des Wertes des Nießbrauches ist zu berücksichtigen, welche Belastungen wie Renovierungen der Nießbrauchsberechtigte zu übernehmen hat. Daher ist von der geschätzten monatlichen Kaltmiete etwas abzuziehen.

Berechnungsbeispiel zur Immobilienschenkung mit Nießbrauchsvorbehalt:
Die am 24.10.1925 geborene, verwitwete Mutter stirbt am 13.1.2022 und hinterlässt ihrer Tochter und ihrem Sohn einen wertlosen Nachlass (Wert: „0"; gesetzliche Erbfolge). Am 5.2.2004 hatte sie ein Haus an ihre Tochter geschenkt, wobei sie sich selbst den Nießbrauch vorbehalten hat. Bei der Schenkung war das Haus ohne Nießbrauchabzug mit 100.000 EUR zu bewerten, was nach Indexierung zum Erbfall einen inflationsbereinigten Wert von 105.000 EUR ergibt. Die monatliche Kaltmiete war im Zeitpunkt der Schenkung mit 300 EUR anzusetzen (Jahreswert: 3.600 EUR = Kapitalwert: 30.000 EUR).

Welche Ansprüche stehen dem Sohn zu, wenn der Wert der Immobilie beim Erbfall 100.000 EUR bzw. alternativ 110.000 EUR beträgt?

LÖSUNG:
1. Alternative: Wert per Erbfall ist niedriger, so dass die Basis für die Pflichtteilsquote von ¼ der Wert von 100.000 EUR ist. Der Sohn kann von der Tochter mithin 25.000 EUR beanspruchen.

2. Alternative: Wert per Schenkungsvollzug ist niedriger, so dass der indexierte Wert bei der Schenkung von 105.000 EUR Berechnungsgrundlage wird. Von den 105.000 EUR ist der Wert des Nießbrauchs (30.000 EUR) abzuziehen, woraus sich ein Wert von 75.000 EUR ergibt. Der Pflichtteilsergänzungsanspruch beträgt bei einer Pflichtteilsquote von ¼ dann 18.750 EUR.

Lange war ungewiss, ob und inwieweit sich diese Rechtsprechung zum Nießbrauchsvorbehalt auch auf den Vorbehalt eines Wohnrechtes übertragen lässt. Beim Wohnrecht ist es dem Berechtigten nur gestattet, die Immobilie selber zu nutzen, also kann er sie nichts zwecks Generierung von Mieteinnahmen fremdvermieten. Der Bundesgerichtshof entschied, dass in Ausnahmefällen der Beginn des Laufes der 10-Jahresfrist gehindert sei (Urteil vom 29. Juni 2016 – Az. IV ZR 474/15). Ein solcher Ausnahmefall liegt vor, wenn sich der Schenker an der gesamten Immobilie das Wohnrecht vorbehalten hat, nicht aber, wenn sich das Wohnrecht nur auf eine von drei Wohnungen in dem Haus erstreckt.

XI. Pflichtteilsanspruch des beschränkten oder beschwerten Erben

Grundsätzlich kann ein Pflichtteilsberechtigter nur dann seinen Pflichtteil verlangen, wenn er nicht Erbe wird (Ausnahmen bei Ehegatten im gesetzlichen Güterstand der Zugewinngemeinschaft). Hat der Verstorbene den pflichtteilsberechtigten Erben aber beschränkt oder beschwert, dann kann dieser die Erbschaft ausschlagen und seinen Pflichtteil verlangen (§ 2306 BGB). Dazu muss er mit folgenden testamentarischen oder erbvertraglichen Anordnungen belastet sein:

- mit einem Vermächtnis;
- mit einer Auflage;
- mit einer Teilungsanordnung;

- mit einer Testamentsvollstreckung;
- mit einer Nacherbschaft (er ist nur Vorerbe) oder
- mit einer Vorerbschaft (er ist nur Nacherbe).

§ 2306 BGB: Beschränkungen und Beschwerungen

(1) *Ist ein als Erbe berufener Pflichtteilsberechtigter durch die Einsetzung eines Nacherben, die Ernennung eines Testamentsvollstreckers oder eine Teilungsanordnung beschränkt oder ist er mit einem Vermächtnis oder einer Auflage beschwert, so kann er den Pflichtteil verlangen, wenn er den Erbteil ausschlägt; die Ausschlagungsfrist beginnt erst, wenn der Pflichtteilsberechtigte von der Beschränkung oder der Beschwerung Kenntnis erlangt.*

(2) *Einer Beschränkung der Erbeinsetzung steht es gleich, wenn der Pflichtteilsberechtigte als Nacherbe eingesetzt ist.*

Innerhalb der kurzen Ausschlagungsfrist von zumeist sechs Wochen muss der Pflichtteilsberechtigte ausschlagen (§ 1944 BGB, Wohnsitz im Ausland sechs Monate, › Seite 84). Diese Frist muss der Pflichtteilsberechtigte sehr ernst nehmen. Er hat bei Annahme der Erbschaft nicht die Sicherheit, dass ihm zumindest vom Wert her sein Pflichtteilsanspruch verbleibt. Wenn testamentarisch Vermächtnisse oder Auflagen angeordnet sind, hat der Erbe diese zu erfüllen, selbst wenn ihm danach nichts mehr verbleibt. Um sich den Pflichtteilsanspruch zu bewahren, muss er gegenüber dem Nachlassgericht nach § 2306 BGB ausschlagen.

Formulierungsvorschlag zur Ausschlagung des beschränkten oder beschwerten Erbteils zugunsten des Pflichtteils:

An das Amtsgericht
– Nachlassgericht –

...

In der Sache
Nachlass ...

Ausschlagung der Erbschaft

Az.: ...

Mein Vater, Herr ..., geboren am 2. Januar 1923, verstarb am 3. Februar 2017 in Düsseldorf mit letztem gewöhnlichen Aufenthalt in Düsseldorf.

Er hat das Testament vom 12. Juni 2014 hinterlassen, das am 19. Februar 2017 vom Nachlassgericht eröffnet wurde. Hiervon habe ich durch das Schreiben des Nachlassgerichtes vom 19. Februar 2017 am 23. Februar 2017 Kenntnis erlangt.

Durch das Testament bin ich als Miterbe zu 25 % durch ein Vermächtnis zugunsten des Tierschutzvereins, durch eine Auflage, wonach ich das Grab zu pflegen habe, durch Teilungsanordnungen und durch eine Testamentsvollstreckung beschwert bzw. beschränkt. Zudem bin ich mit einer Nacherbschaft beschwert.

Ich, ..., geboren am 24. Oktober 1979, wohnhaft Musterstraße 6 in Düsseldorf, schlage daher hiermit meine beschwerte bzw. beschränkte Erbeinsetzung nach § 2306 BGB aus, um meinen Pflichtteil verlangen zu können.

Ich beantrage, mir eine öffentlich beglaubigte Empfangsbestätigung zu erteilen.

Düsseldorf, den 3. März 2017

Unterschrift der Ausschlagenden

– notarieller Beglaubigungsvermerk –

Wenn die Ausschlagungsfrist abgelaufen ist, geht der Gesetzgeber davon aus, dass der Erbe die Erbschaft angenommen hat. Dann kann noch die Möglichkeit bestehen, die Annahme der Erbschaft durch Fristablauf anzufechten. Eine solche Anfechtung ist dann wirksam, wenn der Pflichtteilsberechtigte irrig davon ausgegangen war, dass er die Erbschaft nicht ausschlagen dürfe, um seinen Anspruch auf den Pflichtteil nicht zu verlieren (Bundesgerichtshof Urteil vom 29. Juni 2016 – Az. IV ZR 387/15).

XII. Stundung

Da es sich bei dem Pflichtteilsanspruch um einen Geldzahlungsanspruch handelt, der sofort fällig ist, besteht die Gefahr, dass der Erbe überschnell Nachlassgegenstände verkaufen muss, um den Pflichtteilsanspruch zu erfüllen. Unter bestimmten Umständen kann DER ERBE von dem Pflichtteilsberechtigten STUNDUNG VERLANGEN (§ 2331a BGB). Dazu muss für ihn die sofortige Erfüllung des Pflichtteilsanspruchs wegen der Art der

Nachlassgegenstände eine „UNBILLIGE HÄRTE“ sein. Dies liegt insbesondere vor, wenn der Erbe zur Erfüllung des Pflichtteilsanspruchs die Familienwohnung aufgeben oder ein Wirtschaftsgut veräußern müsste, das für ihn und seine Familie die wirtschaftliche Lebensgrundlage darstellt. Andererseits muss die Stundung dem Pflichtteilsberechtigten zugemutet werden können.

XIII. Verjährung

Der Pflichtteilsanspruch verjährt nach drei Jahren. Die VERJÄHRUNGSFRIST beginnt erst am Ende des Jahres, in dem sich der Erbfall ereignet hat (§§ 195, 199 BGB). Zu beachten ist, dass die Frist erst dann zu laufen beginnt, wenn der Pflichtteilsberechtigte von den den Anspruch begründenden Umständen und dem Erben Kenntnis erlangt oder Kenntnis hätte erlangen müssen (§ 199 Absatz 1 Nr. 2 BGB, Höchstfrist gem. § 199 Absatz 3a BGB ist 30 Jahre). Nur beim Pflichtteilsergänzungsanspruch direkt gegen den Beschenkten aus § 2329 BGB – wenn der Nachlass nicht ausreicht – beginnt die Frist am Todestag (§ 2332 BGB).

BERATERTIPP ZUM FRISTBEGINN:
Wenn ausreichend Zeit vorhanden ist: Aus Gründen größter Vorsicht sollte der Pflichtteilsberechtigte immer vom Fristbeginn am Ende des Jahres ausgehen, in dem sich der Todesfall ereignet hat, auch wenn er vielleicht erst im darauffolgenden Jahr von dem Erbfall erfahren hat (Ausnahme bei § 2329 BGB).

Beispiel zur Verjährungsfrist:
Der Verstorbene ist am 2. Februar 2021 gestorben. Da die Frist am 31. Dezember 2021 beginnt, kann der Pflichtteilsanspruch bis zum 31. Dezember 2024 gegen den Erben geltend gemacht werden.

XIV. Durchsetzung des Pflichtteilsanspruchs vor Gericht

Soll ein Pflichtteilsanspruch vor Gericht durchgesetzt werden und sind noch keine Auskünfte erteilt worden, empfiehlt sich die Stufenklage, die im Gegensatz zur reinen Auskunftsklage die Verjährung auch des Zahlungsanspruchs hemmt. Mit der Stufenklage nach § 254 ZPO wird

- Auskunft und Wertermittlung (Stufe 1),
- gegebenenfalls Abgabe der eidesstattlichen Versicherung (Stufe 2) und
- Zahlung des sich aus dem Nachlasswert und der Pflichtteilsquote ergebenden Betrages (Stufe 3)

verfolgt. Eine sofortige Zahlungsklage ist zu erwägen, wenn der Pflichtteilsberechtigte den Wert des Nachlasses relativ verlässlich einschätzen kann und der Erbe die Pflichtteilsregulierung verzögert.

Auch bei Anordnung einer Testamentsvollstreckung ist die Klage gegen den Erben zu richten (§ 2213 Absatz 1 Satz 3 BGB). In der Zwangsvollstreckung ist gegebenenfalls ein DULDUNGSTITEL GEGEN DEN TESTAMENTSVOLLSTRECKER ZU ERWIRKEN (§ 748 Absatz 3 ZPO).

Pflichtteil als Mindestteilhabe am Nachlass
Der Pflichtteilsanspruch stellt eine Mindestteilhabe am Nachlass dar. Er ist Ausdruck der Familiensolidarität, entsprechend wie der Elternunterhalt, den ein Kind seinem bedürftigen Elternteil zu zahlen hat. So erhält ein enterbter Angehöriger einen Geldbetrag auf Basis seiner Pflichtteilsquote, der Hälfte der gesetzlichen Erbquote, vom Nachlasswert und von gewissen Schenkungen. Je früher die Schenkung gemacht wurde, desto geringer kann der Pflichtteilsberechtigte daran partizipieren. Hat er selbst Schenkungen erhalten, hat er sich den Wert auf seinen Pflichtteilsergänzungsanspruch anrechnen zu lassen. Damit der Pflichtteilsberechtigte die Höhe seines Zahlungsanspruches beziffern und auch beweisen kann, stehen ihm gegenüber dem Erben verschiedene vorbereitende Ansprüche nach § 2314 BGB zu. So kann er vom Erben ein Verzeichnis verlangen, auch eines, das von einem Notar aufgenommen wurde, Wertermittlungsgutachten und im Einzelfall auch die eidesstattliche Versicherung über die Vollständigkeit der erteilten Auskunft.

14

Erbfälle mit Auslandsberührung – Internationales Erbrecht

Die Bürger werden mobiler, siedeln ins Ausland über und begründen dort ihren Lebensmittelpunkt oder sie haben Vermögen im Ausland, sei es nur eine Ferienimmobilie. Das Kapitel stellt die Besonderheiten zum deutschen Erbrecht dar.

Die Ausführungen in diesem Ratgeber basieren auf dem deutschen materiellen Erbrecht, wonach sich etwa die Erbquoten, die Rechtswirkungen der Erbengemeinschaft und das PFLICHTTEILSRECHT ergeben. Dieses deutsche materielle Recht kann aber bei Erbfällen mit Auslandsberührung nicht anwendbar sein. Für Erbfälle seit dem 17. August 2015 gilt die EU-Erbrechtsverordnung (EU-ErbVO), wonach sich das materielle Erbrecht nach dem letzten gewöhnlichen Aufenthalt bestimmt (Art. 21 EU-ErbVO). Davor richtete sich das materielle Erbrecht nach der Staatsangehörigkeit des Verstorbenen; Art. 25 EGBGB verweist mittlerweile auf die EU-ErbVO. Bei dem letzten gewöhnlichen Aufenthalt handelt es sich in der Regel um den letzten Wohnsitz. Die Meldung bei dem Einwohnermeldeamt ist nur ein Indiz.

Wenn Deutsche etwa im Alter nach Mallorca ziehen und dort dann ihren gewöhnlichen Aufenthalt unterhalten, gilt für ihre Erbfolge spanisches Erbrecht. Diese Folge ist oft ungewollt. Daher können Testierende durch ihr Testament bzw. ihren Erbvertrag eine Rechtswahl zugunsten des Rechts ihrer Staatsangehörigkeit treffen (Art. 22 EU-ErbVO). Der Bundesgerichtshof hat am 24. Februar 2021 entschieden, dass es für eine Rechtswahl nicht eines insoweit eindeutigen Wortlautes in einem Testament bedarf (Az. IV ZB 33/20). Vielmehr kann sich eine Rechtswahl auch konkludent aus dem Testament ergeben, also nach Auslegung unter Beachtung aller Umstände.

Formulierungsvorschlag für die Rechtswahl im Testament oder Erbvertrag:
Ich bestimme innerhalb dieser Rechtswahl das deutsche materielle Erbrecht.

Mit der EU-ErbVO hat der europäische Gesetzgeber unter anderem auch das Europäische Nachlasszeugnis eingeführt, eine Art internationalen Erbschein. Zum Erlass ist in Deutschland das Nachlassgericht, also das Amtsgericht des letzten gewöhnlichen Aufenthaltes des Erblassers, zuständig. Dieses wird problemlos in den meisten Staaten der EU anerkannt.

Beratertipp zu internationalen Erbfällen:
Diese Ausführungen können nur einen sehr groben Ausblick geben. Es bestehen im Bereich des Internationalen Erbrechts unzählige Spezialfälle, so dass bei einem Erbfall mit Auslandsbezug unbedingt ein im Internationalen Erbrecht kompetenter Rechtsanwalt konsultiert werden sollte.

15

Alternative Verfahren

Nicht immer schaffen es die Beteiligten eines Nachlasses, sich gegebenenfalls mit Unterstützung von Anwälten zu einigen und die in Rede stehenden Ansprüche zu erfüllen. Statt gleich eine Klage beim Amts- oder Landgericht zu erheben, können sie versuchen, ihren Konflikt durch alternative Verfahren zu lösen.

15. Alternative Verfahren

Wenn die Erben sich nicht einigen können und Hilfe von einem neutralen Dritten benötigen, müssen sie nicht unbedingt gleich eine Klage vor einem Amts- oder Landgericht erheben. Stattdessen können sie ihren Konflikt von einem Schiedsrichter entscheiden lassen oder den Konflikt selber mit Begleitung eines Mediators lösen.

I. Schiedsverfahren

Ein Schiedsgericht arbeitet im Gegensatz zu den staatlichen Gerichten wie das Amts- oder Landgericht vom Verfahren her freier, da dieses im Wesentlichen von den Parteien selbst bestimmt werden kann. Vor allem nachfolgende Konflikte kommen für ein Schiedsgericht in Betracht:

- über die Wirksamkeit und den Inhalt letztwilliger Verfügungen,
- zwischen Erben über die Verteilung des Nachlasses, einschließlich Auskunft, Bewertung und Ausgleichung von Vorempfängen,
- zwischen Erben über die Verwaltung des Nachlasses, wozu insbesondere Mitwirkungsrechte und die Verwendung/Auszahlung von Erträgen gehören,
- über die Erfüllung von Vermächtnissen,
- mit dem Testamentsvollstrecker,
- über die Auslegung von Testamenten
- im Rahmen von Übergabeverträgen
- im Zusammenhang mit gesellschaftsrechtlichen Nachfolgefragen und
- rund um Vorsorgevollmachten.

Um einen Streit vor ein Schiedsgericht zu bringen, müssen die am Streit Beteiligten eine entsprechende Schiedsvereinbarung treffen. Diese kann verschiedene Verfahrensordnungen wie beispielsweise die der ZPO gem. §§ 1025 ff. ZPO zugrunde legen: Jeder vermögensrechtliche Gegenstand kann zum Inhalt einer Schiedsvereinbarung werden, in der die Parteien unter anderem die Anzahl und die Qualifikation der Schiedsrichter gemeinsam festlegen (§ 1030 ZPO). Danach bestimmen die Parteien ihre Schiedsrichter, welche Juristen sein können, aber nicht müssen. Dadurch ist gesichert, dass der Schiedsrichter auch tatsächlich im Erbrecht kompetent ist. Dagegen gibt es zumeist in der I. Instanz bei den staatlichen Gerichten keine Spezialkammern, so dass der Richter nicht unbedingt über die erforderlichen Spezialkenntnisse verfügt. Zudem sollte in der Schiedsvereinbarung eine Regelung hinsichtlich der Honorare der Schiedsrichter getroffen werden.

Das Schiedsverfahren beginnt mit der Zustellung einer Benachrichtigung der einen Partei an die andere, die unter anderem Angaben zum Streitgegenstand durch Schilderung des Lebenssachverhaltes sowie einen Antrag enthalten muss, der das verfolgte Ziel fokussiert. Die davon in Kenntnis gesetzten Schiedsrichter fordern zur Einreichung der Schiedsklage und zur Erwiderung derselben auf. In der Schiedssitzung wird die Angelegenheit sowohl im Hinblick auf die vereinbarte Schiedsverfahrensordnung als auch im Hinblick auf die materiell-rechtliche Lage eingehend erörtert. Bei Bedarf werden Zeugen und Sachverständige geladen und gehört. Das Schiedsgericht muss die Gleichbehandlung der Parteien und den Grundsatz des rechtlichen Gehörs wahren (vgl. §1042 ZPO). Grundsätzlich sind die Schiedsrichter an das sich aus dem Gesetz ergebende Erbrecht gebunden. Im Gegensatz zum staatlichen Gericht sind die Schiedsrichter nicht an eine gesetzlich normierte Verfahrensordnung gebunden und können des Weiteren Entscheidungen unter Berücksichtigung weit reichender Gesichtspunkte treffen („Billigkeitsentscheidungen"; vgl. §1051 Absatz 1 ZPO). Nach Entscheidungsreife ergeht der Schiedsspruch, der wie ein rechtskräftiges Urteil eines staatlichen Gerichts gilt. Der Schiedsspruch kann innerhalb einer dreimonatigen Ausschlussfrist von einem Oberlandesgericht aufgehoben werden, und zwar dann, wenn die Schiedsvereinbarung unwirksam, der Streitgegenstand nicht schiedsfähig, das Schiedsgericht unzuständig war oder zwingende Verfahrensvorschriften verletzt wurden. Nach einer gegebenenfalls zu beantragenden Vollstreckbarkeitserklärung durch ein staatliches Gericht kann der Schiedsgerichtsspruch vollstreckt werden.

Für Schiedsverfahren in erbrechtlichen Angelegenheiten hat die Deutsche Schiedsgerichtsbarkeit für Erbstreitigkeiten e. V., Angelbachtal, www.dse-erbrecht.de, eine spezielle Verfahrensordnung entwickelt. Diese kann Schiedsgerichtsverfahren zugrunde gelegt werden. Auch qualifizierte potenzielle Schiedsgutachter werden von dem Verein benannt. Ein Testierender kann bereits in seinem Testament oder Erbvertrag eine Klausel aufnehmen, wonach seine Erben bei einer Vielzahl von möglichen Konflikten nicht zum staatlichen Gericht, sondern zum Schiedsgericht gehen müssen, wenn sie sich nicht einigen. Dazu schlägt die DSE folgende Klausel vor:

Formulierungsvorschlag für die Anordnung der Schiedsgerichtsbarkeit:
Ich ordne an, dass alle Streitigkeiten, die durch meinen Erbfall hervorgerufen werden, unter Ausschluss der ordentlichen Gerichte der Deutschen Schiedsgerichtsbarkeit für Erbstreitigkeiten e. V. (Hauptstraße 18 in 74918 Angelbachtal/ Heidelberg) und ihrer jeweils gültigen Schiedsordnung unterworfen sind.

II. Mediation

Das Mediationsverfahren ist eine Methode zur alternativen Konfliktlösung im Verhandlungswege. Die Parteien können mit Hilfe des Mediators freiwillig ihren Streit selbst zur Zufriedenheit aller rechtsverbindlich beilegen. Die Parteien bleiben „Herren“ über den Streitgegenstand. Kein Richter entscheidet gegen ihren Willen. Der Mediator führt lediglich durch die Phasen des Verfahrens, trifft selbst aber keine Entscheidung. Auch Verträge können mittels eines Mediationsverfahrens ausgehandelt werden.

1. Von Positionen zu Interessen

Bei einem gerichtlichen Verfahren stehen Positionen im Vordergrund („Ich will das Haus.“). Die Mediation berücksichtigt für die Konfliktlösung vornehmlich die „eigentlichen Interessen“ der Parteien („Mein Lebenswerk soll erfolgreich nach meinem Tod weitergeführt werden.“ / „Meine Erben sollen sich nach meinem Tod nicht zerstreiten.“). Diese Interessen liegen hinter den Positionen oftmals tiefgründig und bleiben zumeist unausgesprochen, da diese in einem gerichtlichen Verfahren nicht relevant sind.

Diese Fokussierung von Positionen weg zu den Interessen bei Verhandlungen wird als Harvard-Konzept bezeichnet. Es geht davon aus, dass die Interessen der Parteien häufig von den öffentlich eingenommenen Positionen abweichen und daher von den Konfliktlösern zunächst freigelegt werden müssen. Ziel ist die interessengerechte Beilegung des Rechtsstreits mit einer win-win-Lösung für alle Parteien. Charakteristisch ist zudem die Trennung von Verhandlungspartner und Verhandlungsgegenstand. Die Parteien sollen das zu verhandelnde Problem von ihrer persönlichen Einstellung gegenüber dem Gegner trennen.

2. Prinzipien

Der Charakter einer Mediation wird von bestimmten Prinzipien geprägt. Oberstes Gebot ist die uneingeschränkte NEUTRALITÄT des Mediators gegenüber allen Parteien. Ein Näheverhältnis zu einer Partei ist mit dem Neutralitätsgebot nicht zu vereinbaren. Unabdingbar ist die FREIWILLIGKEIT, mit der sich die Beteiligten zu dem Verfahren entschließen. Ebenfalls freiwillig müssen sie ihre Interessen offenlegen. Auch die Abschlussvereinbarung muss frei von Zwängen abgeschlossen werden.

Die Selbstverantwortlichkeit der Parteien gilt sowohl für die aktive Mitwirkung im Verfahren wie auch in Bezug auf Themen und Ergebnis, denn sie sind Experten ihres Konflikts. Die Parteien sind für die Inhalte des Verfahrens selbst verantwortlich.

Die Inhalte eines Mediationsverfahrens unterliegen einem strengen VERTRAULICHKEITSGEBOT. In dem Mediationsvertrag verpflichten sich die Parteien, in der Mediation Offenbartes nicht gegen die andere Partei zu verwenden. Eine selbstbestimmte Entscheidung ist nur möglich, wenn die Parteien umfassend über alle relevanten Daten, Fakten und vor allem auch Interessen – ihre eigenen wie auch über die fremden – informiert sind. Daher haben sie sich über den Streitgegenstand selber zu informieren, wobei sie auch ihre Nichteinigungsalternative kennen sollten. Damit ist die Alternative gemeint, die ihnen nach Scheitern der Mediation verbleibt.

3. Ablauf des Mediationsverfahrens
Üblicherweise läuft jedes Mediationsverfahren nach der gleichen Struktur ab:

- In der Phase 1 „VORBEREITUNG UND MEDIATIONSVERTRAG“ erläutert der Mediator den Parteien Ablauf und Prinzipien des Mediationsverfahrens. Danach schließen die Parteien mit ihm den Mediationsvertrag, in dem sie Verhandlungsgegenstand, Kosten und weiteres vereinbaren.
- Ziel der Phase 2 ist eine THEMENSAMMLUNG jeder Partei. Den Parteien wird Gelegenheit gegeben, ihre eigene – bewusst subjektive – Sichtweise des Konfliktes zu schildern. Aufgabe des Mediators ist neben dem Verstehen der Sichtweisen der Parteien die Positionen der jeweiligen Gegenpartei näher zu bringen.
- Der Mediator unterstützt die Parteien in der 3. Phase bei der INTERESSENKLÄRUNG, ihre eigenen Interessen, Wünsche und Bedürfnisse in Bezug auf den Konflikt für die Zukunft herauszufinden und offen zu legen. Zudem bringt er diese der jeweiligen Gegenseite näher. Dies bildet die Grundlage für die spätere Einigung.
- Es beginnt in Phase 4 die kreative Suche nach Lösungsoptionen. Gemeinsam entwickeln die Parteien eine Vielzahl von Ideen, die für das zu lösende Problem hilfreich sein können. Dabei kommen regelmäßig auch ganz neue und für alle Seiten vorteilhafte Optionen heraus. Der Mediator setzt hierfür eine Vielzahl von Kreativitätstechniken ein.
- In der Phase 5 geht es um die BEWERTUNG UND AUSWAHL DER IDEEN. Es beginnt die eigentliche Suche nach einer Lösung, wozu die unter-

schiedlichen Ideen gemeinsam bewertet werden. Am Ende stehen realisierbare Vorschläge, mit denen alle leben können und die den vielfältigen einzelnen Interessen möglichst gerecht werden.
- Der GEMEINSAM FORMULIERTE MEDIATIONSVERGLEICH dient in der 6. Phase der Absicherung der zuvor getroffenen Entscheidung. Damit ist zur Zufriedenheit der Parteien der Konflikt beigelegt.

4. Mediationstechniken
Der Mediator führt durch das Verfahren mittels Mediationstechniken. Er muss die eigentlichen Interessen der Parteien mittels Fragetechniken „herauskitzeln". Durch das PARAPHRASIEREN gibt er Erklärungen von Parteien mit seinen Worten wieder („Habe ich Sie richtig verstanden, dass..."). Durch das neutrale Formulieren einer Haltung kann diese der Gegenseite besser näher gebracht werden, so dass diese die Beweggründe nachvollziehen und vielleicht auch akzeptieren kann. Verschiedene Arten des BRAINSTORMINGS kommen bei der Suche nach Lösungsmöglichkeiten zum Einsatz. Das stetige Visualisieren der Verhandlung verdeutlicht den Parteien den Stand und die Struktur der Verhandlung.

5. Vorteile der Erbrechtsmediation
Gerade bei Mediationen vor dem Erbfall steht oftmals KEIN RECHTSWEG offen. Weder ein Gericht noch ein Schiedsgericht kann über eine zweckmäßige Nachfolgeregelung entscheiden. Auch kann jemand keinen seiner Pflichtteilsberechtigten zu dem Abschluss eines Erbvertrags oder Pflichtteilsverzichts gerichtlich zwingen, auch wenn er eine Gegenleistung anbietet. In dem Mediationsverfahren kann ein komplexer Vertrag und eine Nachfolgegestaltung gemeinsam im Konsens konzipiert werden.

Sogar wenn eine gerichtliche Entscheidung bei einem erbrechtlichen Streit hilfreich wäre, so scheuen viele Familienmitglieder zugunsten des Familienfriedens eine Klage gegen einen Verwandten. Ein Kläger kann dadurch als „geldgieriges Familienmitglied" gelten. Ein anhaltender Konflikt kann aber dem Nachlass, einem Unternehmen und auch den Erben schaden. Es bietet sich aufgrund der niedrigeren Eintrittsschwelle eine Lösung auf dem mediativen Weg an, da so keiner das Gericht angerufen hat.

Durch das gerichtliche Verfahren und die damit verbundene Öffentlichmachung ist auch langfristig die Wiederherstellung des Familienfriedens versperrt. Vor Gericht wird schließlich systemimmanent um ein „Recht haben" gerungen. Nach der durch die Mediation bedingten Aussprache kann hingegen auch eine große Familie wieder zueinander Vertrauen gewinnen. Der interne Streit ist NICHT AN DIE ÖFFENTLICHKEIT gelangt, was schließlich auch zu einer negativen Berichterstattung in den Medien hätte führen können.

Das Gericht entscheidet nur über die Rechtsansprüche aus den gestellten Anträgen und orientiert sich dabei ausschließlich an der Vergangenheit. Durch ein Urteil können sich neue Konflikte ergeben. Die Mediation zielt hingegen auf die ZUKUNFTSORIENTIERTEN INTERESSEN der Parteien ab und ermöglicht eine innovative Einigung. Die Parteien selbst haben es in der Hand, welche Informationen in das Verfahren eingeführt und bei der Lösung berücksichtigt werden. Sie bestimmen, mit welchem Ergebnis das Mediationsverfahren seinen Abschluss findet. Es können so verschiedene Konflikte oder der gesamte Konflikt in einem Paket beigelegt werden. Die Parteien sind zufrieden und empfinden eine subjektive Gerechtigkeit. Zukünftige Konflikte werden vermieden.

Ein gerichtliches Verfahren kann sich über mehrere Instanzen und damit über mehrere Jahre hinziehen. Das Mediationsverfahren kann hingegen innerhalb von wenigen Wochen, manchmal auch von wenigen Tagen eine Beilegung des Konflikts erzielen. Nerven werden geschont.

Nicht nur bei der ZEIT, sondern auch bei der KOSTENSEITE ergeben sich ERSPARNISSE. Gerade im Erbrecht handelt es sich oftmals um hohe Streitwerte. Bei einem Streitwert von 500.000 EUR betragen die Gerichts- und Anwaltsgebühren eines gerichtlichen Verfahrens ohne Mehrwertsteuer für die erste Instanz rund 27.000 EUR (zzgl. Auslagen für Zeugen und Sachverständige). Für die gegebenenfalls zweite Instanz schlagen zusätzlich ca. 31.000 EUR zu Buche, was einen Gesamtbetrag von ca. 58.000 EUR ausmacht. Bei einem Stundensatz von 250 EUR zzgl. Mehrwertsteuer und einer Verfahrensdauer von 10 Stunden belaufen sich die Kosten einer Mediation auf 2.975 EUR für den Mediator und 5.950 EUR für die beteiligten Parteianwälte, deren Mitwirkung aber nicht zwingend erforderlich ist. Berücksichtigung muss zusätzlich zugunsten der Mediation finden, dass im Vergleich zu dem gerichtlichen Verfahren nicht das identische Ziel verfolgt und erreicht wird. Bei der Mediation kann vielmehr ein vielschichtiger Konflikt, der sonst mehrerer gerichtlicher Prozesse bedarf, in einem Verfahren geregelt werden.

6. Nachteile der Erbrechtsmediation

Nachteilig wirkt sich bei der Mediation grundsätzlich aus, dass eine Streitbeilegung nicht garantiert werden kann. Wenn sodann der Konflikt bei Gericht anhängig wird, können in der Mediation offen gelegte Informationen von der Gegenseite verwendet und in das gerichtliche

Verfahren eingebracht werden. Die Einbringung solcher Informationen und Benennung diesbezüglicher Beweise lässt sich vertraglich in dem Mediationsvertrag beschränken und erschweren. Ein lückenloser Schutz ist nicht zu erzielen. Ein Mediationsverfahren kann nicht durchgeführt werden, wenn unter den Parteien erhebliche Machtungleichgewichte bestehen. Eine schwache Partei kann sich dann nicht ausreichend artikulieren und ihre Belange durchsetzen.

7. Anwendungsgebiete

Im Mittelpunkt der Anwendungsgebiete der Erbrechtsmediation VOR DEM ERBFALL stehen Regelungen der vorweggenommenen Erbfolge. Der Testierende möchte dabei oftmals die Interessen seiner Erben in die Nachlassplanung mit einbeziehen. Das Mediationsverfahren bietet den potentiellen Erben ein Forum, ihre Wünsche und Interessen bezüglich des Nachlasses im Hinblick auf ihre weitere Lebensgestaltung herauszufinden und zu benennen. Sie müssen sich nicht der Gefahr als geldgierig bezeichnet zu werden aussetzen, wenn sie das Thema Nachfolge ansprechen. Im Gegenzug dafür, dass der Erblasser beispielsweise seinem Sohn bereits zu Lebzeiten das Unternehmen überträgt, kann dieser vertraglich sich zu Gegenleistungen wie zu einer Leibrente verpflichten. Auch ist als Ergebnis einer Mediation denkbar, dass ein Erbe eine Immobilie vorab im Wege der Schenkung übertragen bekommt und sich gleichzeitig zur Pflege des Erblassers verpflichtet. Ebenfalls können die Ergebnisse der Mediation in Testamenten oder Erbverträgen umgesetzt werden.

Eine Erbrechtsmediation NACH DEM ERBFALL kann Streit und langwierige Prozesse verhindern. Gerade Erbengemeinschaften bieten ein hohes Konfliktpotential. Gestritten werden kann über die jeweilige Erbquote, über die Verwaltung und insbesondere über die Verteilung. Dabei haben auch einzelne Miterben eine starke Position, da sie jederzeit ihren Erbteil verkaufen können und die Auseinandersetzung bis hin zur Teilungsversteigerung betreiben können.

Konflikte um Pflichtteilsansprüche können mediativ gelöst werden. Da manchmal der Erbe den sofort fälligen Zahlungsanspruch des Pflichtteilsberechtigten nicht bezahlen kann, können neue Wege wie eine Leibrente oder eine Unternehmensbeteiligung vereinbart werden. Auch bei Streit über die Bewertung des Nachlasses und über die Auswirkungen etwaiger Vorschenkungen bietet sich ein mediativer Vergleich an.

Ein großes Konfliktpotential können angeordnete Testamentsvollstreckungen bergen. Durch die Einsetzung eines Testamentsvollstreckers können sich die Erben durch den Verstorbenen praktisch entmündigt fühlen. Den gegen den Verstorbenen gerichteten Unmut projizieren die Erben oftmals auf den Testamentsvollstrecker. Die Parteien können sich gegenseitig das Leben schwer machen. In einer Mediation können die Parteien sich aussprechen. Der Testamentsvollstrecker kann im Rahmen seiner Befugnisse die Interessen der Erben berücksichtigen, da er diese nunmehr kennt. Die Erben können Vertrauen zu dem Testamentsvollstrecker gewinnen.

8. Verfahrenseinleitung

Eine Erbrechtsmediation wird entweder durch den Erblasser selbst oder durch einen oder mehrere Erben eingeleitet. Eine Mediationsklausel in einem Testament oder Erbvertrag kann die Aufnahme einer Mediation deutlich vereinfachen oder erst ermöglichen.

Für eine Regelung innerhalb der vorweggenommenen Erbfolge initiiert zumeist der zukünftige ERBLASSER die Mediation und übernimmt auch die Kosten. Da er Materielles an seine Erben übergeben möchte, hat er eine für eine Mediation unübliche recht starke Position inne. Daher stehen die weiteren Parteien einem Mediationsverfahren „per se" auch offen gegenüber. Rechtsanwälte, Steuerberater und Hausbanken sollten insbesondere bei Unternehmern eine Mediation anregen. Diese können dem Erblasser nahe legen, dass eine einseitig festgelegte Nachfolgeplanung bei seinen Erben nicht unbedingt auf Akzeptanz stoßen kann, wenn die Interessen und die Lebensplanungen seiner Erben nicht mit einbezogen wurden.

POTENTIELLE ERBEN, insbesondere Unternehmensnachfolger, können auch ein besonderes Interesse an einer mediativen Nachfolgegestaltung haben. Durch eine offene Aussprache können sie Sicherheit für ihre Zukunft erlangen. Daher sollten sie dem potentiellen Erblasser eine Mediation vorschlagen. Bei Mediationen nach dem Erbfall sollten auch einzelne Miterben oder auch der Testamentsvollstrecker im Konfliktfall eine Mediation den anderen Parteien vorschlagen.

9. Mediationsklauseln in Testament und Erbvertrag

Die Aufnahme eines Mediationsverfahrens durch die Erben wird im Falle eines Konflikts gefördert, wenn der Verstorbene in sein Testament oder Erbvertrag eine Mediationsklausel aufgenommen hat.

Formulierungsvorschlag für eine Mediationsklausel:
Zur Beilegung von Streitigkeiten aus oder im Zusammenhang mit diesem Testament werden die betroffenen Parteien ein Mediationsverfahren nach der Verfahrensordnung der X-Mediationsvereinigung, Adresse, durchführen. Mediator ist .... Im Verhinderungsfall wird der Mediator nach Aufforderung einer Partei durch den Präsidenten der IHK Düsseldorf bestimmt. Die Kosten des Mediators trägt der Nachlass. Anwaltskosten und Auslagen trägt jede Partei selbst. Weigert sich eine Partei, an der ersten Mediationssitzung teilzunehmen, trägt sie die Gerichtskosten des anschließenden Prozesses unabhängig vom Verfahrensausgang.

Selbstbestimmte Konfliktlösung ohne staatliche Gerichte
Sowohl das Schiedsgericht als auch die Mediation bieten zum einen den Vorteil, dass Privates nicht in die Öffentlichkeit gelangt. Zum anderen können sie sich die Person(en) ihres Schiedsrichters oder Mediators selber aussuchen. Dagegen bestimmt sich der zuständige Richter bei einem staatlichen Gericht nach dem Geschäftsverteilungsplan. Ob dieser Kenntnisse im Erbrecht hat, ist ungewiss. Oftmals können Konflikte durch ein Schiedsverfahren oder eine Mediation auch viel rascher gelöst werden als wenn ein Amts- oder Landgericht entscheiden soll. Die Mediation bietet überdies noch die Chance, dass sich die Beteiligten wieder annähern und vertragen. Innerhalb von Familien ist das wünschenswert.

16

Erbschaftsteuer

Im Jahr 2020 konnte der Fiskus 8,6 Mrd. EUR an Erbschaftsteuern vereinnahmen. Dieses Kapitel bietet eine Einführung in diese Steuerregeln.

16. Erbschaftsteuer

Wenn jemand Vermögenswerte aufgrund eines Testamentes oder Erbvertrages bzw. aufgrund einer Schenkung erwirbt, hält der Fiskus die Hand auf. Erwerbe im Zusammenhang mit einem Todesfall und durch Schenkung sind nach den nahezu gleichen Regeln zu versteuern, die im Erbschaft- und Schenkungsteuergesetz (ErbStG) und im Bewertungsgesetz (BewG) enthalten sind.

Die HÖHE DER STEUER ist abhängig von dem Verhältnis des Begünstigten zu dem Verstorbenen oder zu dem Schenker. Danach richten sich die FREIBETRÄGE (› Seite 261) und STEUERSÄTZE (› Seite 262). Als Bemessungsgrundlage dient der Wert des erworbenen Vermögens. Bei Geld ist das ganz einfach: Der Betrag wird „1 zu 1" für die Steuerberechnung herangezogen. Da hingegen bei beweglichen Gegenständen, Immobilien und Unternehmen nicht der Wert so offensichtlich ist, bestimmt das Gesetz Methoden zur Wertermittlung (› Seite 263 ff.). Der Erwerb einiger Gegenstände ist STEUERFREI, so unter bestimmten Voraussetzungen das selber genutzte Familienheim oder der Hausrat (› Seite 265 f.). Auch bestehen Steuerbegünstigungen.

I. Steuerpflichtiger Vermögenserwerb

Derjenige, der Vermögenswerte aufgrund einer Erbschaft oder eines Vermächtnisses erhält, hat darauf Erbschaftsteuer zu bezahlen. Die Steuer entsteht im Zeitpunkt des Erwerbs, so dass bei einem ERBEN und VERMÄCHTNISNEHMER der Tod des Verstorbenen maßgebend ist (§§ 3, 10 ErbStG; außer der Anspruch hinsichtlich eines Vermächtnisses wird erst später fällig, beispielsweise ein Jahr nach dem Erbfall). Das gilt auch bei einer SCHENKUNG AUF DEN TODESFALL (› Seite 135 ff.).

DEFINITION: AUFLAGE
Testamentarisch kann durch eine sogenannte Auflage nach § 1940 BGB angeordnet werden, was ein Begünstigter tun oder unterlassen soll. So kann ein Bedachter etwa zur Grabpflege verpflichtet werden. Oder es wird ihm untersagt, eine transmortale Vollmacht zu widerrufen. Auch können Begünstigte so verpflichtet werden, anderen Personen Werte aus dem Nachlass zu übertragen.

Auch wer enterbt ist und seinen Pflichtteilsanspruch verlangt, muss darauf Erbschaftsteuern bezahlen. Die Steuer entsteht in dem Moment, wenn der Enterbte seinen Pflichtteilsanspruch bei dem Erben geltend macht. Das steuerlich relevante Erwerbsdatum eines AUFLAGEN-begünstigten ist dann, wenn er die Leistung erhält. Das Datum der Verzichtserklärung auf einen Pflichtteils- oder Vermächtnisanspruch bzw. der Ausschlagung ist für die Steuer für eine eventuell vereinbarte ABFINDUNG ausschlaggebend.

II. Steuerpflichtige

Die Erbschaftsteuer entsteht, wenn entweder der Verstorbene oder der Erbe/Vermächtnisnehmer INLÄNDER sind (unbeschränkte Steuerpflicht). Ein Inländer hat entweder seinen Wohnsitz oder seinen gewöhnlichen Aufenthalt in Deutschland (§ 2 ErbStG). Die Staatsangehörigkeit ist gleichgültig. Als Inländer gelten auch deutsche Staatsangehörige, die sich vor dem Erbfall nicht länger als fünf Jahre im Ausland aufgehalten haben. Wenn der Verstorbene seinen Wohnsitz in einer Steueroase hatte, besteht sogar die Steuerpflicht, wenn er noch nicht 10 Jahre dort wohnt (§§ 4, 2 Absatz 1 Außensteuergesetz). Es ist möglich, dass ein Erwerb sowohl von dem deutschen als auch von einem ausländischen Erbschaftsteuergesetz zu versteuern ist. Wenn weder der Verstorbene noch der Erwerber Inländer sind, unterfällt dennoch das in Deutschland belegende Vermögen der Erbschaftsteuer (beschränkte Steuerpflicht).

III. Freibeträge

Der Erwerb ist nur insoweit zu versteuern, wie die Freibeträge nicht ausreichen. Die Freibeträge hängen von dem Verhältnis zum Verstorbenen oder Schenker ab (§ 16 ErbStG, verkürzt):

STEUER-KLASSE	ERWERBER	FREI-BETRÄGE
I	Ehegatten	500.000 EUR
	Kinder und Stiefkinder	400.000 EUR
	ENKEL UND URENKEL	200.000 EUR
	Eltern und Großeltern bei Erwerben von Todes wegen	100.000 EUR
II	Eltern und Großeltern bei Schenkungen, Geschwister, Nichten und Neffen, Stiefeltern, Schwiegerkinder, Schwiegereltern, geschiedener Ehegatte	20.000 EUR
III	Sonstige Eingetragene Lebenspartner	500.000 EUR

Die Freibeträge stehen alle 10 Jahre neu zur Verfügung, wobei sämtliche Erwerbe unabhängig ob durch Schenkung oder durch Tod anzurechnen sind (§ 14 ErbStG).

Berechnungsbeispiel zu Freibeträgen:
Die Tochter hat drei Jahre vor dem Tod ihres Vaters einen Bargeldbetrag von 350.000 EUR geschenkt bekommen und jetzt 200.000 EUR geerbt. Nach der Schenkung waren vom Freibetrag von 400.000 EUR 50.000 EUR noch nicht verbraucht und standen noch im Erbfall zur Verfügung. Von den 200.000 EUR sind daher 150.000 EUR zu versteuern.

Über diese Freibeträge hinaus stehen dem längerlebenden Ehegatten noch ein Versorgungsfreibetrag von 256.000 EUR und Kindern – altersabhängig – von 10.300 EUR bis 52.000 EUR zu. Eine eventuelle Hinterbliebenenrente reduziert den Versorgungsfreibetrag. Darüber hinaus können den Pflegepauschbetrag von 20.000 EUR diejenigen beanspruchen, die den Verstorbenen unentgeltlich oder gegen ein zu geringes Entgelt gepflegt haben.

IV. Unterschiedliche Steuersätze

Soweit nach Abzug der Freibeträge der Erwerb zu versteuern ist, gelten – je nach Steuerklasse – die folgenden Steuersätze (§ 19 ErbStG):

<table>
<tr><th>WERT DES STEUERPFLICHTIGEN ERWERBS BIS</th><th colspan="4">PROZENTSATZ IN DER STEUERKLASSE</th></tr>
<tr><th>EINSCHLIESSLICH</th><th>I</th><th>II (AB 2010)</th><th>II (2009)</th><th>III</th></tr>
<tr><td>75.000 EUR</td><td>7</td><td>15</td><td colspan="2" rowspan="4">30</td></tr>
<tr><td>300.000 EUR</td><td>11</td><td>20</td></tr>
<tr><td>600.000 EUR</td><td>15</td><td>25</td></tr>
<tr><td>6.000.000 EUR</td><td>19</td><td>30</td></tr>
<tr><td>13.000.000 EUR</td><td>23</td><td>35</td><td colspan="2" rowspan="3">50</td></tr>
<tr><td>26.000.000 EUR</td><td>27</td><td>40</td></tr>
<tr><td>Über 26.000.000 EUR</td><td>30</td><td></td></tr>
</table>

V. Bewertung

Das Finanzamt zieht für die Steuerberechnung den Verkehrswert jedes einzelnen Gegenstandes heran. Der Verkehrswert entspricht dem Betrag, den ein FIKTIVER KÄUFER für den jeweiligen Gegenstand bezahlen würde.

1. Bankguthaben und Wertpapiere

Bankguthaben werden mit dem Stand am Todestag in Ansatz gebracht. Bei börsennotierten Wertpapieren wie Aktien ist der Börsenkurswert am Todestag maßgebend.

2. Bewegliche Gegenstände

Bewegliche Gegenstände wie AUTOS, Gemälde und SCHMUCK werden mit dem Verkehrswert zur Steuer herangezogen, der durch Gutachten festgestellt werden muss. Zunächst können in der Steuererklärung eigene Schätzwerte angegeben werden. Erst auf Rückfrage des Finanzamtes müsste dann ein Wertgutachten eingeholt werden. Bei speziellen Gegenständen wie eine Uhrensammlung, Autos oder wertvollem Schmuck sollte ein Sachverständiger sogleich ein Gutachten erstellen, so dass dieses dem Finanzamt mit der Steuererklärung übersandt werden kann.

3. Grundstücke und Immobilien

Die Bewertung unbebauter Grundstücke erfolgt nach der Fläche und den Bodenrichtwerten laut Gutachterausschuss (§ 179 BewG). Der Verkehrswert bebauter Grundstücke ist je nach Grundstücksart nach dem Vergleichs-, dem Ertrags- oder dem Sachwertverfahren zu ermitteln:

- Das Vergleichswertverfahren gilt für Wohnungs- und Teileigentum sowie für EIN- UND ZWEIFAMILIENHÄUSER. Es zieht für die Wertbestimmung Kaufpreise von gleichartigen Immobilien heran (§§ 182 Absatz 2, 183 BewG).
- Soweit es keine vergleichbaren Kaufpreise gibt, ist das Sachwertverfahren einschlägig. Hierbei wird der Wert auf Grundlage des Substanzwertes – Summe aus dem Herstellungswert der baulichen und nichtbaulichen Anlagen sowie aus dem Bodenwert – ermittelt (§§ 182 Absatz 4, 189 BewG).
- Insbesondere bei Renditeobjekten wie Mietwohn- oder Geschäftsgrundstücken wird das Ertragswertverfahren angewendet. Der Verkehrswert wird auf Grundlage des Bodenwertes, des Ertrages (Miete), der Art und des Baujahres des Gebäudes berechnet (§§ 182 Absatz 3, 184 BewG).

Wenn der Steuerpflichtige meint, dass der Gegenstand weniger wert ist als durch die vorgenannten Methoden ermittelt, kann er durch Vorlage eines Gutachtens einen niedrigeren Verkehrswert dem Finanzamt nachweisen (Öffnungsklausel, § 198 BewG).

4. Unternehmen
Das Bundesverfassungsgericht hatte am 17. Dezember 2014 entschieden, dass die Vergünstigungen für die Übertragung betrieblichen Vermögens verfassungswidrig sind. Es setzte dem Gesetzgeber für eine Neuregelung eine Frist auf den 30. Juni 2016. Erst mit Zustimmung durch den Bundesrat am 14. Oktober 2016 konnten die Neuregelungen rückwirkend zum 30. Juni 2016 in Kraft treten. Einzelne Stimmen halten auch die Neuregelung für verfassungswidrig.

Die Neuregelung ist noch komplizierter geworden. Eine genaue Darstellung, die für den Leser nützlich wäre, müsste sehr umfassend sein und würde den Rahmen dieses Ratgebers sprengen. Daher wird von weiteren Erläuterung abgesehen. Ohne einen auf dieses Thema spezialisierten Berater wird man kaum die Möglichkeiten und Risiken der Neuregelungen abschätzen können.

5. Nutzungsrechte und Lebensversicherungen
Für die Wertermittlung von Nutzungsrechten wie eine Rente, ein NIESSBRAUCH oder ein Wohnrecht sieht das Gesetz besondere Vorschriften vor (§ 23 ErbStG, §§ 13 ff. BewG).

LEBENSVERSICHERUNGEN werden nach ihrem Rückkaufswert bewertet, der von der Versicherung angefordert werden kann.

VI. Abzug von Nachlassverbindlichkeiten

Nachlassverbindlichkeiten reduzieren die zu zahlende Steuer. Sie werden von den Vermögenswerten abgezogen, so dass letztlich ein niedrigerer Vermögenserwerb zu versteuern ist. Es sind abzuziehen (§ 10 Absatz 5 ErbStG):

- SCHULDEN DES VERSTORBENEN beispielsweise aus Krediten,
- Verbindlichkeiten aus VERMÄCHTNISSEN, Auflagen und geltend gemachten PFLICHTTEILSANSPRÜCHEN sowie

- durch den Erbfall entstandene Kosten wie die BESTATTUNGSKOSTEN und der Grabstein und die Nachlassregelungskosten wie die Erbscheinsgebühren sowie Steuerberater- und Anwaltskosten (hierfür kann eine Pauschale von 10.300 EUR angesetzt werden, § 10 Absatz 5 Nr. 3 ErbStG).

VII. Steuerbegünstigungen und -befreiung

Für einige Ansprüche und Vermögensgegenstände hat der Gesetzgeber Steuerbegünstigungen oder gar Steuerbefreiungen eingeräumt.

1. Zugewinnausgleichsanspruch
Wenn der Verstorbene mit seinem Ehegatten in dem gesetzlichen Güterstand der Zugewinngemeinschaft lebte, also beide keinen Ehevertrag abgeschlossen haben, bestehen bei der Beendigung der Ehe Zugewinnausgleichsansprüche. Der Vermögenserwerb des Ehemannes und der Ehefrau während der Ehe sind – getrennt – zu ermitteln. Wenn danach ein Ehegatte einen höheren Vermögenserwerb erwirtschaften konnte, beträgt der Zugewinnausgleichsanspruch des „ärmeren" Ehegatten die Hälfte von der Differenz. Der Vermögenserwerb der längerlebenden Ehegatten ist in Höhe des Zugewinnausgleichsanpruchs STEUERFREI (§ 5 ErbStG). Das gilt unabhängig davon, ob der längerlebende Ehegatte statt des rechnerischen Zugewinnausgleichsanspruchs das pauschale Zugewinnausgleichsviertel erhält oder er testamentarisch oder erbvertraglich erbt.

2. Familienheim
Was vor der Erbschaftsteuerreform nur bei lebzeitigen Übertragungen unter Ehegatten steuerfrei war, wird jetzt auch auf Erwerbe von Todes wegen ausgedehnt. So erfolgt der Erwerb durch Erbfall der selbstgenutzten Wohnimmobilie (Familienheim) für EHEGATTEN und für eingetragene Lebenspartner STEUERFREI, wenn das Familienheim 10 Jahre weiterhin selbst genutzt wird (§ 13 Absatz 1 Nr. 4b, 4c ErbStG). Das Familienheim muss sich entweder in Deutschland oder in einem anderen Staat der EU oder des EWR befinden. Die Steuerbefreiung entfällt rückwirkend, wenn das Familienheim innerhalb von 10 Jahren nach dem Erwerb – durch Erbschaft oder Schenkung – nicht mehr zu Wohnzwecken selbst genutzt wird, also etwa bei Verkauf oder Fremdvermietung. Eine Ausnahme besteht für den Fall, dass die Selbstnutzung aus zwingendem Grund beendet wird. Hierzu soll nach der Gesetzesbegründung der Tod des Bewohners oder eine entsprechende Pflegebedürftigkeit (Pflegestufe 3) zählen.

Ebenfalls steuerfrei ist der ERWERB DER „ERSTEN“ 200 QM des Familienheims durch KINDER, wenn diese die Immobilie unverzüglich selbst nutzen (entfällt ebenfalls bei Aufgabe der Selbstnutzung innerhalb von 10 Jahren nach dem Erwerb). Über 200 qm hinaus ist der Erwerb des Familienheims durch Kinder steuerpflichtig.

3. Vermietete Wohnimmobilien
In der Gesetzesbegründung werden Vermieter von Wohnimmobilien als „Unternehmer“ bezeichnet, die keinen Betrieb leiten müssen. Um weiterhin eine „angemessene Wohnraumversorgung der Bevölkerung“ zu gewährleisten, wird bei zu Wohnzwecken vermieteten Grundstücken ein ABSCHLAG VON 10% auf den Verkehrswert gewährt (§13c Absatz 1 ErbStG). Vermieter gewerblicher Immobilien kommen nicht in den Genuss dieser Vergünstigung.

4. Baudenkmäler
Wenn Baudenkmäler ganz von der Steuer befreit sind, ist deren Wert zur Steuerberechnung nur mit 85% anzusetzen (§13 Absatz 1 Nr. 2 ErbStG).

5. Hausrat
Wenn Ehegatten oder Kinder Hausrat erben (Steuerklasse I), ist dieser bis zu einem Wert von 41.000 EUR steuerfrei (§13 Absatz 1 Nr. 1a ErbStG). Für weitere Gegenstände wie Auto, Schmuck und Kunstgegenstände genießen die Angehörigen der Steuerklasse I einen weiteren Freibetrag von 12.000 EUR. Erwerber der Steuerklassen II und III müssen diese Gegenstände einschließlich Hausrat erst ab einem Wert von 12.000 EUR versteuern.

VIII. Stundung des Steueranspruchs

Erwerber von nicht gewerblich vermieteten Immobilien sowie von zu eigenen Wohnzwecken genutztem Wohneigentum können eine zinslose Stundung der Erbschaftsteuer für diese Vermögensgegenstände beantragen (§28 ErbStG). Die Finanzämter gewähren diese Stundung, soweit andernfalls zur Steuerbezahlung das Grundstück verkauft werden müsste. Die Stundung endet, wenn

- sie für nicht gewerblich vermietete Wohnimmobilien gewährt wird, spätestens nach Ablauf von 10 Jahren;
- sie für zu eigenen Wohnzwecken genutztes Immobilienvermögen gewährt wird, regelmäßig mit Aufgabe der Selbstnutzung;
- oder wenn das Grundstück Gegenstand einer Schenkung ist.

IX. Anrechnung auf die Einkommensteuer

Die im Jahr 1999 abgeschaffte Regelung zur Beseitigung von Doppelbelastungen mit Einkommen- und Erbschaftsteuer ist durch die Erbschaftsteuerreform wieder eingeführt worden. Danach ist in bestimmten Fällen eine anteilige Ermäßigung der Einkommensteuer zu gewähren. Dazu müssen die Einkünfte zuvor als Vermögen oder Vermögensbestandteil aufgrund eines Erwerbs von Todes wegen der Erbschaftsteuer unterlegen haben und im laufenden oder in den vier vorausgegangenen Veranlagungszeiträumen mit Erbschaftsteuer belastet worden sein (§ 35b Einkommensteuergesetz).

X. Verfahrensfragen

1. Anzeigepflichten
Wer etwas aufgrund einer Erbschaft und einer Schenkung erhält, muss dies grundsätzlich dem Erbschaftsteuer-Finanzamt mitteilen, das für die Erhebung der Erbschaft- und Schenkungsteuer zuständig ist (nach dem letzten Wohnsitz des Verstorbenen, § 35 ErbStG). Ein Erbe kann von der Anzeige absehen, wenn das Nachlassgericht ein Testament oder einen Erbvertrag eröffnet hat, aus dem sich dessen Verwandtschaftsverhältnis zum Verstorbenen ergibt.

Etwa Banken, Sparkassen, Bausparkassen und Lebensversicherer haben dem Finanzamt die Vermögenswerte des Verstorbenen im Zeitpunkt seines Todes mitzuteilen (§ 33 ErbStG). Auch Nachlassgerichte, Notare und Standesämter sind zur Anzeige verpflichtet.

2. Die Steuererklärung
Das Erbschaftsteuer-Finanzamt übersendet dann dem Erben einen Vordruck für die Steuererklärung nebst Ausfüllhinweisen. Der Erbe hat zur Abgabe einige Wochen Zeit. Danach erlässt das Finanzamt den Steuerbescheid, den der Steuerpflichtige mit einem Einspruch angreifen kann. Die festgesetzte Steuer hat der Erwerber innerhalb von einem Monat nach Zustellung des Bescheides zu entrichten.

3. Besonderheiten bei der Erbengemeinschaft
Wenn nach dem Erbfall eine Erbengemeinschaft entstanden ist, geben die Miterben meistens gemeinsam eine Steuerklärung ab. Das Finanzamt rechnet dann FÜR JEDEN MITERBEN GETRENNT unter Berücksichtigung seiner Erbquote, seinen Freibetrag und seinen Steuersatz aus.

Komplexe Steuerregeln
Erben der Ehegatte und die Kinder, fallen aufgrund der für die meisten Familien großzügigen Freibeträge keine Erbschaftsteuern an. Werden hingegen Familienfremde begünstigt, so steht ihnen lediglich ein Freibetrag von 20.000 EUR zur Verfügung; ein darüber hinausgehender Erwerb ist mit 30 % bis 50 % zu versteuern. Hierzu müssen die einzelnen Gegenstände bewertet werden, wozu das Bewertungsgesetz Methoden vorsieht. Ist die finanzielle Unabhängigkeit durch ein großes Vermögen sichergestellt, kann zur Steueroptimierung schon lebzeitig durch Schenkung Vermögen auf die nachfolgende Generation übertragen werden. Die Freibeträge stehen schließlich nach 10 Jahren wieder voll zur Verfügung. Einem Schenker muss allerdings stets bewusst sein, dass sich das Verhältnis zu seinen Kindern rasch ändern kann. Es ist Zurückhaltung geboten.

17

Tabellen

Wieviel kostet es, mein Recht durchzusetzen? Dieses Kapitel umfasst die wichtigsten Tabellen und erläutert.

17. Tabellen

I. Gebühren eines Notars und eines Nachlassgerichts

Wird ein Notar oder Nachlassgericht tätig, fallen Gebühren an. Diese bestimmen sich zum einen nach der Art der Tätigkeit (Tabelle 1) und zum anderen nach dem Wert des Vermögens nach Abzug der Verbindlichkeiten (Werte in Tabelle 2). Die genaue Berechnung ist in dem GNotKG fixiert. Bei Notaren fällt zusätzlich noch Mehrwertsteuer an.

TABELLE 1:	
Beurkundung eines Einzeltestamentes	1,0
Beurkundung eines Ehegattentestamentes	2,0
Verwahrung eines Testamentes durch Gericht	75 EUR
Beurkundung eines Erbvertrages	2,0
Anfechtung eines Testamentes (Entgegennahme durch Nachlassgericht)	15 EUR
Beurkundung eines Erbverzichts	2,0
Ausschlagung der Erbschaft (Beurkundung der Erklärung)	0,5
Anfechtung der Annahme der Erbschaft (Beurkundung der Erklärung)	0,5
Erbscheinsantrag einschl. eidesstattlicher Versicherung	2,0
Testamentseröffnung	100 EUR

TABELLE 2 („TABELLE B“ NACH GNOTKG, AUSZÜGE):	
Wert	Gebühr von 1,0
bis 10.000 EUR	75 EUR
bis 50.000 EUR	165 EUR
bis 110.000 EUR	273 EUR
bis 260.000 EUR	535 EUR
bis 500.000 EUR	935 EUR
bis 1 Mio. EUR	1735 EUR
bis 2 Mio. EUR	3335 EUR
bis 3 Mio. EUR	4935 EUR

Das GNotKG sieht für Zwischenwerte weitere Unterstaffelungen vor.

II. Anpassung an den Kaufkraftschwund

Bei den Berechnungen zur Auseinandersetzung einer Erbengemeinschaft und zur Höhe von Pflichtteilsansprüchen sind oft Vorempfänge, also Schenkungen, Ausstattungen und ausgleichungspflichtige Zuwendungen, auch unbenannte Zuwendungen unter Ehegatten, zu berücksichtigen. Zentral sind dabei die Werte zum Erbfall, also die Werte dieser Vorempfänge werden mit den Werten im Nachlass in die Berechnung einbezogen. Hat der Verstorbene Geld geschenkt, so war der Betrag früher bei der Schenkung viel mehr wert als ein etwa das Guthaben, das sich im Nachlass befindet. Das Geld hat an Kaufkraft verloren. Deswegen müssen alle Vorempfänge angepasst werden. Man fragt sich, welchen Wert diese bei dem Erbfall hätten. Das erfolgt durch die Anpassung an die Inflation. So hat eine Inflationsbereinigung des Wertes nach folgender Formel zu erfolgen:

Formel zur Anpassung an die Inflation:

$$\frac{\text{Wert zum Zuwendungszeitpunkt} \times \text{Lebenshaltungskostenindex zum Zeitpunkt des Erbfalls}}{\text{Lebenshaltungskostenindex zum Zeitpunkt der Zuwendung}}$$

Der Lebenshaltungskostenindex bestimmt sich nach dem „Verbraucherpreisindex für Deutschland (2015 = 100)“ vom Statistischen Bundesamt. Unter www.destatis.de finden sich auch die Monatswerte.

BEISPIELSBERECHNUNG:
Der Verstorbene hat im Jahr 2005 eine Schenkung von 1.000 EUR gemacht und stirbt im Jahr 2020. Die obige Formel angewendet ergibt 1.000 EUR × 105,8 ÷ 86,2 = 1.227 EUR. Das ist der indexierte Wert, der auch als an die Inflation oder an den Kaufpreis angepasste Wert bezeichnet wird.

Jahr	Verbraucherpreisindex
	2015=100
1991	65,5
1992	68,8
1993	71,9
1994	73,8
1995	75,1
1996	76,1
1997	77,6
1998	78,3
1999	78,8
2000	79,9
2001	81,5
2002	82,6
2003	83,5
2004	84,9
2005	86,2
2006	87,6
2007	89,6
2008	91,9
2009	92,2
2010	93,2
2011	95,2
2012	97,1
2013	98,5
2014	99,5
2015	100
2016	100,5
2017	102
2018	103,8
2019	105,3
2020	105,8

III. Kapitalisierung einer lebenslänglichen Nutzung

Einstweilen geht es im Erbrecht um Nutzungsrechte, die den „Inhaber" zur kostenlosen Nutzung eines Gegenstandes berechtigen, solange er lebt. Auch sind Rentenansprüche denkbar, die der Berechtigte bis zu seinem Lebensende fordern kann. Für Berechnungen im Erbrecht stellt sich an verschiedenen Stellen die Frage nach ihrem Wert im Zeitpunkt ihrer Gewährung. Naturgemäß weiß keiner, wie lange der Berechtigte lebt. Man behilft sich daher mit der statistischen Lebenserwartung. Hierzu gibt das Statistische Bundesamt die „Amtliche Sterbetafel" heraus. Mit diesen Werten der statistischen Lebenserwartung und unter Berücksichtigung einer Verzinsung von 5,5 %, die aber aufgrund der andauernden Niedrigzinsphase überhaupt nicht passt, gibt das Bundesfinanzministerium jährlich im Hinblick auf § 14 Absatz 1 Satz 4 Bewertungsgesetz Faktoren zur Kapitalisierung heraus. Bis zum Redaktionsschluss dieses Ratgebers im Sommer 2021 war hierzu das „Schreiben betr. Berechnung einer lebenslänglichen Nutzung oder Leistung; Vervielfältiger für Bewertungsstichtage ab 1. Januar 2021" vom 28. Oktober 2020 aktuell, deren Faktoren auf der Allgemeinen Sterbetafel 2017/2018 basieren (BStBl. I S. 1048). Maßgebend sind aber stets die Faktoren, die aktuell waren, als das Nutzungsrecht entstand.

VOLLENDETES LEBENSALTER	MÄNNER		FRAUEN	
	DURCHSCHNITTLICHE LEBENSERWARTUNG	KAPITALWERT	DURCHSCHNITTLICHE LEBENSERWARTUNG	KAPITALWERT
0	78,63	18,404	83,36	18,466
1	77,90	18,393	82,60	18,458
2	76,92	18,378	81,62	18,445
3	75,93	18,361	80,63	18,433
4	74,94	18,344	79,64	18,419
5	73,95	18,325	78,65	18,405
6	72,96	18,306	77,65	18,389
7	71,96	18,285	76,66	18,374
8	70,97	18,264	75,67	18,357
9	69,97	18,241	74,67	18,339
10	68,98	18,217	73,67	18,320

VOLL-ENDETES LEBENS-ALTER	MÄNNER		FRAUEN	
	DURCHSCHNITT-LICHE LEBENS-ERWARTUNG	KAPITAL-WERT	DURCHSCHNITT-LICHE LEBENS-ERWARTUNG	KAPITAL-WERT
11	67,99	18,191	72,68	18,300
12	66,99	18,165	71,68	18,279
13	66,00	18,136	70,69	18,257
14	65,00	18,106	69,70	18,234
15	64,01	18,075	68,70	18,210
16	63,02	18,042	67,71	18,184
17	62,03	18,007	66,72	18,157
18	61,05	17,971	65,73	18,128
19	60,07	17,933	64,74	18,098
20	59,10	17,893	63,75	18,067
21	58,12	17,850	62,76	18,033
22	57,15	17,806	61,77	17,998
23	56,17	17,759	60,78	17,960
24	55,19	17,709	59,79	17,921
25	54,22	17,657	58,80	17,880
26	53,24	17,602	57,82	17,837
27	52,26	17,544	56,83	17,791
28	51,29	17,483	55,84	17,742
29	50,31	17,418	54,85	17,691
30	49,34	17,351	53,86	17,637
31	48,36	17,279	52,88	17,581
32	47,39	17,204	51,90	17,521
33	46,42	17,126	50,91	17,458
34	45,46	17,044	49,93	17,392
35	44,49	16,956	48,95	17,323
36	43,52	16,864	47,97	17,250
37	42,56	16,768	47,00	17,173
38	41,60	16,668	46,02	17,092
39	40,64	16,561	45,05	17,007
40	39,69	16,451	44,07	16,917
41	38,73	16,333	43,10	16,823

VOLL-ENDETES LEBENS-ALTER	MÄNNER		FRAUEN	
	DURCHSCHNITT-LICHE LEBENS-ERWARTUNG	KAPITAL-WERT	DURCHSCHNITT-LICHE LEBENS-ERWARTUNG	KAPITAL-WERT
42	37,79	16,212	42,13	16,724
43	36,84	16,083	41,16	16,620
44	35,90	15,949	40,20	16,511
45	34,96	15,808	39,24	16,396
46	34,02	15,659	38,28	16,276
47	33,09	15,505	37,33	16,150
48	32,17	15,345	36,38	16,018
49	31,25	15,176	35,43	15,879
50	30,34	15,001	34,49	15,734
51	29,44	14,819	33,55	15,582
52	28,54	14,629	32,62	15,424
53	27,66	14,433	31,70	15,260
54	26,78	14,228	30,78	15,087
55	25,92	14,018	29,86	14,905
56	25,06	13,799	28,95	14,717
57	24,22	13,574	28,05	14,521
58	23,39	13,342	27,16	14,318
59	22,57	13,102	26,27	14,105
60	21,77	12,858	25,39	13,884
61	20,98	12,606	24,52	13,655
62	20,20	12,347	23,66	13,418
63	19,43	12,081	22,80	13,170
64	18,68	11,810	21,95	12,914
65	17,94	11,532	21,11	12,648
66	17,21	11,247	20,28	12,374
67	16,49	10,955	19,45	12,088
68	15,78	10,656	18,63	11,792
69	15,09	10,354	17,82	11,486
70	14,40	10,040	17,02	11,171
71	13,72	9,720	16,24	10,851
72	13,05	9,393	15,45	10,513

VOLL-ENDETES LEBENS-ALTER	MÄNNER		FRAUEN	
	DURCHSCHNITT-LICHE LEBENS-ERWARTUNG	KAPITAL-WERT	DURCHSCHNITT-LICHE LEBENS-ERWARTUNG	KAPITAL-WERT
73	12,39	9,059	14,68	10,169
74	11,73	8,712	13,92	9,815
75	11,10	8,370	13,17	9,452
76	10,47	8,017	12,42	9,074
77	9,85	7,657	11,69	8,691
78	9,24	7,291	10,96	8,293
79	8,65	6,925	10,25	7,890
80	8,08	6,561	9,56	7,484
81	7,52	6,192	8,89	7,075
82	6,99	5,832	8,26	6,677
83	6,49	5,484	7,65	6,279
84	6,00	5,133	7,07	5,887
85	5,55	4,803	6,52	5,505
86	5,13	4,487	6,01	5,140
87	4,73	4,180	5,53	4,788
88	4,36	3,889	5,08	4,449
89	4,03	3,626	4,67	4,133
90	3,72	3,374	4,28	3,826
91	3,44	3,143	3,93	3,545
92	3,17	2,916	3,62	3,292
93	2,93	2,712	3,34	3,059
94	2,72	2,532	3,09	2,849
95	2,52	2,358	2,86	2,652
96	2,34	2,200	2,66	2,480
97	2,19	2,067	2,49	2,332
98	2,07	1,960	2,33	2,191
99	1,94	1,843	2,18	2,058
100	1,83	1,744	2,04	1,933
und darüber				

Berechnungsbeispiel zur Kapitalisierung:
Die Verstorbene hat durch Testament ihrem Lebensgefährten eine monatliche, lebenslängliche Rente von 1.000 EUR vermacht. Als sie im Jahr 2020 verstirbt, ist er 78 Jahre alt. Die obige Tabelle sieht einen Kapitalisierungsfaktor von 7,291 vor. Der kapitalisierte Wert der Rente beläuft sich auf 7.291 EUR (7,291 x 1.000 EUR).

IV. Anwaltsvergütung

Die Vergütung von Anwälten ist im Rechtsanwaltsvergütungsgesetz geregelt. Die Erstberatung kostet 226,10 EUR (einschließlich Umsatzsteuer). Es handelt sich um ein Beratungsgespräch, in dem der Rechtsanwalt dem Mandanten zunächst genau zuhört, gezielte Fragen stellt und einen ersten Überblick über die Rechtslage gibt. Diese Gespräche dauern in aller Regel 30 Minuten bis 60 Minuten.

UMFANG EINER ERSTBERATUNG
Der Bundesgerichtshof hat in seinem Urteil vom 3. Juli 2005 entschieden, dass es sich bei einer Erstberatung nur um „eine pauschale, überschlägige Einstiegsberatung" handelt (Az. I ZR 137/05). Dazu gehöre nicht, „dass sich der Rechtsanwalt erst sachkundig macht oder dass er die Erstberatung schriftlich zusammenfasst."

Soll der Anwalt darüber hinaus außergerichtlich beraten oder vertreten, sollte eine Vergütungsvereinbarung abgeschlossen werden. So kann etwa eine Pauschale zwischen Mandanten und Anwalt vereinbart werden. Üblich, gerade im Erbrecht, sind aber Stundensätze. Die Abrechnung sollte dabei entweder Minutengenau oder im 6-Minuten-Takt erfolgen. Der Bundesgerichtshof hat am 15. April 2021 entschieden, dass ein Anwalt für die Gestaltung eines Ehegattentestamentes keine Geschäftsgebühr auf Basis des Vermögenswertes abrechnen darf (Az. IX ZR 143/20).

Jedoch ist auch eine Vergütung nach den Sätzen im Rechtsanwaltsvergütungsgesetz möglich. Bei einem durchschnittlichen Mandat wird dabei der Faktor 1,3 herangezogen. Bei einem Streitwert von 50.000 EUR entspricht dies einer Gebühr von 1.662,70 EUR, hinzukommen eine Auslagenpauschale von 20 EUR und die Umsatzsteuer, insgesamt also 2.002,41 EUR. Wenn der Fall allerdings kompliziert ist, kann der Anwalt den Faktor 1,8 zugrunde legen, dann beträgt die Gebühr insgesamt 2.763,42 EUR. Bei sehr komplizierten und aufwändigen Fällen ist sogar der Faktor 2,5 zulässig, dann sind es insgesamt 3.828,33 EUR.

Bei einem Streitwert von 200.000 EUR beträgt die Gebühr je nach Schwere des Falles 3.456,59 EUR, 4.776,90 EUR oder 6.625,33 EUR. Wenn 1 Mio. EUR streitig ist, sind es 8.051,18 EUR, 11.138,64 EUR oder 15.461,08 EUR (jeweils einschließlich Auslagenpauschale und Umsatzsteuer).

Verhandelt der eigene Anwalt mit der Gegenseite einen Vergleich, sieht das Rechtsanwaltsvergütungsgesetz für den Anwalt zusätzlich die sogenannte Vergleichsgebühr vor (Faktor 1,5). Bei einem Streitwert von 50.000 EUR beläuft sich diese auf 2.283,02 EUR, bei 200.000 EUR auf 3.960,92 EUR und bei 1 Mio. € auf 9.262,36 EUR (jeweils einschließlich Umsatzsteuer).

Klagt ein Mandant 50.000 EUR ein, hat er einen Vorschuss auf die Gerichtskosten von 1.803 EUR an das Gericht zu zahlen. Sowohl der eigene Anwalt als auch der Gegenanwalt erhalten für die Schriftsätze und die Wahrnehmung von Gerichtsterminen jeweils bei einem Streitwert von 50.000 EUR eine Vergütung von 3.828.83 EUR, bei 200.000 EUR von 6.625,33 EUR und bei 1.000.000 EUR 15.461,08 EUR (jeweils einschließlich Auslagenpauschale von 20 EUR und Umsatzsteuer von 19 %). Diese Gebühren setzen sich durch die Verfahrensgebühr mit dem Faktor 1,3 (für die ganzen Schriftsätze) und der Terminsgebühr von 1,2 (für die Wahrnehmung von Gerichtsterminen) zusammen.

Diese Ausführungen enthalten nur die Grundzüge.

Stichwortverzeichnis

D

E

F

G

N

S

T

W

Z